Stefan Applis

Swanetien entdecken

Ein Kultur- und Naturreiseführer für Georgien

SÜDLICHER KAUKASUS

mitteldeutscher verlag

Dr. Stefan Applis, geb. 1969 in Fürth, Geograf und Fotograf, unterrichtet an Universität und Schule Geografie und Philosophie/Ethik. Seine ethnografischen und geografischen Projekte führen ihn seit vielen Jahren vor allem nach Ost- und Südosteuropa, in den südlichen Kaukasus und nach Zentralasien. Mit dem „Swanetischen Museum für Geschichte und Ethnographie" arbeitet er in einem Projekt zum Erhalt des kulturellen Erbes der Region. Auf seinem Blog https://stefan-applis-geographien.com/ berichtet er über weitere Reiseziele in Georgien.

Bibliografische Information der Deutschen Nationalbibliothek
Die Deutsche Nationalbibliothek registriert diese Publikation in der Deutschen Nationalbibliografie; detaillierte bibliografische Daten im Internet unter http://dnb.d-nb.de

1. Auflage

www.mitteldeutscherverlag.de

Gesamtherstellung: Mitteldeutscher Verlag, Halle (Saale)
Layout und Satz: Stefanie Bader, Leipzig

Karten: © Stefan Applis; topografische Karten unter Verwendung von Mapcarta (https://mapcarta.com), basierend auf Kartendaten von Mapbox (www.mapbox.com) und OpenStreetMap (www.openstreetmap.org) unter der Open Database License (ODbL), © OpenStreetMap-Mitwirkende, http//:www.openstreetmap.org/copyright

Zeichnungen und Fotografien: © Stefan Applis außer: S. 13, 23 (oben), 38, 50, 155 (oben.), 159 (oben.), 211, 212, 213. Alle (Innen-)Aufnahmen und Reproduktionen wurden mit freundlicher Genehmigung der jeweiligen Rechteinhaber erstellt und abgedruckt. Hierfür danken Verlag und Autor herzlich!

ISBN 978-3-96311-551-6

Printed in the EU

Inhaltsverzeichnis

1 Hinführung – Nach Swanetien reisen

Swanetien ist in Georgien eines der begehrtesten Reiseziele. Es ist bekannt für seine **weitgehend unberührte Gebirgslandschaft** und die **besondere Architektur** seiner Bergdörfer. Die **historische Kaukasus-Region** wird als kulturell geschlossener Raum betrachtet mit eigenen Traditionen, die selbst die Zeit der Sowjetunion überdauert haben. Neben seiner besonderen Geschichte und Architektur findet man dort eine unvergleichbar **artenreiche Gebirgslandschaft**, die Wissenschaftler und Touristen gleichermaßen anzieht. Die meisten der dauerhaft in Swanetien lebenden Gebirgsbewohner betreiben eine **Bergbauernwirtschaft**, die hauptsächlich der Selbstversorgung dient.

Enguri-Tal unterhalb des Gletschers Shkhara

Winter in Swanetien

Altes Ehepaar in Ushguli mit vom Leben in den Bergen geprägten Gesichtern

Zamushi bietet das größte geschlossene Turmensemble Swanetiens

Reisezeit: Die Hauptreisezeit beginnt mit dem Monat Mai und reicht bis in den Oktober hinein. Im Winter nimmt seit wenigen Jahren in Oberswanetien auch der Skitourismus in der näheren Umgebung von Mestia zu.

Aufenthalt: Die meisten Besucher verbringen im August nur drei Tage in Swanetien, um über Mestia nach Ushguli zu gelangen, dessen Ortsteil Chazhashi UNESCO-Weltkulturerbe ist. Neben den Tagesausflügen haben sich ein vier- bis fünftägiger Wander-Trail und ein zweitägiger Rad-Trail etabliert, die ebenfalls von Mestia nach Ushguli führen.

Hintergrund: Es ist nach wie vor schwierig, vor einer Reise nach Swanetien einen informierten Zugang zu diesem Kulturraum zu gewinnen, und auch vor Ort findet sich wenig Informationsmaterial. Die folgenden Kapitel geben Einblick in die Vielfalt vergangener und gegenwärtiger Kulturen, um ein individuelles Entdecken der Region jenseits der touristischen Trampelpfade möglich zu machen.

Physisch-geografische Karte Ober- und Unterswanetiens

Warum nach Swanetien reisen?

Geografie und Kultur im kurzen Überblick

Swanetien liegt im Nordwesten Georgiens. Man unterscheidet Ober- oder Hochswanetien (Zemo Svaneti) und Unter- oder Niederswanetien (Kvemo Svaneti) in den Verwaltungsregionen Samegrelo-Zemo Svaneti und Racha-Lechkhumi-Kvemo Svaneti. In Oberswanetien leben entlang des Haupttals des Flusses Enguri heute etwa 14.600 Menschen, in Niederswanetien gut 9.000. Niederswanetien liegt zwischen Swanetischem Gebirge und Lechkhumi-Gebirge im Tal des Flusses Tskhenitskali. Die bedeutendste Stadt in Swanetien ist Mestia, das Verwaltungszentrum Oberswanetiens.

Oberswanetien wird oft fälschlicherweise gleichgesetzt mit der historischen Region Swanetien, die bereits im Hochmittelalter in Ober- und Unterswanetien untergliedert wurde. Verwechselt wird es häufig auch mit dem sogenannten Freien Swanetien.

Dies ist eine Bezeichnung für einen Teil Oberswanetiens, die seit dem offiziellen Anschluss an das zaristische Russland im Jahr 1853 verwendet wurde.

→ Kapitel 2: Kurze Geschichte Swanetiens

In Oberswanetien trifft man auf die für Europa wohl historisch einmalige Situation, dass eine ganze Region, genauer gesagt die Dorfgemeinschaften zwischen Latali und Ushguli nie unter Lehnsherrschaft stand. Die Bewohner dieser Dorfgemeinschaften konnten bis zum Vordringen des zaristischen Russlands die Zugriffsversuche der westlich und südlich liegenden Herrschaftsgebiete abwehren und sich ein eigenes Rechtssystem erhalten.

Die historische Region Swanetien stimmt nicht mit der heutigen Verwaltungsgliederung überein und umfasst mehr als das zwischen Mestia und Ushguli liegende Hauptreisegebiet.

Der Dorfgemeinschaft Ushguli verdankt Georgien eine seiner drei Erwähnungen als UNESCO-Welterbe. Die mittelalterliche Architektur mit ihren Wehrtürmen und Turmhäusern im Dorf Chazhashi (Ushguli) zu sehen, ist das ersehnte Ziel fast aller der mittlerweile rund 150.000 Touristen, die jedes Jahr nach Swanetien reisen. Diese besondere, mit ihren Wehrturmbauten auch für andere Regionen des Kaukasus typische archaische Architektur findet sich in allen Dörfern des früheren freien Swanetiens noch in großer Zahl. In Georgien können Reisende sie leichter besichtigen als auf der russischen Nordseite des Großen Kaukasus, wo es in Kabardino-Balkarien, Inguschetien und Tschetschenien ebenfalls Beispiele für Wehrtürme und befestigte Bergdörfer gibt.

→ Kapitel 3: Das architektonische (Welt-)Erbe Swanetiens

Oberswanetien ist wegen seiner Randlage auch zu einem Raum der Hochkultur geworden, der sowohl in der Hochphase als auch in der mit dem 13. Jahrhundert beginnenden Phase des

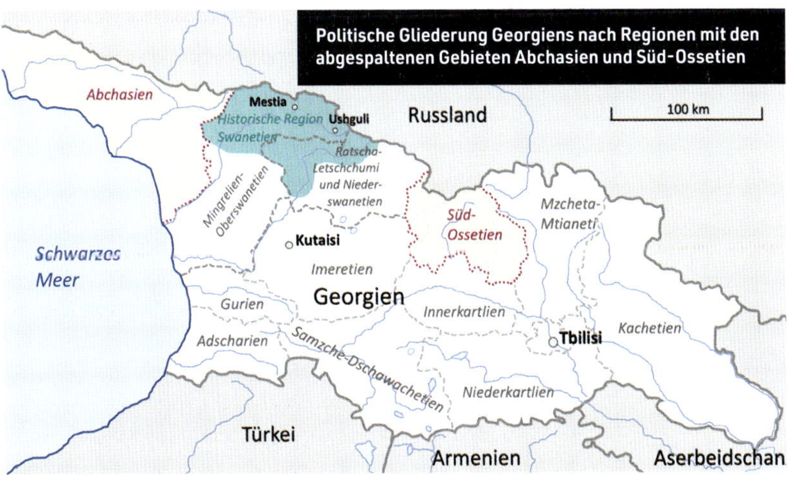

Wehrturm des Klosters Lamaria in Ushguli

Verfalls des georgischen Königtums als Schutz- und Rückzugsraum in Zeiten des Krieges gegen vordringende Heere der Mongolen, Perser und Osmanen gedient hatte. So wurde Swanetien zur Schatzkammer Georgiens und seine für Besucher verschlossenen Kirchen beherbergen bis heute wertvolle Wandmalereien, Ikonen und andere religiöse und weltliche Gegenstände.

Diese lange und ereignisreiche Geschichte sowohl am Rande als auch im Zentrum der großen Politik der Kaukasusregion und das damit einhergehende tief eingeschriebene Selbstverständnis der Swanen als Bewohner eines besonderen Kulturraumes hat wohl dazu geführt, dass der in der Zeit der Sowjetunion betriebenen Modernisierung enge Grenzen gesetzt waren. Doch hat die Architektur einen deutlichen Wandel erfahren: Die düsteren Steinfestungen wurden geöffnet und Elemente traditioneller Holzarchitektur aufgegriffen, was zu großen und schönen Wohnhäusern mit aufwendig gestalteten Holzterrassen und -balkonen führte.

Bis heute ist die Identität der Bewohner Swanetiens stark an den Raum und die Abstammungslinie gebunden. Einmalig für ein von Wanderungsbewegungen geprägtes Europa ist auch das Folgende: Wer heute in Swanetien in einem Gebäude oder auf einem Grund lebt, dessen Nutzung sich bis auf das frühe Mittelalter zurückführen lässt, weiß, dass alle Menschen, die je dort gelebt haben, mit hoher Wahrscheinlichkeit ihm verwandt waren.

1

Auch wegen der auf den Zusammenbruch der Sowjetunion folgenden Krisenjahre sind bis heute traditionelle Lebensvorstellungen weit verbreitet. Sicherheit bieten in Swanetien wie anderswo in Georgien die Familie und der Rückzug auf die eigenen Landflächen, auf denen in Handarbeit eine Landwirtschaft zur Selbstversorgung betrieben wird, wie sie sich seit den 1940er Jahren kaum verändert hat: Die Mechanisierung ist ebenso wie der Anteil an Marktproduktion gering, seit dem Einzug des Tourismus allerdings bieten sich hier neue Verdienstmöglichkeiten durch den Verkauf von Fleisch und Gemüse. Man kann also eine Landwirtschaft entdecken, die in Kerneuropa nur noch in Freilandmuseen zu besichtigen ist. Nicht wenige der auf dem Feld arbeitenden Frauen und Männer haben Universitätsabschlüsse, im wirtschaftlich sich noch immer zu langsam entwickelnden Georgien jedoch keine Arbeitsstelle, die es ermöglichen würde, ihre Kompetenzen in die Gesellschaft einzubringen. Gewiss würden sie anders leben, wenn sie es könnten. Allerdings kommen auch die, die zeitweise in die Stadt umgezogen sind, immer auch deswegen zurück nach Swanetien, weil der Naturraum so beeindruckend schön ist.

Vorbereitungen für den Winter – ein Stamm aus den Wäldern der niedrigeren Lagen wird zerteilt

Männergruppe nach dem Kartoffelsetzen in Ushguli unterhalb des Klosters Lamaria

Die aus mehreren in Ushguli gedrehten Filmen bekannte Musikerin Ghia Nizharadze zeigt eine Jugendfotografie von sich

Feldarbeit mit Holzpflug und Ochsen

Natela Dschelidze bei der tägliche Käseherstellung in Ushguli

Saur Nizharadze mit traditionellem Saiteninstrument

Junge Frauen in Trauerkleidung in Ushguli

Einkaufen in den Bergen – die Dörfer werden durch fahrende Händler versorgt

Blick auf den Ushba kurz vor Mestia am Abend

Die ökologische Region Swanetien

Wer immer nach Swanetien reist, ist beeindruckt von einer sich auf dem Hinweg langsam entfaltenden Hochgebirgslandschaft, die von tief eingeschnittenen Tälern und hohen Gipfeln geprägt ist und zu einer der artenreichsten Regionen der Welt überhaupt gehört. Der höchste Berg Swanetiens und damit ganz Georgiens ist der 5.201 m hohe Shkhara im Hauptkamm des Großen Kaukasus an der Grenze zu Russland, außerdem prägen der Gipfel des Tetnuldi (4.858 m) und die beiden Gipfel des Ushba (4.710 und 4.690 m) die Landschaft Oberswanetiens.

→ Kapitel 8: Unterswanetien erkunden

Die Gliederung des swanetischen Gebirgslandes reicht von verschiedenen Waldstufen (Fichten-, Tannen-, Buchen-, Birken-, Hainbuchen- und orientalische Hainbuchenwälder) über alpine Matten bis in eine Fels- und Gletscherzone. Das Relief entlang der beiden Hauptflüsse Enguri und Tskhenitskali zeichnet sich durch große Schroffheit aus, mit tief eingeschnittenen, teilweise schwer zugänglichen Seitentälern und hoch gelegenen Gebirgspässen. Swanetien verfügt über eine große Artenvielfalt und über eine Reihe von Pflanzen, die nur im Kaukasus vorkommen, wie spezielle Arten von Glockenblume, Distel und Fingerkraut. Wie neuere Untersuchungen zeigen, verfügen die Gebirgsbewohner bis heute über eine hohe Kenntnis lokaler Pflanzen für die medizinische Anwendung. Große Bedeutung kommt in diesem Zusammenhang den hausnahen Gemüse- und Kräutergärten zu, die eine beindruckende Vielfalt an Pflanzengesellschaften bieten. Die obere natürliche Wald-

Swanetien – Lebensraum des Kaukasischen Steinbocks: In Swanetien haben der Westkaukasische Steinbock (Kuban-Tur, Capra caucasica) und hybride Exemplare aus diesem und dem Ostkaukasischen Steinbock (Dagestan-Tur, Capra cylindricornis) ihre letzten Rückzugsräume, sind hier aber durch Wilderei stark bedroht. Der Kaukasische Steinbock kommt nur in einem streifenförmigen Areal von 4.500 km^2 im nördlichen Kaukasus vor. Im angrenzenden Russland ist seine Jagd durch Ausweisung von Nationalparkgebieten prinzipiell geregelt und überwacht. Es gelten limitierte Abschusszahlen für lokale Jäger und ausländische Sportjäger zu hohen Abschusspreisen von 2.000 bis 3.000 USD pro Exemplar. Dennoch steht der Kaukasische Steinbock bei insgesamt vermuteten 8.000 Exemplaren, von denen vielleicht 1.000 Tiere in Georgien leben, auf der Roten Liste der Weltnaturschutzunion (IUCN) und könnte durch Wilderei in absehbarer Zeit ganz ausgerottet werden. Auch in Georgien ist die Jagd auf den Kaukasischen Steinbock verboten, doch gibt es bislang keine ausgewiesenen Schutzgebiete, wodurch ein stärkerer Druck auf die Jäger aufgebaut werden würde. Andererseits ist die Steinbockjagd tief in der Gebirgskultur verwurzelt. Es gibt zahlreiche Lieder und Gebete, in denen der Steinbock als mythische Gestalt vorkommt, Knochen der Tiere finden sich in den Mauern von Kirchen und Exemplare, die besonders gezeichnet waren, galten als heilig, weil man glaubte, dass sie Verkörperungen von Geistern darstellten. In Swanetien wird der Kaukasische Steinbock bis heute gejagt. Die Steinbockjagd ist in viele damit verbundene kulturelle Praktiken eingebunden. Mit 15 Jahren gehen die Jungen das erste Mal auf die mehrere Tage dauernde und in kleinen Gruppen durchgeführte Jagd. Mit dem ersten erlegten Steinbock wird eine Art Initiation vollzogen. Hörner, Fleisch und Fell gelten als besonders wertvolle Gaben. Eine reine Trophäenjagd, wie sie von ausländischen Jagdgästen vollzogen wird, ist kulturell nicht etabliert. Das Leben der Bergbewohner war stets von großen Widernissen geprägt, weswegen Steinböcke immer auch aus wirtschaftlichen Gründen gejagt wurden. Meist aber gilt die Steinbockjagd auch der Repräsentation einer Person oder einer Familie nach außen: Familien berühmter Jäger besitzen bis heute ausgestopfte Exemplare oder – seit der Sowjetzeit – auch sorgsam inszenierte Fotografien von Jägern und Beute. In Swanetien wird in Oktober und November

Jäger aus Ushguli mit zwei ausgestopften Exemplaren des Kaukasischen Steinbocks (Aufnahme aus den 1960er Jahren)

in ausgewählten Tälern gejagt, die teilweise unter strenger Kontrolle der jeweiligen Tal- oder Dorfgemeinschaften stehen (Mulakhi und Adishi), so dass nur Männer aus den dort lebenden Familien dort jagen dürfen. In anderen Tälern (Lechziri, Tviberi, Tsaneri, Shkhara) wird von den anliegenden Dörfern das Jagen auch anderen Swanen erlaubt. Derzeit ist nur von Zeskho in Unterswanetien bekannt, dass dort wegen der peripheren Lage und der Abwesenheit von dauerhaft bewohnten Siedlungen Jäger aus ganz Georgien und auch ausländische Jagdgesellschaften illegal jagen. Neben dem Zeskho-Tal ist der Steinbock im Shkhara-Gebiet am stärksten bedroht. Generell stellt das Wildern die größte Bedrohung für den Kaukasischen Steinbock dar, aber auch der zunehmende Hochgebirgstourismus schränkt den Bewegungsraum der Tiere ein. Jüngere Vorschläge gehen deshalb in die Richtung, die lokalen Jäger als Angestellte in ein noch zu gründendes Naturschutzgebiet einzubinden. Zum einen sollte die kulturell bedeutsame Steinbockjagd unter strengen Auflagen erlaubt sein, da sie ohnehin immer durchgeführt werden wird. Zum anderen verfügen die lokalen Jäger über wertvolles Wissen zu den Lebensbedingungen der Steinbockpopulationen. Mit ihrer Hilfe könnten Futterstellen eingerichtet, Wilderer kontrolliert und Touristen an Beobachtungsplätze geführt werden. Eng verbunden damit sollten Bildungsprogramme in Schulen durchgeführt werden, um das lokale Bewusstsein für die besondere Verwundbarkeit des Lebensraumes zu stärken. Auch Touristen sollten Zugang zu entsprechenden Naturschutzinformationen bekommen.

Weitere Informationen unter:

https://www.kfw.de/stories/umwelt/naturschutz/oekoregion-kaukasus/

und

https://www.wwf.de/themen-projekte/projektregionen/kaukasus/naturschaetze-des-kaukasus/

grenze liegt bei etwa 2.200 m. Inzwischen ist diese jedoch durch jahrhundertelange Weidewirtschaft und Holzeinschlag um 200 bis 300 m gesunken. An den sonnenzugewandten Hängen liegt sie noch tiefer, da dort die Wälder schon vor langer Zeit gefällt worden waren, um die in Siedlungsnähe gelegenen Hänge ackerbaulich zu nutzen.

Eng verbunden mit einem extremen Naturraum sind Naturrisiken für den Menschen wie Starkregen oder starke Schneefälle, Lawinenabgänge, Hangrutschungen und Murenabgänge. Das Klima ist in den mittleren Lagen feucht mit kalten Wintern und weit in den Sommer reichenden Kältephasen, in den höheren Lagen nimmt die Zahl der warmen Monate ab, in den höchsten Lagen fehlt ein echter Sommer – immer wieder kommt es auch im Sommer etwa in Ushguli zu Schneefällen. In den niedrigeren Lagen von Enguri und Tskhenitskali sind die Winter gemäßigt und die Zahl der Sommermonate steigt, so dass sich die Lebens- und Wirtschaftsbedingungen in Unterswanetien etwas günstiger gestalten als in Oberswanetien. In jüngster Zeit häufen sich im Sommer ausgeprägte Hitze- und Trockenperioden, die dem Klimawandel zugeschrieben werden. Um auch in schwerer zugänglichen Hanglagen Waldbrände zügig zu bekämpfen, besitzen die Menschen bislang keine ausreichenden Mittel.

Woran es in Swanetien mangelt, um ein sicheres und weniger beschwerliches Leben zu führen, ist zugleich aber das, was die

Ushguli ist im Winterhalbjahr mehrmals über Tage hinweg von der Außenwelt abgeschnitten

Region so attraktiv für Wandertouristen macht. Man findet in Swanetien, was die Alpen Ende des 19. bis Mitte des 20. Jahrhunderts noch ausgemacht haben mag: weitgehend unberührte Naturräume, frei von Straßen und Brücken, wo man auf kaum begangenen Pfaden in einem sicheren Reiseland unterwegs sein kann. Oft wird man über Tage hinweg auf keinen Menschen treffen und dort, wo man niemanden vermutet, von Hirten oder Einsiedlern, die sich über etwas Abwechslung freuen, herzlich willkommen geheißen werden.

Blick auf artenreiche Kulturlandschaft bei Becho

Blick auf die Straße von Zugdidi nach Mestia im goldenen Herbst

Anreise nach Swanetien

Die westlich verlaufende Straße von Kutaisi über Zugdidi und Jvari nach Mestia ist die übliche Verbindung, die von den Marschrutkafahrern in gut sechseinhalb Stunden bewältigt wird. Die Fahrten starten in Kutaisi vom zentralen Busbahnhof aus. Da die Flüge aus den europäischen Ländern in der Regel am Morgen in Kutaisi landen, übernachten die meisten Reisenden zumindest einmal in der Stadt, um dann am folgenden Morgen gegen neun Uhr einen der zahlreichen Kleinbusse nach Swanetien zu besteigen. Uns selbst, stellen wir immer wieder verwundert fest, ist es kaum möglich, denselben Weg in weniger als achteinhalb Stunden mit einem eigenen Fahrzeug zurückzulegen. Was dies für die Sicherheit auf dieser Trasse bedeutet, mag jeder selbst beurteilen. Leiht man ein Auto in Kutaisi, so sollte dieses, unabhängig davon, für welche Strecke man sich entscheidet, geländegängig sein und Allradantrieb besitzen. Es ist von Vorteil, ein wenig höher über der Straße zu sitzen und damit auch eine etwas größere Erscheinung abzugeben. So wird man nämlich auch mit mehr Abstand überholt, was in Bezug auf die eigene Sicherheit nicht zu unterschätzen ist. Denn überholt wird man auf jeden Fall vielfach werden auf dem Weg nach Swanetien – ganz unabhängig davon, ob die Straße für den Überholenden einsehbar ist oder nicht. Fahren ist im von traditionellen Rollenvorstellungen geprägten Georgien Männersache und eine von Dominanz- und Revierverhalten gere-

Vom Busbahnhof in Kutaisi (am McDonald's, 57 Z.-Chavchavadze-Straße, neben dem Zugbahnhof Kutaisi II) verkehren täglich Kleinbusse nach Mestia.

gelte Angelegenheit. Das hinsichtlich der Einwohnerzahl kleine Georgien wies entsprechend in den letzten Jahren immer wieder vergleichbare absolute Zahlen an Verkehrstoten auf wie das ungleich größere Deutschland.

Manch einer meidet deshalb die Straße und sucht einen Platz zu erringen in der einmal täglich von Kutaisi nach Mestia verkehrenden Propellermaschine. Leider kann man sich bei seiner Reiseplanung nicht darauf verlassen, dass man tatsächlich mit

Reisen mit der Marschrutka: In Kutaisi beginnt für die meisten Besucher Swanetiens die Reise mit der Marschrutka. So werden im Russischen die regelmäßig auf einer bestimmten Strecke verkehrende Kleinbusse genannt, die auf privater Basis die öffentlichen Verkehrsmittel ersetzen. „Marschrutka" selbst leitet sich vom deutschen Wort „Marschroute" ab. Mit dem Ende des Sowjetverbundes brach in den meisten Nachfolgestaaten auch die Transport-Infrastruktur zusammen. Daraufhin begannen Privatleute mit ihren eigenen Fahrzeugen bestimmte Routen zu befahren. Aus dieser Zeit stammt sicher ein Gutteil der Wettkampfkultur, die auf Georgiens Straßen herrscht. Denn vor den anderen am nächsten Haltepunkt zu sein, bedeutet auch heute noch an vielen Strecken, den Nachfolgenden die zahlende Kundschaft wegzuschnappen. Auf der Strecke von Kutaisi nach Mestia spielt dies heute keine Rolle mehr, weil die Fahrzeuge nur vollbesetzt den Busbahnhof verlassen und während der Fahrt kaum einmal jemand zusteigt – außer es werden unterwegs Plätze frei. Deswegen kann sich die Abfahrt schon mal um eine Stunde verzögern, weil noch auf Fahrgäste aus Tbilisi oder Freunde von Freunden von Verwandten gewartet wird, die eben nicht zur Abfahrtszeit da sein konnten. Man sollte sich von vornherein darauf einstellen, nichts daran ändern zu können – das Warten gehört zum Reiseerlebnis dazu. Und man kann sich daran erfreuen, sich viele Gedanken machen zu dürfen über die unablässig geschäftig klingenden Gespräche zwischen Kartenverkäufern, Fahrern und Kunden, von denen man ohnehin kein Wort verstehen kann.

Wege nach Swanetien:
1. Kutaisi-Zugdidi-Mestia-Ushguli (Marschrutka, eigenes Fahrzeug)
2. Kutaisi-Mestia (Propellermaschine, https://ticket.vanillasky.ge/)
3. Kutaisi-Lentekhi-Ushguli-Mestia (Marschrutka, eigenes Fahrzeug)

dem Flugzeug nach Swanetien kommt. Zum einen sind die kleinen Flugzeuge schnell ausgebucht, zum anderen werden die Flüge häufig wegen schnell wechselnder Wetterlagen ersatzlos gestrichen. Mit der Marschrutka kommen die Reisenden zwar weniger komfortabel, aber binnen sechseinhalb Stunden in der Regel sicher ans Ziel, trotzdem wohl fast jeder die Fahrt als etwas abenteuerlich empfinden wird. Und sie gelangen auch sicher wieder zurück nach Kutaisi, weil in Georgien mittlerweile striktes Alkoholverbot für alle Fahrer herrscht, an welches sich zumindest diejenigen halten, die im Personentransport beschäftigt sind. Die richtig Unerschrockenen, die es auch 16 Stunden am Stück in einem Kleinbus aushalten, buchen nach ihrem Besuch Oberswanetiens ihr Ticket von Mestia über Kutaisi direkt nach Tbilisi, um von dort den Osten Georgiens zu erkunden. So kommt man auch in den Genuss des einzigen fertiggestellten Autobahnabschnitts in Georgien.

Informationen zu Wander- und Radtouren unter: https://transcaucasiantrail.org/en/home/ oder https://www.caucasus-trekking.com/

Niederswanetien interessiert dagegen kaum jemanden, auch wenn die Zahl der Motorradfahrer mit Off-Road-Ambitionen zunimmt, die die Piste über Niederswanetien und den Pferdeflusspass (Zagar-Pass) über das Swanetische Gebirge von Osten her nach Ushguli bevorzugen. Einige Radfahrer und Fernwanderer nehmen heute schon diesen Weg auf eine ökologisch verträglichere Weise, Erstere müssen dabei bergan allerdings auch lange Abschnitte schieben – in umgekehrter Richtung haben sie es dann leichter als jeder Allradjeep.

Auf der Piste oberhalb der Baumgrenze in Richtung Zagar-Pass

Anreise nach Mestia: Die Anreise nach Swanetien erfolgt über Kutaisi, die zweitgrößte Stadt Georgiens. Kutaisi erreicht man aus Westeuropa entweder direkt mit dem Flugzeug oder von Tbilisi aus per Bus oder Bahn. Der Busbahnhof in Kutaisi (am McDonald's, 57 Z.-Chavchavadze Straße, neben dem Zugbahnhof Kutaisi II gelegen) wird von Tbilisi aus mit Marschrutkas direkt angefahren. Kommt man mit dem Zug in Kutaisi (Zugbahnhof Kutaisi) an, nimmt man eine der zahlreichen Taxen für eine Fahrt zum Busbahnhof zu einem Preis von etwa 10 Lari (ca. 3,30 €).
Kommt man direkt am Flughafen an – in der Regel in den frühen Morgenstunden – kann man in der Eingangshalle ein Ticket für 5 Lari pro Person kaufen und so die halbstündige Fahrt ins Zentrum Kutaisis äußerst preisgünstig antreten. Der Fahrer wird aber nur dann erfreut losfahren, wenn sein Fahrzeug voll besetzt ist, weil er, um auf einen einigermaßen angemessenen Gegenwert zu kommen, zumindest 30 Lari pro Fahrt benötigt (dies entspricht ca. 10 €). Hier lohnt es sich also durchzuatmen, an deutsche Bus- und U-Bahnpreise zu denken und „großzügig" zu sein, wenn man in den Morgenstunden schnell ins Bett gelangen möchte. Tut man sich zu viert zusammen, wird man von jedem Fahrer für 40 bis 50 Lari (also 3,30 bis 4 € pro Person) direkt zum Hotel gebracht, ohne dass ggf. von einem zentral angefahrenen Halteplatz eine Weiterfahrt organisiert werden muss.
Am nächsten Morgen kann über die Unterkunft ein Taxi zum Busbahnhof organisiert werden, das zu sehr günstigen lokalen Preisen fährt. Haben die Gastgeber gute Kontakte, können diese häufig auch schon das Busticket nach Mestia vormerken lassen. Gekauft werden muss es allerdings direkt am Schalter des sehr kleinen Busbahnhofs, der hinter einer der beiden McDonald's-Filialen der Stadt gelegen ist.
Flugtickets nach Mestia können bei dem mit kleinen Propellermaschinen verkehrenden Anbieter Vanillasky online bestellt werden (https://ticket.vanillasky.ge/). Die sich immer wieder verändernden Abflugzeiten können auf der Website eingesehen werden. Vanillasky fliegt die Strecken Tbilisi-Mestia, Tbilisi-Kutaisi und Kutaisi-Mestia. Für den Transport in Tbilisi zum außerhalb liegenden Natahtari Airport organisiert Vanillasky den Transfer. Für alle Flüge gibt es ein Gepäcklimit von 15 kg pro Person. Dabei ist aber zu beachten: Je nach Wetterlage können Flüge ersatzlos gestrichen werden, außerdem sind pro Flug nur wenige Plätze verfügbar.

Noch verhindern die jährlichen Frühjahrsströme, die den Fahrweg immer wieder wegreißen, dass sich allzu viele motorisierte Fahrzeuge auf die Straße von Lentekhi, dem Verwaltungszentrum Niederswanetiens, nach Ushguli wagen. Auch mit einem geländegängigen Fahrzeug braucht es viel Geduld, von Lentekhi aus bergan in Richtung Ushguli zu klettern. In sehr viel weniger als fünf bis sechs Stunden sind die 73 km für einen auf solchen Stecken ungeübten Fahrer nicht zu schaffen. Viele Autovermieter in Georgien schließen die Passstraße von Lentekhi nach Ushguli sogar aus und überprüfen die Vertragstreue ihrer Kunden mit GPS-Trackern. Einen geübten georgischen Fahrer kann man auf Nachfrage über jede Unterkunft in Kutaisi buchen. Kulturell und landschaftlich handelt es sich um eine durchaus attraktive Strecke.

Flugtickets nach Mestia können bei dem mit kleinen Propellermaschinen verkehrenden englischsprechenden Anbieter Vanillasky online bestellt werden (https://ticket.vanillasky.ge/).

Tourismus in Swanetien

→ Kapitel 2: Kurze Geschichte Swanetiens

Auf verschiedenen Reiseplattformen im Internet dominieren Erzählungen einer ursprünglichen, am Rande der Zeit existierenden Gesellschaft in Oberswanetien, die sich seit Jahrhunderten kaum verändert habe und in der das Leben noch märchenhafte Züge trage. Dieses Narrativ hat allerdings enge Grenzen und wenig gemein mit dem tatsächlichen dortigen Leben, das sich in vielen Fällen an der Armutsgrenze bewegt, abgeschnitten ist von medizinischer Versorgung und politischer Teilhabe und nur wenige Zukunftsperspektiven bietet. Zudem werden die hohen Lebensstandards in der Blütezeit der Sowjetunion ausgespart, in der Swanetien im Fokus regionaler Entwicklung stand und ein großer Anteil der Bevölkerung höhere Schul- und Hochschulabschlüsse erwarb.

Die meisten Besucher sind – sicher auch wegen der Vermarktungsstrategien einer global agierenden Tourismusindustrie – eher fehlgeleitet in ihren Vorstellungen über die Region. Sie hoffen beispielsweise bei ihrem Besuch in Ushguli darauf, den Ort noch zu sehen, ehe er überlaufen sei. Eine australische Touristin erklärte uns beispielsweise, dass Europa sonst so voll sei, egal wohin man komme. Sie habe Swanetien besuchen wollen, solange alles noch ursprünglich sei. Um dieser Vorstellung von Ursprünglichkeit zu genügen, müssten die Bewohner allerdings auf eine Weise leben, die selbst ihre Großeltern nur noch in Ansätzen erlebt haben und die spätestens seit den 1950er Jahren der Vergangenheit angehörte. Bereits Ende der 1980er Jahre war die Hälfte der Bevölkerung Ushgulis vor den noch immer widrigen Lebensumständen geflohen und hatte die Region infolge katastrophenartiger Schneefälle verlassen. Trotz vieler Verbesserungen ist auch heute ein ganzjähriges Leben in Swanetien oft noch sehr entbehrungsreich.

In Ortschaften wie Adishi und Ushguli bietet der Tourismus schlussendlich die einzige Möglichkeit, ein Haushaltseinkommen zu erzielen, mit dem sich eine mehrköpfige Familie versorgen lässt. In ganz Georgien leben Familien als Wirtschaftsgemeinschaften oft über mehrere Orte verteilt und sind zugleich unabdingbar miteinander verbunden. Da die Preise für Fleisch, Wolle und Milchprodukte in Folge der hohen Bedeutung der Landwirtschaft zur Selbstversorgung in Georgien sehr niedrig sind, lohnt deren Verkauf oft nicht. Dennoch ist das mühselige Erzeugen landwirtschaftlicher Produkte für die Familien unerlässlich, da ihnen sonst das Geld zur Sicherung anderer

Grundbedürfnisse fehlt. Möchte eine Familie also ihre Hofstelle erhalten und zudem das Familieneinkommen nicht durch den zusätzlichen Kauf von Lebensmitteln belasten, muss sie Touristen als Gäste aufnehmen oder in solch prekären Verhältnissen leben, dass z. B. eine Versorgung im Krankheitsfall nicht finanzierbar oder eine weiterführende Schulbildung für die Kinder ausgeschlossen ist.

Der Tourismus erzeugt aber auch einen hohen Konkurrenzdruck unter den Familien, so dass die Preise für Übernachtungen dauerhaft zu niedrig angesetzt werden. Buchungsplattformen im Internet drücken durch ihre internen Bewertungs- und Konkurrenzalgorithmen die Preise für Unterkünfte in den Bergdörfern zusätzlich. Zudem fehlt es an Einrichtungen zur Müll- und Abwasserentsorgung und die Biodiversität ist durch die hohen Besucherzahlen und die zunehmende Umweltverschmutzung nachhaltig gefährdet.

Dann also lieber nicht nach Swanetien reisen? Wie bei jedem neuen, besonderen Reiseziel, das es zu besuchen lohnt, wird das jeder für sich selbst entscheiden müssen. Ohne Tourismus allerdings wird es auf absehbare Zeit für viele Bewohner der Region kaum möglich sein, sich und ihren Familien vor Ort Zukunftsaussichten zu erschließen. Damit ist es im Großen und Ganzen sicher besser, diesen einzigartigen Kultur- und Naturraum zu besuchen – in einer verantwortlichen und nachhaltigen Weise, informiert über die komplexen historischen, politischen, wirtschaftlichen, sozialen und ökologischen Zusammenhänge im Raum. Auch sollte man sich dabei Zeit nehmen, die Region und die dort lebenden Menschen für sich so zu entdecken, dass die Begegnung für beide Seiten zu einem fruchtbaren Austausch werden kann. Denn viele Menschen Swanetiens befinden sich gerade selbst auf einer intensiven Suche nach ihrer Zukunft, bei der viele in der Vergangenheit gültig gewesenen Vorstellungen grundlegend infrage gestellt werden – nicht nur von ihnen selbst, sondern auch von denen, die ihre Dörfer und Landschaften besuchen.

Ushguli in der Hochsaison

2 Kurze Geschichte Swanetiens

Ausstellungsraum mit historischen Exponaten im 1939 errichteten ersten modernen Wohnhaus in Ushguli, heute das Gästehaus „Zhareda"

Die Geschichte Swanetiens ist eng verbunden mit der Geschichte Georgiens. Wegen seiner Grenzlage profitierte Swanetien seit dem Mittelalter vom Aufstieg des georgischen Königreichs, denn die Swanen eigneten sich als verlässliche Grenzwächter. Mit dem Niedergang des mittelalterlichen Georgiens wurde Swanetien zur **Schatzkammer Georgiens**, weil der Adel sich vor den Heeren der Mongolen, Perser und Osmanen in die Berge zurückzog. Trotz aller Einflussnahme bewahrten sich die Swanen auch über die Sowjetzeit hinweg bis heute **Züge einer traditionellen Kultur**, deren Spuren man als Besucher im Raum entdecken kann.

Ältestenrat in Ushguli (Aufnahme um 1940, unbekannter Autor)

Marienikone in der Kirche des heiligen Georg in in der Dorfgemeinschaft Barshi (12. Jh.)

Wäschetruhe und Schuhe in einem nach der Schneekatastrophe 1986/87 verlassenen Haus im Dorf Khe in der Dorfgemeinschaft Kala

Hintergrund: Die lange und ereignisreiche Geschichte Swanetiens hat Spuren hinterlassen, die sich auf Spaziergängen und Wanderungen entdecken lassen. Hierzu zählt zunächst die traditionelle Anlage der Dörfer mit den typischen Türmen, festungsartigen Wohnhäusern und den kleinen Kirchen. Weiterhin die Gliederung der Felder, Weiden und Waldflächen nach Abstammungsgemeinschaften. Bis heute nachvollziehbar sind auch die Folgen der Versuche der Sowjetmacht mit der Modernisierung Swanetiens die traditionellen Sozialstrukturen zu beseitigen. Die vielen verfallenen Gebäude in den oberhalb von Mestia gelegenen Dörfern erzählen zudem von den schweren winterlichen Lebensbedingungen in Swanetien.

Große Teile der Kunstschätze Swanetiens sind in den Dorfkirchen verborgen, die seit Jahrhunderten in Familienbesitz und deshalb für Touristen in der Regel nicht zugänglich sind. Im Folgenden konzentriert sich die Darstellung der Geschichte deshalb auf das, was ein Besucher im öffentlichen Raum entdecken kann. Die im Reiseführer vorgeschlagenen Spaziergänge und Wanderungen sind so ausgewählt, dass wichtige geschichtliche Ereignisse auch während eines kurzen Aufenthaltes sichtbar werden können.

Oberswanetien mit Auswahl historisch bedeutender Orte

Spuren der Geschichte im Raum entdecken

In diesem Kapitel werden kurze Einblicke in die ereignisreiche Geschichte Swanetiens eröffnet. Verweise auf folgende Kapitel zeigen dazu passende Wanderungen und weitere Ausführungen zu Dörfern, Gebäuden, Landschaften und ihren Bewohnern an.

Die Geschichte Swanetiens ist für einen Besucher nachvollziehbar an den historischen Gebäuden und an deren Umbauten sowie der Gestaltung der Landschaft. Ohne zu sehr ins Detail zu gehen über die kirchlichen, politischen und wirtschaftlichen Prozesse der viele Hundert Jahre alten Geschichte, können vier Zeitabschnitte sehr unterschiedlicher Länge ausgewählt werden, deren Spuren man im Raum entdecken kann:

- Die Kirchenbauten verweisen auf die Zeit des Mittelalters in Swanetien und zeigen an, wie Swanetien politisch, militärisch und kirchlich in das geeinte Königreich Georgien eingebunden wurde und als Rückzugs- und Schutzraum während der Zeit des Verfalls des georgischen Königreichs zur Schatzkammer Georgiens wurde.
- Die Dörfer des sogenannten Freien Swanetiens zeigen die Teilung Swanetiens und die Entwicklung bis in die Zarenzeit an; sie stehen auch für die fortschreitende Isolierung Swanetiens bis hinein ins 19. Jahrhundert.
- Die Unterschiede zwischen den traditionellen Bauten des swanischen Mittelalters und der Zeit der Sowjetunion machen die ideologisch motivierte Umgestaltung des Kulturraumes deutlich.
- Die vielen verlassenen und verfallenden Gebäude der Bergdörfer zeigen die Krisenerlebnisse in der jüngeren Geschichte Swanetiens an und machen die besondere Anfälligkeit des sozialen und wirtschaftlichen Raumes deutlich: Die katastrophenartigen Schneefälle des Winters 1986/87

und die Unsicherheit der 1990er Jahre führten zur Aufgabe ganzer Dörfer, der Einzug des Tourismus führt zu neuen Hausbauweisen.

Kirchen, Klöster, Kirchenmalerei und sakrale Objekte – die Anbindung Swanetiens an das Land, in dem die Kartweler leben

Die Politische Eingliederung Swanetiens in das georgische Königreich unter Bagrat III.

Bagrat III. regierte von 1008 an als König von Georgien (Sakartwelo). Die Bagrati-Kathedrale in Kutaisi hatte er bereits zuvor errichten und 1003 weihen lassen. Seinem Anspruch als „König der Könige" folgend ordnete er das Land neu, indem er die Zahl der kirchlichen Diözesen (Veraltungssitze) deutlich erhöhte.

Die politische Eingliederung Swanetiens in das vereinte christliche Königreich lässt sich über die Stiftungen von Kirchengebäuden, Malereien und sakralen Objekten (z. B. Voraltarkreuze) rekonstruieren. Diese enthalten Hinweise auf die Stifter, worüber eine Datierung der staatlichen und kirchlichen Ordnung möglich wird. Die in Ober- und Unterswanetien erhaltenen, aus dem 9. bis 11. Jahrhundert stammenden Kirchen, Ikonen und Voraltarkreuze lassen so darauf schließen, dass Swanetien in politischer, kirchlicher und kultureller Hinsicht zumindest seit Bagrat III. als einheitlicher Raum behandelt wurde. Es wurde wohl dem im 9. bis 10. Jahrhundert in Racha-Lechkhumi gegründeten Bischofssitz von Tsageri zugeordnet.

Die Eigenbezeichnung für das Land Georgien ist „Kartvelebi", sie wird von der Region Kartli abgeleitet. „Georgien" wird meist fälschlicherweise auf Georg, den Kriegerheiligen, zurückgeführt, kommt aber vom persischen Namen „Gurj".

Ausschnitte aus der Geschichte Jesu in der Erzengelkirche von Lashtkveri

→ Kapitel 5: Klassische Wandertouren in Oberswanetien – Von Mestia nach Ushguli

Mit den Kirchengründungen wurden zum einen die Architektur und Ikonografie geprägt. Außerdem wurde durch die Ausmalungen und die Gottesdienste, die sich natürlich auf die malerischen Darstellungen bezogen und die die Menschen stets vor Augen hatten, auch das regionale Brauchtum geprägt, wie Bestattungsriten, soziale Beziehungen, generell die Vorstellungen davon, in welchem Verhältnis der Mensch zur diesseitigen und jenseitigen Welt steht.

Bei einem Besuch der Dorfgemeinschaft Mulakhi kann man z. B. im Rahmen der Wanderung von Mestia nach Ushguli im Dorf Chvabiani die Erlöserkirche in Augenschein nehmen. In dieser ist eine Freskoinschrift erhalten, die den König der Abchasen, womit Bagrat III. gemeint ist, als Stifter ausweist. Von einer älteren kleinen Kirche oberhalb des Dorfes Nesguni, deren Stiftung in die Regentschaft der Vorgänger von Bagrat III. fällt, sind leider nur die Grundmauern erhalten – hier erfolgte die Datierung über ein Schriftstück, das dort gefunden wurde.

Die Einbindung Swanetiens in die Grenzsicherung und das georgische Militärsystem unter Dawit dem Erneuerer

Nach dem Tod Bagrats III. im Jahr 1014 begannen politisch unruhige Zeiten, in denen die territoriale Integrität Georgiens mehrfach gefährdet wurde – von außen durch den Einfall der Seldschuken, von innen durch eine Verschwörung von Angehörigen des georgischen Hochadels gegen die Herrschaft Georgs II., des Sohnes von Bagrat IV.

Die Seldschuken waren eine türkische Fürstendynastie, die die größte territoriale Ausbreitung Ihrer Macht zwischen 1047 und 1157 erreichte.

Nach seinem Abdanken gelang es dessen Sohn Dawit, der ab 1089 König von Georgien war, die Einheit des Landes wiederherzustellen, weswegen er im Volksmund auch Dawit der Erneuerer oder der Erbauer (1073–1125) genannt wurde. Er unterwarf den Hochadel, indem er sich mit dem mittleren und niederen Adel verbündete. Dawit unterstellte die Kirche dem Staat und erhob Kirchenführer in höchste politische Ämter. Die Seldschuken wurden 1121 durch neue Militärbündnisse unter Dawits Führung endgültig vertrieben, das Emirat Tbilisi (736–1080) von islamischer Herrschaft befreit und zur Hauptstadt Georgiens gemacht.

In die Zeit Dawits des Erneuerers fallen auch die Gründung des Klosters Gelati (1106) bei Kutaisi und der Akademie von Gelati; Dawit wurde als erster König Georgiens dort bestattet.

Die Grenzsicherung erfolgte unter Dawit im Bereich des swanischen Siedlungsgebietes durch die Einbindung der Swanen in das georgische Militärsystem. In diesem Zusammenhang ließ er ein System von Festungsanlagen erbauen. Eine dieser Festungen errichtete er in Oberswanetien oberhalb der Dorfgemeinschaft Ushguli, zudem ein kleineres Kastell oberhalb des Ortsteils Chazhashi – hiervon sind heute noch je zwei Türme erhalten.

→ Kapitel 6: Ushguli erleben – Ein Nachmittag für Ushguli und seine Umgebung

Die Absicherung der Nordgrenze Georgiens in Oberswanetien erfolgte durch Türme und Festungen

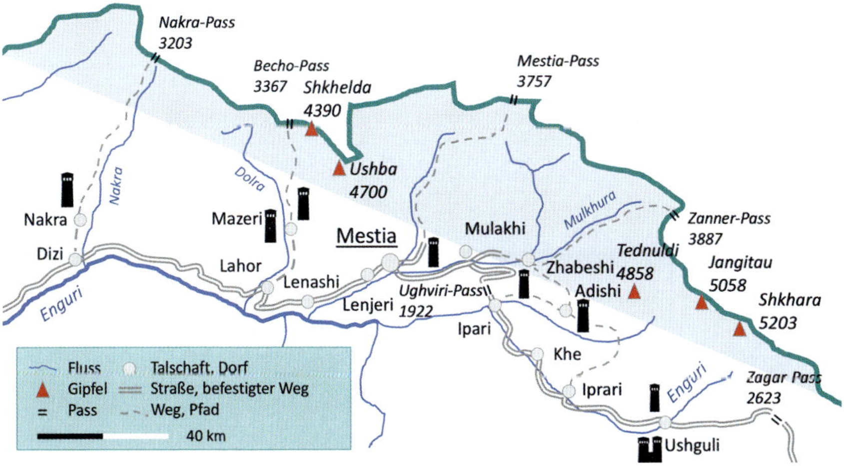

Für die Kunsthistorikerin Brigitta Schrade, auf deren Forschungsergebnisse sich hier bezogen wird, erfolgte unter Dawit die entscheidende Einbindung der Swanen in das georgische Staatswesen: Georgisches Militär wurde in den Bergen stationiert, die Swanen wurden in die Verteidigung des geeinten Georgiens einbezogen. Dawit versuchte, über neue Kirchengründungen und ein neues Ausmalen der bestehenden Kirchen nach byzantinischem Vorbild auch auf die religiösen Weltbilder der Swanen zuzugreifen. Für all diese Maßnahmen sind Schriftzeugnisse in Fresken oder Gravierungen in Steinen nachzuweisen. So kann man die von der offiziellen Kirche bestimmte Kulturgeschichte sehr genau nachzeichnen, und es lassen sich Rückschlüsse auf die mit kirchlichen Riten verbundene Alltagskultur ziehen.

Die Eingliederung Swanetiens in die kirchlich-soziale Ordnung durch Kirchenstiftungen und Förderung der Kunst

Unter Demetre I. wurde die Förderung von Kirche und Kunst weitergeführt, was in der Dorfgemeinschaft Latali in der dortigen Erlöserkirche in Augenschein genommen werden kann: Mikael Maghlakeli schuf dort 1140 eine Malerei, die zeigt, wie Demetre I. durch den Erzengel Gabriel zum Zeichen seiner kirchlichen und weltlichen Macht gekrönt wird. Zudem wird damit die enge Verbindung zwischen Swanetien und Zentralgeorgien und der Einbezug des swanetischen Adels in die georgische Politik bezeugt. An der Architektur der Erlöserkirche

Alle zu den Pässen führenden Wege und Pfade können sicher auf Wanderungen erkundet werden – ein Überschreiten der von georgischem und russischem Militär geschützten Grenze ist ohne Visum und spezielle Genehmigungen nicht möglich.

ⓘ **Bedeutung der Ausmalungen der Kirchen:** In der oben erwähnten Kirche in **Chvabiani** aus der **Dorfgemeinschaft Mulakhi** ließen sich zwei Malschichten finden – hier wurde mit der zweiten Malschicht der gesamte Kirchenraum in Zonen ausgemalt, entsprechend den wichtigsten byzantinischen Kirchenfesten. Anhand dieser Kirche lässt sich beispielhaft eine **Neuregelung des Alltagslebens im Jahresgang** ableiten, da sich die kirchlichen Feste unmittelbar auf die Feiertags- und Arbeitskultur auswirkten. Weitere gefundene Inschriften geben an, dass die **Ausmalungen durch die Einwohner respektive die Angehörigen des abhängigen niederen Adels in Swanetien**, d. h. durch die Vertreter der Dorf-, Tal- oder Schwurgemeinschaft, **in Auftrag gegeben** wurden.

In drei zwischen Mestia und Ushguli liegenden Kirchen ließen sich keine älteren Malschichten finden, so dass davon auszugehen ist, dass diese Kirchen in der Regierungszeit Dawits erstmals ausgemalt wurden: Es sind, von Mestia kommend, zunächst die **Kirche des heiligen Georg in Nakipari (Ipari)** (1130), dann die **Erzengel-Kirche im zur Talschaft Kala gehörigen Iprari** (1096) und die **Kirche des heiligen Quiricus** (swanisch Lagurka) oberhalb der Talschaft von Kala (1111), die mit der **Gründung eines Klosters** verbunden war. Diese Gebäude werden mit **Tewdore**, der sich in den Fresken selbst als **„Maler des Königs"** auswies, in Verbindung gebracht.

Erstaunlich an diesen ist zum einen die hohe Professionalität, mit der sie ausgemalt wurden, die stellenweise vom byzantinischen Ritus abweichende Motivwahl und die ausschließliche Verwendung von Farben aus lokalen Grundstoffen, weswegen Tewdore eine hohe Verbundenheit mit dem swanischen Kulturraum nachgesagt wird. Das Entscheidende aber seien, führt Brigitta Schrade aus, die zeitlichen Abstände der Arbeiten, was darauf schließen lässt, dass der König oder die höchste kirchliche Stelle als Auftraggeber neue, beispielhafte Ausführungen nach Swanetien gebracht wissen wollten. Vor allem, weil Tewdore die letzte Malerei in hohem Alter und unter **Demetre I. (1093–ca. 1160)**, dem Sohn und Nachfolger Dawits des Erneuerers, durchgeführt haben muss und diese wohl auch nicht in allen Partien selbst ausführte. Folglich muss er bereits Gehilfen oder Schüler gehabt haben, was auf die Entwicklung einer eigenen swanetischen Malschule hinweist.

Erlöserkirche mit Anbau für Frauen in der Dorfgemeinschaft Latali im Dorf Matskhvarishi

lässt sich zudem idealtypisch die religionsbezogene Trennung nach Frauen- und Männerräumen nachvollziehen.

Zwei Herrschergenerationen in derselben Familienlinie später sorgt die in swanetischen volkstümlichen Überlieferungen gewürdigte Königin Tamar in ihrer Regierungszeit (1184–1213) für eine weitere Einbindung Swanetiens in das vereinigte Königreich Georgien – sie soll, was allerdings nicht belegt werden kann, in Ushguli einen Sommerpalast gehabt haben oder gar dort beerdigt worden sein. Sicher sei aber, führt Brigitta Schrade aus, dass die Swanen unter der Führung zweier dem lokalen Adel entstammenden Fürsten fester Bestandteil des auch zur Zeit Tamars mit Verteidigungskriegen beschäftigten georgischen Heeres waren.

Der Reichtum der Klöster und die Einbindung der Religion in das Alltagsleben ist zum einen durch eine Vielzahl von handwerklichen Arbeiten auf höchstem Niveau ersichtlich. Beispiele dafür sind in Silberblech oder vergoldetes Silberbleck mit Schlagwerkzeugen getriebene Ikonen und kunstvoll verzierte Kreuze, die aus einheimischem Material (Holz, Silber und Gold) gefertigt sind.

Unter Tamar verfestigte sich die Gewohnheit, durch Priester Rechtsakte abzusichern. Verträge wurden von diesen in Dokumenten oder durch das Einritzen in Kirchenwände, auf Ikonen und Kreuzen bezeugt. Diese Nachweise geben auch Einblick über das Selbstverständnis der Dorfgemeinschaften oder Tal-

LESETIPP: Brigitta Schrade (2021): „Das christliche Swanetien. Beiträge zur Geschichte und Kunst der byzantinischen ‚Peripherie' zwischen Jerusalem und Konstantinopel", Reichert-Verlag.

→ Kapitel 7: *Off the beaten track* – Oberswanetien abseits der Trampelpfade entdecken – Die Dorfgemeinschaft Latali und ihre Umgebung erkunden – Spaziergang 1: Volksreligiosität und Christentum, Traditionelle Frauen- und Männerräume

ⓘ **Traditionelle Sozialstruktur und Christentum:** Das **System von Kirchen und Klöstern berücksichtigte traditionelle, patriarchal strukturierte soziale Welt der Swanen** und suchte gleichzeitig, die religiös geprägte Alltagswelt zu kontrollierten. So mussten mit Einführung des Christentums auch traditionelle Rechtselemente wie z. B. nur von Männern besetzte Ältestenräte und traditionelle mythische Vorstellungen nicht aufgeben werden.

Hauptkirchen einer Dorfgemeinschaft oder Talschaft waren größer und reicher ausgestattet, sie konnten zudem an **Klöster** angeschlossen sein. Deren **Schutzheilige** galten **für den gesamten Dorfverband**. Zudem errichtete man **kleinere Kirchen**, die anderen Schutzheiligen, der Gottesmutter oder Erzengeln geweiht und in ihren Fresken eher volkstümlich orientiert waren. Die Erzengel waren den volkstümlichen Vorstellungen von Engeln, die die Bergkämme und Gipfel bewachten, vergleichbar. So waren die **Wege der Swanen im Alltagsleben begleitet von Kirchen, und auch nichtsakrale Objekte wie Wegsteine oder Bäume konnten Gedenk- oder Bittstellen sein**, an denen sie beim Verrichten der Feld- oder der Hausarbeit fortwährend vorbeikamen. Der **swanische Kalender** kannte in seinem Jahresgang mehr als 150 religiöse Festtage und strukturierte so das Leben in den Bergdörfern. Der **öffentliche Raum** war **streng unterteilt nach Männer- und Frauenräumen**, Frauen hatten zu Männern zugedachten Kirchen bis weit in die 1960er Jahre hinein keinen Zutritt. Bei der Durchführung aller religionsbezogenen Praktiken spielten sie hingegen eine bedeutende Rolle, da sie z. B. die heiligen Brote, die für den Vollzug vieler Riten wichtig sind, buken und auch das Mehl hierzu herstellten, das von speziellen, den Kirchen zugeordneten Feldern stammte.

Sowjetischer Wolga zwischen einer Kirche und einem früheren Versammlungsplatz des Ältestenrates unter dem Überrest einer Eiche in Kurashi (Dorfgemeinschaft Etseri)

Typisierte Darstellung der religionsbezogenen Gliederung nach Männer- und Frauenräumen

schaften als Schwur- oder Eidgenossenschaften und sind ein weiterer Beleg dafür, dass die Gemeinwesen ganz wesentlich über religionsbezogene Schwurakte politisch geordnet waren.

→ Kapitel 3: Das architektonische (Welt-)Erbe Swanetiens – Organisation der Talschaften als Schwurgemeinschaft

Swanetien profitierte vom Aufstieg des Königreichs Georgien, weil deren Könige die Gebirgsregionen aus Gründen der Grenzsicherung in seine kirchlich-politische Ordnung zu integrieren suchten. Dieses Königreich fand zu Beginn des 13. Jahrhunderts seine größte Ausdehnung, die – inklusive seiner Schutz- und Vasallenstaaten vom Schwarzen bis zum Kaspischen Meer reichte.

Die positiven Folgen des Niedergangs des georgischen Königreichs für Swanetien

Mit dem Aufstieg der Mongolen und den Eroberungszügen unter Dschingis Khan rückte nach wechselvollen Kämpfen mit den Mongolen der letzte Choresm-Schah (türkische Dynastie 1077–1231) von 1225 an gegen Georgien vor. Dieser hatte bis dahin über Choresmien südlich des Aralsees und dessen Umgebung, ganz Iran, Transoxanien und Afghanistan geherrscht und konnte schließlich ganz Ostgeorgien erobern. Ab 1240 lösten ihn die Mongolen als Besatzungsmacht ab, was in der

Silberikone der Gottesmutter Maria aus der Erlöserkirche in Lakhushdi

Lamaria-Kloster oberhalb von Ushguli

Die niederländische Stiftung *Stichting Horizont* finanzierte seit 1997 unter Leitung von Rolf und Brigitta Schrade aus Berlin die Arbeit georgischer Restauratoren in 14 Kirchen in Swanetien: https://www.horizonfoundation.nl

Folge zu mehrfachen Teilungen Georgiens führte, je nachdem, welche georgischen Fürsten sich freiwillig unterwarfen und sich den Mongolen zu Abgaben und Heeresfolge verpflichteten. Innergeorgische Auseinandersetzungen führten zu einer weiteren Schwächung des Landes, in einer zeitweisen Schwächeperiode der Mongolen, aber dann zu einem Wiedererstarken Georgiens unter König Georg V., genannt „Der Glänzende" (Regierungszeit 1314–1346). Unter Timur Lenk (1336–1405) gewannen die Mongolen aber ihre frühere Stärke zurück und verwüsteten zwischen 1386 und 1403 Ost- und Westgeorgien in mehreren Kriegszügen.

ⓘ **Organisation:** Ausgewählte **Kunstschätze Swanetiens** können **im *Svaneti Museum of History and Ethnography*** in Mestia besichtigt werden (Avtantil Lozeliani 7, 384750 Mestia, Di.–So. 10–18 Uhr) – hier lässt sich am besten nachvollziehen, wie Swanetien zur Schatzkammer Georgiens wurde und wie Priester, Künstler und Handwerker, die in die Berge geflohen waren, das wirtschaftliche und soziale Leben bereicherten. In einem in **Ushguli** gelegenen Wehrturm, dem dortigen **Museumsbau im Ortsteil Chazhashi**, im oberhalb Ushgulis gelegenen **Kloster Lamaria** und im **Kloster Lagurka in Kala** sind ebenfalls Kunstobjekte frei zugänglich. Im Prinzip besteht bei jeder Kirche die Chance, dass man den Kirchenwächter – ein Privileg, das innerhalb einer Familie von Generation zu Generation weitergegeben wird – ausfindig macht, um die oben angeführten herausgehobenen Kirchen zu besichtigen. Allerdings wird das meist nur über die Vermittlung einer ortsansässigen Familie gelingen – es lohnt in jedem Fall dort, wo man übernachtet, anzufragen.

Wieder profitierte Swanetien, diesmal aber nicht vom Aufstieg, sondern vom Niedergang des ehemals geeinten Georgiens. Die Kunsthistorikerin Brigitta Schrade sieht die Wertschätzung Swanetiens als Rückzugs- und Zufluchtsort für Angehörige des Adels, des Klerus und bedeutender Kunsthandwerker nicht nur in den historischen Chroniken belegt. Sie zeigt sich vor allem in den erhaltenen Schätzen der swanischen Kirchen. Die Dörfer Swanetiens waren nur über hohe Pässe erreichbar, die zudem mit einem System von Wach- und Wehrtürmen abgeschirmt wurden. Insbesondere Ushguli habe wegen seiner Lage und seiner Absicherung durch Kastell und Festung und die swanischen Familientürme, die selbst Festungscharakter hatten, als praktisch uneinnehmbar gegolten. Ebenso war die Dorfgemeinschaft Kala mit einer Festung gesichert, wie die Grabungen ergaben, die im Rahmen des Restaurierungsprogrammes der von *Stichting Horizont* durchgeführt wurden. Die Ausstattung der Klöster Lamaria in Ushguli und Lagurka in Kala deutet auf den Aufenthalt von gesellschaftlich höher gestellten Personengruppen wie dem höheren Adel hin.

Möglicherweise wurden die Klöster auch von kleineren Frauengemeinschaften genutzt. Darauf weisen dort gefundene hochwertig verarbeitete, eher von Frauen des Adels genutzte Gegenstände wie kleine Taschen, Schmuck und anderer Zierrat hin. In den niederen Lagen Oberswanetiens, den Dorfgemeinschaften von Mestia, Latali, Etseri und Zchumari wurden bedeutende Kirchenschätze verwahrt wie Handschriften, Prozessionskreuze, Triptychen und Ikonen, die aus anderen Teilen Georgiens stammen.

Die Teilungen Swanetiens, das Freie Swanetien und die Isolierung Swanetiens mit dem Niedergang Georgiens

Die Folgen der Teilung Swanetiens für die politische und soziale Ordnung

Mit dem Verfall einer zentralgeorgischen Macht entwickelten Familien aus dem georgischen Hochadel mehr und mehr eigene regionale Machtansprüche. Der Familie Dadiani gelang es, diese an der Wende vom 13. zum 14. Jahrhundert für Unterswanetien im Tal des Tskhenitskali durchzusetzen und verschiedene Dokumente weisen nach, dass deren Herrschaftsansprüche grundsätzlich auch über dieses Gebiet hinaus im Tal des oberen Enguri anerkannt waren.

→ Kapitel 5: Klassische Wanderungen in Oberswanetien: Die Dorfgemeinschaft Etseri erkunden

→ Kapitel 8: Unterswanetien erkunden – Lentekhi: Verwaltungszentrum Unterswanetiens, die Geschichte Unterswanetiens unter den Dadiani ist im Heimatmuseum ausgestellt.

Der Verfall der Mongolenreiche führte zum Aufstieg der vereinigten Turkstämme im Osmanischen Reich. Mit der Eroberung von Konstantinopel (1453) und Trapezunt (1461) und der Verlagerung der europäischen Handelswege auf das Meer wurde Georgien vom christlichen Kulturraum abgeschnitten und der georgische Staat zerfiel endgültig in einzelne Königreiche und Fürstentümer, während sich Osmanisches Reich und Perser im Südkaukasus bekriegten, so dass die georgischen Fürsten gezwungen waren, wechselnde Bündnisse einzugehen.

Das zentrale Machtvakuum nutzend, versuchten einzelne Familien im Verlauf des 14. bis 15. Jahrhunderts, Oberswanetien zunächst in Teilen unter ihre Kontrolle zu bringen, mit dem Ziel, es schließlich ganz zu beherrschen, während sich das lokale Adelsgeschlecht der Dadiani Unterswanetien vollständig sicherte. Brigitta Schrade schreibt, dass sich auf Grundlage einer Analyse der swanischen kirchlichen Gedenkbücher nachvollziehen lasse, dass nur der östliche Teil des oberen Enguri-Tals von Latali bis Ushguli wirklich frei blieb, während es der Familie der Dadeschkeliani gelang, ihr Herrschaftsgebiet bis an die Grenzen Latalis auszuweiten. Von Latali bis Ushguli blieben das Konzept der Talgemeinschaft als Schwurgemeinschaft und die damit verbundenen Rechtspraktiken erhalten.

Der Rückgang des Einflusses der Kirche und die Zunahme der Volksreligiösität

Der weitere Verfall Georgiens und fortschreitende Gebietsverluste führten zu einem Verlust der Unterstützung Swanetiens aus der georgischen Ebene. Im Süden drängte das Osmanische Reich vorwärts, im Osten das Persische. Mit dessen fortschreitendem Zerfall war dann der Aufstieg des russischen Zarenreichs verbunden. Swanetien wurde, wenn auch immer noch geschützt durch seine periphere Lage, zunehmend isoliert. Hinzu kamen kirchenpolitische Neuordnungen, die zeitweise zu einer Wiederbelebung des Katholizismus und zu katholischen Missionsversuchen führten. Generell lasse sich, so Brigitta Schrade, ein Verfall der priesterlichen Ausbildung, der religiösen Lehre und der Seelsorge – auch ein Zurückgehen der Taufe – aus den vorliegenden Dokumenten rekonstruieren, so dass viele Gemeinden über lange Zeiträume weitgehend sich selbst überlassen waren, weshalb sich Züge der Volksfrömmigkeit im swanischen Christentum im 17. und 18. Jahrhundert verstärkten.

Reste des Festungsbaus der Familie Dadeschkeliani in der Dorfgemeinschaft Etseri

ⓘ **Organisation der Dörfer als Schwurgemeinschaften oder Eidgenossenschaften:** In den Dorfgemeinschaften, die sich als zusammengehörig erachteten, herrschte ein gemeinsam gepflegtes Rechtssystem, das durch ausgewählte Vertreter der Dörfer vollzogen wurde. Die **Bestätigung von Rechtsurteilen der Ältestenräte und Mediatoren**, die die Dorfgemeinschaften verwalteten, **erfolgte über Ikonenschwüre**. Man schrieb die Beschlüsse an Kirchenwände oder ritzte sie in Kreuze ein, so dass sie für alle sichtbar dokumentiert waren, und schwor bei dem auf der Ikone abgebildeten Heiligen, dass man sich an die Beschlüsse halten würde. Im ***Svaneti Museum of History and Ethnography*** sind **Holzstäbe** erhalten, **die auf allen Seiten niedergeschriebene Rechtsdokumente enthalten**. Dies führte dazu, dass sich traditionelle Rechtspraktiken im Gebiet des oberen Enguri-Tals verfestigten.
So verwalteten sich die Talschaften als Schwurgemeinschaften selbst in einem, so Brigitta Schrade, „militärisch-demokratischen System", das seitens der Kirche stabilisiert wurde.
Mit dem **Bischofssitz in Seti**, dem zentralen Dorf der **Dorfgemeinschaft Mestia**, war das kirchliche Machtzentrum, auf das sich die Dörfer der freien Schwurgemeinschaften hin orientierten, fest in Swanetien installiert.
Um sich die militärische Kraft der Swanen zu erhalten, kam es wohl, so Brigitta Schrade, zeitweise zu einer Art **Wettbewerb unter den Herrschern aus der georgischen Ebene**, die sich in Glocken-, Ikonen- und Geldspenden ausdrückte. Zudem differenzierte sich die Gesellschaft aus in dem Raum, der später durch die zaristische Verwaltung als Freies Swanetien bezeichneten wurde. Wohlhabendere Familienlinien traten mehr und mehr als Stifter oder Spender auf, was zu einer Stabilisierung der durch die Kirche abgesicherten Rechtspraktiken und damit zu einer Stabilisierung des Gemeinwesens beitrug. Gegen die starken **Schwurgemeinschaften** vorzugehen, war wohl immer auch riskant, da diese über starke Kontingente an kriegserprobten Männern verfügten und auch zu räuberischen Alleingängen neigten.

LESETIPP: Nino Okinaschwili: „Gab es eine Eidgenossenschaft im Hohen Kaukasus? Untersuchungen zur Schwureinung anhand svanischer Gedenkaufzeichnungen." In: Yuri Besmerty/Otto Oexle (Hg.) (2001): „Das Individuum und die Seinen", Vandenhoeck & Ruprecht, Göttingen, S. 127–151.

Die Machtausbreitung des Russischen Reiches im Kaukasus

Der Kaukasus und Swanetien im Zarenreich

Strategien des zaristischen Russlands zur Sicherung der Südgrenze und zu Machtausbreitung

Der Historiker Jörg Baberowski bezeichnet die russische Expansion und zaristische Herrschaft im Kaukasus als einen hundertjährigen Krieg, der von 1774 bis 1878 andauerte und letztlich dem russischen Imperium mehr Schaden als Nutzen brachte. Die Region war weder wirtschaftlich noch militärisch von großer Bedeutung für das Zarenreich. Letztlich ging es um die Sicherung einer Südgrenze, welche durch die russischen Kosaken entlang einer Linie von Siedlungen und umzäunten Militärstützpunkten erfolgte.

Da die ackerbaulichen und viehwirtschaftlichen Aktivitäten der Kosaken aber die der Bergvölker störten, kam es immer wieder zu Gewaltausbrüchen. Nachdem der russische Eroberungsprozess in Auseinandersetzung mit dem Osmanischen Reich und Persien 1828 im Prinzip abgeschlossen und vertraglich bestätigt worden war – das Königreich Georgien hatte sich bereits 1801 dem Zaren unterworfen – kam es ab den 1840er Jahren überall im Kaukasus zu Aufständen gegen die russischen Besatzer.

Der Hintergrund war, so Jörg Baberowski, ein Wechsel in der Verwaltungspolitik. Da sich das russische Reich so weit außerhalb seines Zentrums ausdehnte, war es zu Beginn auf die Kooperation lokaler Eliten angewiesen, die sich in die zaristische Armee integrieren ließen und bereit waren, im Namen des Zaren vor Ort Steuern zu erheben. In Swanetien waren dies Angehörige der Adelsfamilien Dadeschkeliani in Oberswanetien und Dadiani in Unterswanetien. Davon abgesehen blieben die regionalen Rechtsstrukturen auch in den Bergregionen erhalten, unabhängig davon, ob sie christlich oder islamisch geprägt waren. Ab 1840 reformierte Russland das Verwaltungsrecht und untersagte das traditionelle Gewohnheitsrecht. Damit wurde den lokalen Eliten die Macht über die Dörfer entzogen und auch das Bodeneigentum wurde reformiert. Dies führte in den islamischen Regionen Dagestan, Tschetschenien und Tscherkessien zu einer Revolution, für deren Niederwerfung Russland zehn Jahre benötigte, da der Aufstand sich zu einem „Heiligen Krieg" wandelte und auf beiden Seiten ohne Erbarmen geführt wurde. Durch Integrationsangebote und teilweise Wiederherstellung des lokalen Gewohnheitsrechts gelang es dem zaristischen Reich, Verbündete zu spalten. Rücksichtslose Vertreibungen und Bestrafungen von Rebellengruppen schreckten auf Dauer die lokale Bevölkerung davon ab, sich für den Widerstandskampf mobilisieren zu lassen.

Die Folgen der Teilung Swanetiens für die politische und soziale Ordnung

2

Das „Freie Swanetien": Der Begriff des „Freien Swanetiens" wurde von der zaristischen Verwaltung für die offiziell seit 1853 angeschlossene Region verwendet. Bereits 1847 hatten sich etliche Dörfer dem Zaren unterworfen. Andere weigerten sich wohl auch deswegen, sich dem russischen Rechtssystem zu unterstellen, weil mit der russischen Politik, die Russland auch als zivilisatorisches Projekt verstand, eine Christianisierung im Sinne der russischen Orthodoxie verbunden war. Dies führte vielerorts zu Widerstand, weil das swanische Christentum stark mit dem traditionellen Gewohnheitsrecht verbunden war. Im Falle Swanetiens ist für das heute nicht mehr bewohnte Dorf **Khalde**, das zur **Talschaft von Kala** gehört, ein **Massaker durch zaristische Truppen im Jahr 1876** verzeichnet, **bei dem rund 60 Personen getötet worden sein sollen** – weitere 40 seien als Zwangsarbeiter deportiert worden, von denen nur einer nach Swanetien zurückkehrte. Die Dorfbewohner von Khalde hatten sich geweigert, Steuerforderungen des russischen Imperiums zu erfüllen, da sie sich als Swanen des Freien Swanetiens nicht dem zaristischen Recht unterordnen hatten wollen. **Um ein Exempel zu statuieren, wurden sämtliche Familientürme eingerissen** und das Dorf dem Erdboden gleich gemacht. Die Wiederbesiedelung Khaldes erfolgte erst 1924 in der Sowjetzeit mit der Gründung einer Kolchose in Kala.

Russlands Bemühungen zur Eingrenzung traditioneller Rechtssysteme

LESETIPP: Jörg Baberowski (2008): „Der hundertjährige Krieg 1774–1878: Russische Expansion und zaristische Expansion", in: „Wegweiser zur Geschichte. Kaukasus", hg. vom Militärgeschichtlichen Forschungsamt, Schöning-Verlag.

Swanetien in der Sowjetzeit

Mit der Oktoberrevolution im Jahr 1917 erklärte sich Georgien unabhängig von Russland, eine Unabhängigkeit, die nicht lange währte. Denn bereits 1921 wurde die Demokratische Republik Georgien von Truppen der Roten Armee besetzt und in das Sowjetsystem eingegliedert.

Sowjetische Kolonialpolitik mit dem Ziel der Hervorbringung des Sowjetmenschen

Sergej Tretjakow (1892–1937), einflussreicher Künstler, Publizist und Kunsttheoretiker der Sowjetzeit, hielt sich mehrfach in Georgien auf, um das dortige Filmschaffen auf die propagandistische Linie der sowjetischen Filmindustrie hin auszurichten. Das bekannteste Produkt ist der Film „Salz für Swanetien" (1930), zu dem er zusammen mit dem Regisseur Michail Kalatozow das Drehbuch verfasste – der Film ist mittlerweile im Internet frei verfügbar und zählt zu den Klassikern des ethnografischen Films. „Salz für Swanetien" gilt heute den meisten Betrachtern, liest man die Internetkommentare, als realistisches Abbild der Lebensverhältnisse in Swanetien noch im 20. Jahrhundert, obgleich er eindeutig fiktionale Züge trägt und eine klare sowjetpropagandistische Botschaft hat.

In Swanetien sollte eine gänzlich neue Welt aufgebaut werden: Die Swanen, die Sergej Tretjakow als „Schluchtenmenschen" (1928) bezeichnete, lebten gemäß dieser Vorstellung nicht in einer für sich bedeutsamen, gewachsenen Kultur. Ihm zufolge führten die Swanen, eingesperrt in den geografischen Raum, ein Leben wie im frühen Mittelalter. Sie wären zudem wegen ihres irrationalen Glaubens an heidnische und christliche Bräuche gezwungen dort auszuharren, weil sie ihre Toten nicht verlassen dürften. So wiederhole sich Jahr für Jahr das Leid der Menschen, aus dem nur die Sowjetmacht sie befreien könne. Das Sowjetsystem mache nach Tretjakows Sicht die Swanen überhaupt erst zu Menschen, eben zu Sowjetmenschen.

Die Sowjetisierung Ushgulis: Lkws versorgen das Dorf mit Baumaterial und Mehl, neue Häuser werden gebaut (propagandistische Aufnahme aus den 1950er Jahren)

Die mittelalterlichen Gebäude und Türme haben nach Tretjakows Ansicht keinen Wert, sie bewahren nur staubige Freiheitsliebe und den modrigen Schimmel der Blutrache. Außerdem seien sie ein steter Quell der unter den Swanen grassierenden Bindehautentzündung. Er berichtet in seinem Text „Schluchtenmenschen" durchaus von

Holzbalkon mit den Sowjetinsignien Hammer, Sichel und Sowjetstern am Gästehaus „Zhareda" in Ushguli

einigen Swanen, die Widerstand gegen die Bolschewiki geleistet hätten. Er nennt die Dorfgemeinschaft Mulakhi als Ursprung eines Aufstandes im Jahr 1921. Die Swanen aber, auf die es ihm ankommt, sind tapfere Waldarbeiter oder Mitglieder eines Pionierbataillons, die sieben Tage die Woche Felsen wegsprengen und die lang ersehnte Straße nach Kutaisi bauen. In ihrer Freizeit freuen sie sich in der Poststation in Mestia am Radioempfang, der sie mit der sowjetischen Welt verbindet. Sie spielen im Versammlungsraum des Exekutivkomitees Schach oder Fußball auf dem neuen Sportplatz und überlegen, wie viel neue Häuser man bauen könnte aus den Steinen der eingerissenen Türme.

Die sowjetische Zukunft Swanetiens malt Tretjakow als die eines umgestalteten Raumes, in dem die Natur zum Nutzen der Menschen gebändigt ist, Erze gefördert werden, Sägewerke und Papierwerke den Holzreichtum nutzen, Seilbahnen die gefährlichen Schluchten überwinden, den Menschen alles an Bildung zugänglich ist und die Landschaft der eines paradiesischen Kurparks gleicht, in dem Touristen ihre Bakterien aushungern und sich „rote Blutkörperchen anlaufen" können.

Das zivilisatorische Programm, das die Sowjetmacht in Swanetien durchführte, unabhängig davon, wie man es letztendlich bewerten mag, war von enormem Umfang und mit gewaltigen Kosten verbunden. Einerseits brachte die Sowjetisierung Swanetiens eine Verbesserung der Lebensumstände mit sich, forderte andererseits aber auch eine Entwertung der jahrhundertealten Lebensvorstellungen.

Die Gründung von Kolchosen und Sowchosen schritt zunächst wegen des Zweiten Weltkrieges und den vor Ort herrschenden schwierigen Bedingungen nicht so schnell voran, wie

LESETIPP: Die Nobelpreisträgerin Swetlana Alexijewitsch dokumentiert in ihrem Buch „Secondhand-Zeit", wie Menschen in Russland und anderen Staaten den Zusammenbruch ihrer sowjetischen Identitäten erleben.

LESETIPP: Eine deutsche Übersetzung des Tretjakow-Textes „Schluchtenmenschen" findet sich in dem Buch „Sonniges Georgien. Figurationen des Nationalen im Sowjetimperium" (2015) von Giorgi Maisuradze und Franziska Thun-Hohenstein.

→ Kapitel 6: Ushguli erleben – Die Architektur Swanetiens am Beispiel Ushgulis

→ Kapitel 6: Ushguli erleben – Die Architektur Swanetiens am Beispiel Ushgulis

sich Tretjakow dies erhofft haben mag. In Ushguli beispielsweise wurde die dortige Kolchose erst 1951 gegründet.

Diejenigen, die die Sowjetzeit intensiv erlebt haben, machen vor allem die Unterschiede zu heute geltend: Die medizinische Versorgung sei sicher gewesen, Baumaterial billig, man habe für sich und die eigene Familie arbeiten können und eben auch ein wenig für das Kollektiv. Für sämtliche landwirtschaftliche Produkte gab es immer einen Absatzmarkt, der Transport in die Städte war geregelt und günstig. Für das, was man nicht selbst herstellte, gab es in allen Dorfgemeinschaften einen Laden. Die Kinder besuchten in der Region weiterführende Schulen, lernten Georgisch, Russisch, etwas Englisch und Deutsch. Man selbst oder die Geschwister hatten studieren können und mit den Studienabschlüssen auch Arbeit gefunden – heute sei die Situation sehr viel schlechter.

ⓘ **Traditionelles Recht und Sowjetrecht:** Wie erfolgreich die Swanen sich gegen die **Sowjetisierung des Alltags** wehrten, zeigen verschiedenen Untersuchungen zum **Verhältnis von traditionellem Gewohnheitsrecht und zentralstaatlichem Sowjetrecht**. Der **Politikwissenschaftler Jan Koehler** belegt in seiner Studie zu parallelen Rechtssystemen in Swanetien (1999), dass fruchtbares Ackerland, Waldflächen und größere Viehbestände in Kolchosen und Sowchosen zwar zwangskollektiviert waren, doch wurden weit größere Einheiten als anderswo privat genutzt und nach traditionellem Recht weitervererbt, indem man die im Sowjetsystem prinzipiell vorgesehene Privatwirtschaft denkbar kreativ nutzte. So waren starke Familienclans in der Lage, kollektiviertes Landeigentum in Privatbesitz zu halten. Hierzu wurde das **traditionelle System der Mediatorengerichte** genutzt, da diese **auch in der Sowjetzeit für private Rechtfragen zuständig** blieben, also quasi legalisiert waren. Lediglich Kapitalverbrechen und Verbrechen gegen das Sowjetsystem blieben staatlichen Gerichten vorbehalten. Aber **auch hinsichtlich von Kapitalverbrechen wie Mord stieß die Durchsetzung des Sowjetrechtes an klare Grenzen**. Denn gemäß traditioneller Rechtsvorstellung konnte die Tötung einer Person nicht mit einem Gefängnisaufenthalt vergolten werden. So wurden in einem solchen Fall immer auch **Mediatorengerichte** tätig, um **Blutrache** zu verhindern. Diese legten dann nach traditionellem Recht z. B. Ausgleichzahlungen fest oder ordneten den Umzug ganzer Familien an, damit sich Täter und Opfer nicht mehr begegneten. Unter Vollzug der religiösen Schwurpraktiken wurde so auch in Fällen von **Brautraub** oder bei der Schlichtung von **Landstreitigkeiten** Recht nach traditionellen Vorstellungen gesprochen.

Swanetien stellte entsprechend einen **Extremfall von parallelen und teilintegrierten Rechtssystemen dar, der auch zeigt, wie offen das Sowjetsystem im Zweifelsfall war, wenn es darum ging, unter gewissen Umständen auf Zeit das Gewalt- und Rechtsmonopol zu teilen**, sofern dabei mehr zu gewinnen als zu verlieren war.

LESETIPP: Jan Koehler (1999): „Parallele und integrierte Rechtsysteme in einer postsowjetischen Peripherie: Swanetien im Hohen Kaukasus", in: E. Alber and J. Eckert (Hg.): „Settling of Land Conflicts by Mediation. Schlichtung von Landkonflikten – ein Workshop", Berlin, Institut für Ethnologie, Deutsche Gesellschaft für technische Zusammenarbeit (GTZ), CD-ROM.

Die Winterkatastrophe 1986/87 und die Umsiedelung nach Kvemo Kartli

Jedem Swanetienbesucher fallen beim Wandern oder beim Besuch einzelner Dörfer die vielen verfallenden Gebäude auf. So gleicht das auf dem Weg von Mestia nach Ushguli liegende Adishi einer Ruinenlandschaft, da mehr als die Hälfte der Häuser eingestürzt sind. Gleiches gilt auch für Murkmeli, den untersten Ortsteil der Dorfgemeinschaft Ushgulis.

→ Kapitel 5: Klassische Wandertouren in Oberswanetien – Von Mestia nach Ushguli

Im Winter 1986/87 waren der westliche Kaukasus und Nordkaukasien von schweren Schneefällen betroffen. Im Gebirge wurden ganze Dörfer verschüttet, die Niederschläge führten zu Schneemächtigkeiten von bis zu fünf Metern, Verkehrswege und Stromleitungen wurden unterbrochen. Nach den ersten Schneefällen wurden etwa 1.500 Menschen aus der Hochgebirgsregionen Swanetien evakuiert, allein in der Dorfgemeinschaft Mulakhi waren es 400 Familien mit ihren vielen Angehörigen. Innerhalb der zweiten Welle der Schneefälle waren dann die oberhalb von Mestia liegenden Dörfer wie Tsvirmi stärker betroffen. Von dort wurden um die 1.200 Menschen evakuiert. Die Schäden waren so groß, dass man die betroffenen Familien bereits Anfang Februar 1987 dauerhaft im Südosten Georgiens ansiedelte.

LESETIPPS: Stefan Applis (2020): „The snow catastrophe of 1986/87 in Svaneti", https://spacesandpractices.com/2020/07/30/the-winter-catastrophy-of-1986-87-in-svaneti/
Jörg Stadelbauer (1990): „Gebirgskatastrophen und journalistische Transparenz in der Sowjetunion. Eine Interpretation der Schneefall-, Lawinen- und Überschwemmungskatastrophe des Jahres 1987 in Georgien", Sonderdruck Universität Freiburg. https://freidok.uni-freiburg.de/fedora/objects/freidok:4238/datastreams/FILE1/content

Am 12. Februar beschloss das Zentralkomitee der UdSSR, der Georgischen SSR bei der Bewältigung der Naturkatastrophe zu helfen. Bis Ende 1987 waren weitere 300 swanische Familien umgesiedelt worden, viele davon in neu errichtete Siedlungen, deren Bau wegen der angespannten wirtschaftlichen Lage zum Ende der Zeit der Sowjetunion allerdings nicht so zügig voranschritt wie erforderlich. Die von Menschen entleerten Räume und der morbide Charme verfallender Gebäude machen heute sicher einen Teil der Anziehungskraft Swanetiens aus. Tatsächlich haben die Lawinenereignisse tiefe Traumatisierungen hinterlassen, da fast jede Familie Tote zu beklagen hatte. Oftmals deckte erst die Frühjahrsschmelze das ganze Ausmaß der Tragödie auf. Und auch die Erfahrung der Entwurzelung, von einem Tag auf den anderen die Gegend verlassen zu müssen, in der sich die meisten Familienlinien bis ins Mittelalter nachzeichnen lassen, hat Spuren hinterlassen.

Von Lawinenabgang zerstörtes Wohnhaus in Adishi

Die Swanen in Kvemo Kartli (Niederkartlien): Der **Anthropologe Stepháne Voell** hat in den Umsiedelungsgebieten in den Dörfern Niederkartliens im Süden von Tbilisi, die Kultur der dort lebenden Swanen untersucht. Er zeichnet das Bild einer **Gesellschaft, die sich nach wie vor in starken Familienverbänden organisiert**. In den von Swanen besiedelten Dörfern Niederkartliens **spielen Erzählungen von traditionellen Rechtspraktiken** zur Verhinderung von Blutrache und der Regelung von Fällen von Brautraub und Erbfolgestreitigkeiten **nach wie vor eine bedeutende Rolle**. Vor allem waren die Umsiedler bemüht, ihre Lebensweise und damit ihr Selbstbild zu erhalten, indem sie ihr Leben oftmals stärker an traditionellen Vorstellungen ausrichteten, als sie dies in den Bergen getan hatten. **Heute drängen im Sommer viele der Umsiedler zurück, um am Tourismus zu verdienen**. Denn die Arbeitslosigkeit in Niederkartlien ist, wie überall in Georgien, hoch.

LESETIPP: Stéphane Voell (2016): „Traditional Law in the Caucasus. Local Legal Practices in the Georgian Lowlands", https://stephanevoell.files.wordpress.com/2021/03/cw20_buch-k.pdf

Der Zusammenbruch der Sowjetunion, die Desintegration Georgiens und die Folgen für Swanetien in den Jahren 1990 bis 2010

Als Folge des Zusammenbruchs der Sowjetunion spalteten sich im Jahr 1990/91 Südossetien und 1992 Abchasien mit massiver russischer Unterstützung vom Gebiet der bis dahin bestehenden Georgischen Sowjetrepublik ab. Unter dem 1991 ersten gewählten Staatspräsidenten Swiad Gamsachurdia versank das Land im Chaos. Sein nationalistischer Kurs spaltete die verschiedenen Ethnien, paramilitärische Einheiten und kriminelle Banden übernahmen die Kontrolle über das Land. Nach der Übergangsphase eines Militärrates kehrte Eduard Schewardnadse, der ehemalige sowjetische Außenminister unter Mikhail Gorbatschow, nach Georgien zurück und übernahm im Oktober 1992 das Amt des Staatsvorsitzenden. Ihm gelang es, die Milizenführer auszumanövrieren und das Land aus dem Chaos zu führen. Im Umgang mit den Sezessionskriegen in Abchasien und Südossetien wird ihm heute Unvermögen vorgeworfen, einige seiner Maßnahmen waren gewiss nicht mit westlichen rechtsstaatlichen Vorstellungen vereinbar – dennoch bereitete er den Weg für die heutigen demokratischen und zivilgesellschaftlichen Strukturen. Am Ende klammerte aber wohl auch er sich zu stark an die Macht, was 2003 nach offenkundiger Manipulation der Wahlen zu seinem Sturz führte, Neuwahlen im Jahr 2004 brachten Micheil Saakaschwili an die Macht.

Verlassenes Wohnhaus in sowjetischer Bauweise in Adishi

Das abgeschieden liegende Swanetien war von den Sezessionskämpfen in Abchasien (1992–1993) direkt betroffen, weil viele Swanen in den Bergregionen, die Abchasien zugerechnet werden, ihre traditionellen Siedlungsgebiete hatten. Außerdem lebten Swanen mit höheren Bildungsabschlüssen als Ärzte, Ingenieure oder Lehrkräfte an Schulen und Universitäten in den abchasischen Städten. Generell war Abchasien wegen seiner landschaftlichen Schönheit, des milden Klimas und der hohen Lebensstandards innerhalb der Sowjetverbundes eine beliebte Region. Zum einen eilten viele Männer aus Swanetien als bewaffnete Kämpfer den betroffenen Verwandten zu Hilfe, zum anderen setzten massive Fluchtbewegungen in Richtung Swanetien ein. Mestia nahm mehr als 500 Binnenvertriebene auf bei einer damaligen Einwohnerzahl von ungefähr 1.500 Menschen. In ihrem Spielfilm „Dede" zeichnet die swanische Regisseurin Mariam Khatchvani das Bild einer Zeit, in der auch infolge eines massiven Zuflusses von Waffen nach Swanetien traditionelle Rollenbilder und patriarchale Strukturen wiederauflebten, während das staatliche Gewaltmonopol zerbrach und an mächtige Familienverbände und kriminelle Banden überging, die immer wieder Teilgebiete kontrollierten und sich auch illegal Land aneigneten.

Diese regionalen Gewaltmächte rechtfertigten ihr Vorgehen teilweise unter Bezug auf traditionelle Rechtsnormen. Der Großteil der swanischen Bevölkerung sah deren Vorgehen allerdings schlicht als eigennützig und ehrverletzend an. Gleichwohl waren diejenigen, die selbst nicht über entsprechende Gewaltmittel verfügten, machtlos gegenüber der sich verbreitenden Clankriminalität und auch die traditionellen Rechtsinstanzen

TIPP: Der in Ushguli mit Laiendarstellern gedreht Film wird dort in den Sommermonaten täglich gezeigt und kann auch in Mestia in dem von Khatchvanis Zwillingsschwester geführten Café „Dede" gesehen werden.

LESETIPP: in Ihrem Buch „40 Tage Georgien" (2018, DuMont Reiseverlag) schreibt Constanze John über Ihre Erfahrungen mit Frauen in Ushguli, über traditionelles und modernes Rollenverständnis und ihre Bekanntschaft mit der Regisseurin Mariam Khatchvani.

Das Polizeipräsidium am zentralen Platz in Mestia. Von dort fahren die Busse in Richtung Zugdidi und die Kleintransporter in Richtung Ushguli.

wurden durch Willkürerfahrungen entwertet.

Mikhail Saakaschwili, der für die Bergregionen bald die Vision einer touristischen Nutzung entwarf und sich deswegen häufig in Swanetien aufhielt, gelang es unter Vervielfachung der Polizeikräfte in Mestia und unter Einsatz massiver, auch militärischer Gewalt die Clankriminalität in Swanetien zu brechen. Hierzu war es notwendig, zunächst einmal die Straße von Zugdidi nach Mestia auszubauen und dauerhaft befahrbar zu machen. Im Zentrum von Mestia wurde ein moderner Polizei- und Verwaltungsbau mit einem typisierten swanischen Turm an der Kopfseite errich-

Landkonflikte als Folge der Sowjetzeit: Seit 1993 entzündeten sich **Konflikte in Swanetien vor allem um die Rückführung staatlichen Bodeneigentums in Privateigentum** – in der Region Mestia waren bereits seit 1990 versuchsweise Kolchosen und Sowchosen aufgelöst worden. Prinzipiell erfolgte die Verteilung zu gleichen Teilen an die Belegschaft, was zu einer starken Zersplitterung der landwirtschaftlich nutzbaren Böden führte und de facto alle zur Selbstversorgung (Subsistenzwirtschaft) zwang, die nicht bereit oder in der Lage waren, sich zu Genossenschaften zusammenzuschließen. Der Zerfall staatlicher Strukturen zwang allerdings nicht nur in Swanetien, sondern überall in Georgien die Menschen zur Subsistenzwirtschaft. Heute steht die Kleinparzellierung einer intensiveren wirtschaftlichen Nutzung entgegen. **Aufgrund der in Swanetien traditionell engen Bindung der (Groß-) Familien an die jahrhundertlang genutzten Böden** hatten allerdings noch vor der staatlichen Fassung der Gesetzesgrundlagen zur Privatisierung Mediatorengerichte begonnen, das Land zu verteilen. Nach traditionellem Gewohnheitsrecht war eine schriftliche Fixierung der Rechtsverhältnisse jedoch nie notwendig gewesen und in der Sowjetzeit war ohnehin alles Kollektiveigentum. So gab es keine Dokumente, auf deren Grundlage eine Rückführung hätte erfolgen können. Jan Koehler berichtet in diesem Zusammenhang von professionellen „Erinnerern" innerhalb der Mediatorengerichte, die auch für Blutrachefälle, Brautraub usw. zuständig gemacht wurden. Man kann sich vorstellen, dass in Talschaften, in denen Landressourcen knapp waren, wie in Mestia, diese Verfahren nicht konfliktfrei ablaufen konnten. **Weil nach swanischem Erbrecht alle Söhne zu gleichen Teilen Land erben können, verstärkte sich die Zerstückelung der Ackerflächen**, so dass viele Familien letztlich nicht leben konnten von den ihnen zugeteilten Böden. Starke Familienclans hingegen, die über Einfluss in der örtlichen Verwaltung verfügten, sicherten sich mehr Land. Letztlich war es bereits während der Zeit der Sowjetunion so gewesen, dass lokale Direktoren von Kolchosen, Sowchosen oder Kombinaten als eine Art Regionalherren auftreten konnten, da ihnen von Amts wegen Entscheidungsgewalt zukam.

LESETIPP: Jan Koehler (1999): „Parallele und integrierte Rechtsysteme in einer postsowjetischen Peripherie: Swanetien im Hohen Kaukasus", in: E. Alber and J. Eckert (Hg.): „Settling of Land Conflicts by Mediation. Schlichtung von Landkonflikten – ein Workshop", Berlin, Institut für Ethnologie, Deutsche Gesellschaft für technische Zusammenarbeit (GTZ), CD-ROM.

tet, der durchaus als Signal verstanden werden sollte dafür, dass die zentralstaatliche Gewalt zurückgekehrt war. Saakaschwili verlor letztlich die Wahl 2012 wegen Vorwürfen der staatlich tolerierten Menschenrechtsverletzung und der Folter in georgischen Gefängnissen – am Ende seiner Regierungszeit nahm Georgien weltweit den dritten Platz ein, was das Verhältnis zwischen freien und inhaftierten Staatsangehörigen angeht. In Swanetien aber wird man, abgesehen von den Familienangehörigen derer, die in den 1990er Jahren eng mit der kriminellen Parallelgesellschaft verbunden waren, von kaum jemandem ein schlechtes Wort über den ehemaligen Präsidenten hören, der in Georgien wegen mehrerer Vergehen bis heute zur internationalen Fahndung ausgeschrieben ist. Denn erst Mischa, so heißt es überall, sei es gelungen, Swanetien wieder sicher zu machen.

LESETIPP: Dieter Boden analysiert in seinem Buch „Georgien. Ein Länderporträt" (2019, Ch. Links Verlag) die politische Entwicklung seit dem Zusammenbruch der Sowjetunion und zeichnet ein genaues Leben vom Alltag im Land.

Dieter Boden, langjähriger Mitarbeiter des Auswärtigen Amts und Leiter von OSZE- und UN-Missionen in Georgien, meint, dass es noch Jahrzehnte dauern werde, ehe man die Amtszeiten Eduard Schewardnadses und Mikhail Saakaschwilis vollständig bewerten kann. Einerseits führten sie Georgien in eine an grundlegenden demokratischen Prinzipien orientierte Rechtsstaatlichkeit und öffneten sie in Richtung der westlichen Demokratien, andererseits waren sie an der Entstehung von gesellschaftlichen Verwerfungen und politischen Konflikten beteiligt, die noch lange nachwirken werden.

Die Entdeckung Swanetiens durch den Tourismus seit 2010

Swanetien ist bislang nur oberflächlich auf den Tourismus vorbereitet, obwohl es so sehr auf ausländische Besucher angewiesen ist. Mit dem vollständigen Wiederherstellen der staatlichen Sicherheit in Swanetien seit etwa 2010 bestand für die in den Bergdörfern Ober- und Unterswanetiens lebenden Menschen die Möglichkeit, durch das gelegentliche Anbieten von Unterkünften und Mahlzeiten quasi im Vorbeigehen von einem beginnenden Tourismus zu profitieren, der sich als Individualtourismus seine Wege suchte.

Dieser Tourismus ist meist inspiriert von einer romantisch verklärten Vorstellung von den Bergbewohnern, wie sie schon die russische Literatur im 18. bis 19. Jahrhundert geschaffen hatte – Menschen, die am Rande der Zeit zufrieden leben, mit dem, was ihnen die Natur zur Verfügung stellt, und dabei nach-

LESETIPPS: Klassiker der russischen Kaukasusliteratur sind Alexander Puschkins „Der Gefangene im Kaukasus" (1821/22) oder Michail Lermontows „Ein Held unserer Zeit" (1841).

haltig, nur an Selbstversorgung orientiert, die Ressourcen einer wunderschönen Bergwelt nutzen.

Dieses vereinfachte romantische Bild Swanetiens stimmt jedoch nicht mit dem Selbstbild der Menschen und ihren Lebenserfahrungen überein. Einerseits orientieren sich viele an in Jahrhunderten gewachsenen komplexen sozialen, wirtschaftlichen und religiösen Vorstellungen, die sich selbst in der Zeit der Sowjetunion nicht vollständig auflösten. Denn sie gründen in einer reichen kulturellen Vergangenheit mit sehr speziellen politischen Erfahrungen von Zugriffsversuchen von außen, denen sich die Gemeinwesen immer wieder erfolgreich widersetzten. Andererseits ist dieser Blick von außen auf die swanische Gesellschaft denkbar weit entfernt von den bereits vollzogenen Erfahrungen einer radikalen Modernisierung, die die Sowjetgesellschaft mit sich brachte: Diese führte schon damals zu schweren Spannungen und Verwerfungen, sobald die jüngeren Swanen die Dörfer verließen und in den Städten mit modernen Lebensweisen konfrontiert wurden. Die heutigen Lebensumstände der meisten der in Bergbauernwirtschaft arbeitenden Menschen sind also schlicht prekär und stellen eine Notlösung für schwierigen Zeiten dar – auch für die, die über Studienabschlüsse aus der Sowjetunion und dem jüngeren Georgien verfügen. Denn es gibt wenig andere Arbeit. In einer Dorfgemeinschaft wie Ushguli beispielsweise verfügt etwa die Hälfte der Bewohner über einen Universitätsabschluss.

Betrachtet man heutige Film- und Fernsehdokumentation über Swanetien, so wird dort immer dasselbe stereotype, zugleich abwertende und wertschätzend gemeinte Bild gezeichnet: Männer, die Schlitten von Ochsen ziehen lassen in einer Weltgegend, die lange auf das Rad habe warten müssen. Kinder, die auf Pferden reiten oder Kühe und Schweine vor sich hertreiben. Frauen, die Wäsche aufhängen und am Herd das köstliche regionale Essen zubereiten. Und auch Touristen verbreiten über digitale Plattformen vergleichbare Vorstellungen vom edlen, am ursprünglichen Lebens orientierten Bergbewohner, der dann am besten ist, wenn er seine Gaben, uralten Regeln der Gastfreundschaft folgend, umsonst verteilt, weil gerade dieser eine Besucher, der von seiner einzigartigen Erfahrung auf seinem Blog berichtet, ganz anders sei als andere Touristen.

LESETIPP: Der umfangreichste deutschsprachige Bericht über Swanetien ist in dem Band „Aus den Hochregionen des Kaukasus" (1904) des in Baiersdorf bei Erlangen geborenen Gottfried Merzbacher (1843-1926) zu finden. https://stefan-applis-geographien.com/2021/03/14/aus-den-hochregionen-des-kaukasus-gottfried-merzbacher-1843-1926-in-swanetien-land-und-leute/

Die Realitäten eines Lebens in Swanetien sind andere: Den Einwohnern fehlen regelmäßige Einkommen, sie sind insofern auf den Tourismus dringend angewiesen, auch wenn dadurch ihre Lebenswelten einem starken Wandel unterworfen werden.

Dieser Wandel bringt zum einen Besucher mit verschiedenen Weltbildern und Kulturen nach Swanetien, die zu verstehen vielen, an traditionellen Wertvorstellungen orientierten Swanen schwerfällt. Zum anderen bringt er diejenigen der Umsiedler der Winterkatastrophe von 1986/87 und ihre Nachkommen, die über keine alternativen regelmäßigen Einkommen verfügen, ab dem Frühjahr zurück nach Swanetien, wo sie ein Auskommen im Tourismus suchen.

Je mehr sich der Tourismus von einem Individual- zu einem Massentourismus wandelt, desto mehr verstärkt sich auch die Flächenkonkurrenz und umso mehr Produkte, die nicht regional hergestellt werden, müssen eingeführt werden. Während des touristischen Sommerhalbjahres halten sich in Swanetien infolge des hohen touristischen Interesses mehr Menschen auf, als je dort gelebt haben, eine Belastung, auf die weder die versorgende noch die entsorgende Infrastruktur vorbereitet ist. Solange der Staat und die regionalen Verwaltungen nicht in der Lage sind, auf die ökologischen, sozialen und ökonomischen Belastungen zu reagieren, kommt es deshalb auf ein sensibles und verantwortliches Verhalten der Besucher an.

Verschärfung der Flächenkonkurrenz: Touristische Ressourcen sind in Swanetien in erster Linie Flächen – Gebäudeflächen und freie Flächen, die baulich nutzbar sind. **Gebäudeflächen** mit altem Baubestand erfahren so starke Veränderungen, dass sich die für den Tourismus attraktiven Ortsbilder schnell wandeln. **Freie Flächen**, die touristisch genutzt werden für den Bau von Hotelgebäuden, die Anlage von Skihängen, den Ausbau des Flughafens in Mestia und die Anlage von Wasserkraftstauflächen zu Bewältigung des gestiegenen Strombedarfs stehen dann nicht mehr für die Landwirtschaft zur Verfügung – dies betrifft vor allem diejenigen Familien, die auf die landwirtschaftliche Selbstversorgung angewiesen sind und darauf, einen Teil ihrer Produkte an Hotels und andere Beherbergungsbetriebe zu verkaufen.

Die großen freien Flächen stammen in der Regel aus dem in der Sowjetunion zwangskollektivierten Grund und Boden, der heute oft deswegen noch staatlich ist, weil die ehemaligen Eigentümer über keine rechtsverbindlichen Dokumente verfügen, mit denen sie ihr Eigentum nachweisen können. *De jure* erfolgt der Bau von Skipisten, Flugzeuglandebahnen und Wasserkraftwerken also auf staatlichen Flächen. Auch finanziell besser ausgestattete Familien erwerben solche Flächen und bauen dort Hotelanlagen – in diesem Zusammenhang wird auch von dramatischen Korruptionsfällen berichtet. *De facto* erleben die Familien der früheren Eigentümer solcher Flächen in vielen Fällen eine zweite Zwangsenteignung, ohne dafür einen Gegenwert zu erhalten.

LESETIPP: Green Alternative (2011): „Problems related to the protection of property rights – the case of Mestia. Report within the framework of the project ‚Protection of Property Rights in New Touristic Zones of Georgia'", https://transparency.ge/en/post/report/problems-related-protection-property-rights-case-mestia-july-2011

3 Das architektonische (Welt-)Erbe Swanetiens

Chazhashi ist seit 1996 UNESCO-Weltkulturerbe

Die **Türme Swanetiens** gehören zu einer Reihe von **Festungsbauten**, welche die Nordgrenze Georgiens seit dem Mittelalter schützten. Sie liegen jeweils in Verlängerung der Pässe und Handelswege, die den großen Kaukasus überqueren. Im 12. Jahrhundert errichtete man in Ushguli zusätzlich ein Kastell und eine Burg, in der auch georgische Truppen stationiert waren – hiervon sind heute nur noch jeweils ein Turm und wenige Mauerreste erhalten. Die **Wehrdörfer** waren als **Schwurgemeinschaften** organisiert und schützten sich mit den Turmbauten vor Angriffen, die gegen die Dörfer selbst oder gegen einzelne Familien ausgeübt wurden. Die massiven Türme dienten im von Lawinen bedrohten Norden seit jeher auch als **letzter Zufluchtsort** für ihre Bewohner.

Ushguli im Winter

Festungsbau in Chvibiani

UNESCO-Status: Ushguli ist die wohl meistfotografierte Dorfgemeinschaft Georgiens. Der von der UNESCO vergebene Weltkulturerbe-Status bezieht sich allerdings, wie häufig zu lesen ist, nicht auf ganz Swanetien, nicht einmal auf ganz Ushguli. Nur das Dorf **Chazhashi** in Ushguli wurde wegen der dort relativ geschlossen erhaltenen mittelalterlichen Architektur als Weltkulturerbe ausgezeichnet. Bereits seit 1971 war es als Ushguli-**Chazhashi**-Museum in der Sowjetunion geschützt.

Hintergrund: In der Hochsaison kann es in Ushguli richtig eng werden. Möchte man die besondere Architektur Swanetiens außerhalb Ushgulis und des bereits stark überformten Mestia kennenlernen, kann man auch die Dorfgemeinschaft Mulakhi besuchen. Innerhalb dieser bietet das Dorf Zamushi das größte erhaltene Turmensemble in Swanetien und weitere große Festungsbauten, wie man sie in Ushguli nicht mehr zu sehen bekommt.

Annäherung an den gebauten Raum

Kevin Tuite von der Universität Montreal (Kanada) ist weltweit einer der führenden Experten für kaukasische Sprachen und die Kultur ihrer Sprecher; er hat zahlreiche im Internet frei zugängliche Texte über Swanetien verfasst: http://www.mapageweb.umontreal.ca/tuitekj/index.html

→ Kapitel 2: Kurze Geschichte Swanetiens: Kirchen, Klöster, Kirchenmalerei und sakrale Objekte – die Anbindung Swanetiens an das Land, in dem die Kartweler leben

Auf den ersten Blick haben die Türme der swanetischen Bergdörfer eine auffallende Ähnlichkeit mit den Geschlechtertürmen Italiens aus dem 13. Jahrhundert. Diese Türme Italiens repräsentierten Macht und Einfluss wohlhabender Familien. Und auch nördlich von Italien, etwa im an den mittelalterlichen Handelswegen gelegenen Regensburg, nahmen sich wohlhabende Bürger ein Vorbild an ihnen. In Swanetien sind die Gruppen von Türmen mit den angelehnten Steingebäuden, die beim Betrachter den Eindruck von Festungen hervorrufen, schon von weitem sichtbar. Hier lebten die Swanen seit dem Niedergang des georgischen Königtums im 14. Jahrhundert weitgehend unabhängig von Lehnsherrschaft. Die über einhundert kleinen Kirchen Swanetiens zeigen jedoch den starken Einfluss der georgischen Kirche. Am Beispiel der Kirchenstiftungen wird auch der Einfluss des Adels auf den Raum des sogenannten „Freien Swanetiens" deutlich, so dass manche Wissenschaftler wie der kanadische Kaukasiologe Kevin Tuite von einer indirekten Feudalherrschaft sprechen.

Besonders schroff tritt die mittelalterliche Architektur in Ushguli hervor: Erbaut aus dem Schiefergestein des Gebirgsmassivs streben die Türme senkrecht nach oben, setzen eine vertikale Struktur in die Landschaft. Sie bilden selbst so etwas wie einen Arm oder Ausläufer des Gebirges oder eine Moränenlandschaft aus aufragenden Findlingen, die vor langer Zeit vom Gletscher des Shkhara zurückgelassen wurden.

Auf den Schwarz-Weiß-Fotografien des italienischen Bergsteigers und Fotografen Vittorio Sella wird diese Verbindung von Landschaft und Bauten besonders auffällig. Seine Bilder haben sicherlich einiges dazu beigetragen, dass in vielen gegenwärtigen Texten den dort lebenden Menschen dieselbe jahrhundertealte Ursprünglichkeit zugewiesen wird wie den Bergen und den Gebäuden.

Ushguli 1910 (Fotografie aus dem Archiv des Georgischen Nationalmuseums)

Bei aller Ähnlichkeit mit den Turmbauten der mittelalterlichen Stadtsiedlungen Italiens kennen die Bergdörfer Oberswanetiens im Unterschied zu allen größeren europäischen Dorf- und Stadtanlagen derselben Zeit jedoch keine Stadtmauern oder Verteidigungswälle. Das am obersten Ende einer langen Reihe von swanetischen Wehrdörfern gelegene Ushguli war seit der Besiedlung im 6. Jahrhundert nie leicht zugänglich gewesen und konnte über die natürliche Grenze des Gebirgszuges nur unter äußersten Mühen erreicht werden. Zusätzlich sicherten in Ushguli seit dem 12. Jahrhundert ein Kastell und eine Burg die nahegelegenen Pässe.

Swanische Festung in Tsvirmi

Denselben Festungseindruck wie die Türme rufen auch die daran angelehnten, zweigeschossigen Gebäude hervor. Diese waren Wohnung, Stall und Speicher, um Vieh und Mensch gleichermaßen Schutz zu geben. Einige wenige dieser massiven, aus bis zu drei Gebäudeteilen bestehenden swanischen Festungskomplexe finden sich u.a. noch in Chazhashi, dem zum UNSECO-Welterbe erklärten Ortsteil Ushgulis. Im unterhalb liegenden Ortsteil Murkmeli wurde etwa die Hälfte der Turmfestungen bei mehreren Lawinenabgängen im Winter 1986/87 zerstört. Die swanischen Festungen beherbergten immer nur eine Abstammungsgemeinschaft. Die wohlhabenderen Familien, die dem lokalen mittleren Adel angehörten, errichteten oft auch eine Kirche in der Nähe, als deren ernste und misstrauische Wächter bis heute Mitglieder dieser Familienlinie fungieren.

Die Dörfer, die in einem Tal nahe beieinander liegen, gehören zu einer Talschaft und grenzten sich als Dorfgemeinschaft in vorsowjetischer Zeit gegenüber anderen Talschaften ab. Jede Dorfgemeinschaft oder Talschaft vollzog ihre eigenen Rechtsakte.

Soziale und politische Struktur der Dörfer: Die **Dorfgemeinschaften** waren als **Schwurgemeinschaften** organisiert, innerhalb derer die einzelnen Dörfer und Familien, die der Gemeinschaft angehörten, Mitglieder in sogenannte **Ältestenräte** entsandten. Diese sprachen als **Mediatoren** auch Recht und vermittelten in Fällen von Brautraub und Blutfehden. Die Festungsbauten verweisen also auch auf ein soziales und wirtschaftliches Leben in engen Abstammungsgemeinschaften oder Clans, die sich bisweilen auch voreinander zu schützen hatten. Eine Vielzahl an Berichten und Abhandlungen über die traditionellen Rechtspraktiken der Swanen, die seit der Besatzung durch das Zarenreich seit Ende des 19. Jahrhunderts vorliegen, belegen die Organisation in Clans. An Kirchenmauern und auf Voraltarkreuzen der Kirchen finden sich bis heute eingeritzte Beschlüsse und Urteile der Mediatorengerichte.

Es ging in der Anlage der Gebäude somit nicht nur um die gemeinschaftliche Verteidigung der Bewohner der Siedlung nach außen, sondern immer auch um den **Schutz der Familien voreinander**. Freilich konnte die Feindschaft zwischen Familien nicht zu weit gehen. Denn sie waren auch auf die familienübergreifende Nutzung von Wegen und Feld- und Waldflächen angewiesen und auch auf die Vereinigung ihrer Kräfte gegen äußere Mächte. So blieb Swanetien im oberen Enguri-Tal vor allem deswegen frei, weil sich die Dorfgemeinschaften oder Talschaften mitunter zusammenschlossen und sich so der Zugriffsversuche starker Lehnsherren von außen gemeinsam erwehrten.

Gebäudetypen

Die Türme dienten der Verteidigung gegen vordringende Feinde und schützten die Familien im Winter, wenn Lawinen die Dörfer verschütteten.

Die meisten der noch stehenden circa 500 Türme Oberswanetiens tragen unter ihren Spitzen Wehrerker aus sogenannten Pechnasen oder Wehrerkern und einen Dachstuhl aus Holzbalken, der ein Giebeldach formt. So entsteht der Eindruck, als säße ein kleines Haus auf dem sich nach oben aus statischen Gründen leicht bogenförmig verjüngenden Turmbau auf. Die Türme tragen Giebeldächer oder nach einer Seite hin abfallende Flachdächer. In den höheren Lagen sind die Dächer aller Türme, so auch in Ushguli, in Ermangelung von Holzschindeln mit Schieferplatten gedeckt, manche davon auch begehbar. Die weniger mächtigen, aber ebenso hohen Türme erfüllten auch Überwachungsfunktionen, ihre Grundfläche bietet jedenfalls zu wenig Raum zum Wohnen. Sicherlich repräsentierte die Zahl der Türme auch die Macht einzelner Abstammungsgemeinschaften.

Das Innere der vier- bis fünfgeschossigen Türme mit einer durchschnittlichen äußeren Grundfläche von fünf mal fünf Metern wurde als Speicher und Wohnraum auf Zeit mit Kochstellen genutzt. Das Erdgeschoss und bei manchen mächtigen Türmen auch das aufsitzende erste Geschoss offenbaren eine weitere bauliche Besonderheit. Sie enthalten gemauerte Spitzbodengewölbedecken, die den Eindruck erwecken, als befinde man sich in einem kleinen Haus. Hierdurch werden die gewaltigen Kräfte der schweren Bauwerke auf die ungefähr einen Meter

Typisierte Zeichnung eines Turms im Dorf Jibiani, Ushguli (Außenansicht und Schnitt)

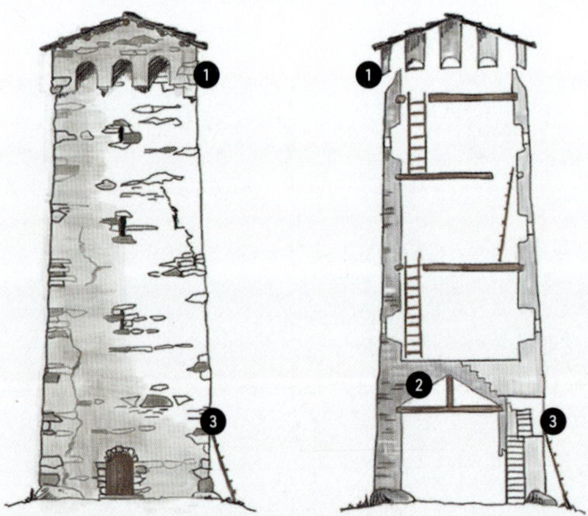

Turm – Schnitt und Seitenansicht (Jibiani)

1. Wehrerker aus Pechnasen oder Wehrerker
2. Spitzbogengewölbe
3. Schutzvorrichtungen zum Versperren des Zugangs zu obenliegenden Geschossen

starken, an manchen Türmen noch mächtigeren Außenmauern und in das Fundament abgeleitet, was die Standfestigkeit der Wehrtürme zusätzlich erhöht.

Manche Türme enthalten innen laufende, verdeckte Steintreppen, die im Verteidigungsfall verschlossen werden konnten und das Erdgeschoss von den Obergeschossen abtrennten. Bei anderen ist das erste Geschoss nur durch eine einziehbare Holzleiter von außen erreichbar. Auch im Inneren finden sich dort, wo die verschiedenen Gebäude aneinander lehnen, Verteidigungselemente wie durch querliegende Balken versperrbare, massive Türen. Generell weisen die verschiedenen Verteidigungseinrichtungen darauf hin, dass sie über Jahrhunderte hinweg notwendig gewesen sein mussten und wohl auch angepasst wurden an sich verändernde Formen der Bedrohung, z. B. durch neue Waffenarten.

Bislang fehlt für Oberswanetien leider eine vollständige Dokumentation aller noch stehenden Türme ebenso wie eine systematische Bewertung ihrer baulichen Substanz, um einen weiteren Verlust an Baudenkmälern zu verhindern.

Als Chot bezeichnet man das zweite, für swanische Siedlungen typische Bauwerk. Es besteht aus zwei Geschossen, wobei das Erd- oder Bodengeschoss, der sogenannte Machubi, als Winterwohnstätte sowohl Menschen als auch Tiere beherbergte, um die Körperwärme aller Lebewesen für die kalten Winter zu nutzen. Im Zentrum des Gebäudes befand sich die abzugslose Feuerstätte, die von einer Hängevorrichtung aus Holz überdeckt war, auf der Schieferplatten lagerten. Diese verhinderten ein Hochschlagen der Flammen in das darüber liegende Stockwerk, den Darbazi, wo im Winter das Heu für die Tiere und Nahrungsmittel für die Menschen gelagert waren. Das flache Satteldach

Das Wohn- und Stallgebäude neben dem Turm wird auf Swanisch *Chot* genannt, das Erdgeschoss *Machubi*, das Obergeschoss *Darbazi*. Oft wird auch das gesamte Gebäude nach seiner wichtigsten Einheit als *Machubi* bezeichnet.

Dachkonstruktion mit Pechnasen, Wanderfalken in Schießscharte, Spitzbodengewölbe

Auf sogenannten Ältestenstühlen saßen die Männer, die einer Abstammungsgemeinschaft vorstanden (alle Bilder: Ethnografisches Museum der Familie Meulut Tscharkseliani im Dorf Jibiani)

des Steingebäudes, das sparrenlos nur aus querlaufenden Balken aufgebaut ist, war ursprünglich mit Schieferplatten gedeckt. Deren schwere Last, die sich im Winter noch durch die aufliegende, zugleich isolierende Schneeschicht von bis zu einem Meter erhöht, wurde im Zentrum durch eine massive Holzsäule gestützt. Auf dieser bildeten übereinander gelagerte Balken eine, dem Winkel des Satteldachs folgende Dreiecksform. So wurde das auf den Balken lagernde Gewicht abgefangen und in die Senkrechte der zentralen Holzsäule abgeleitet. Neben dieser beschriebenen Bauweise, die idealtypisch für Chazhashi innerhalb des UNESCO-Berichts ausgeführt ist, finden sich aber noch andere Varianten an Stützsystemen. Das Erdgeschoss enthält, je nach Größe des *Chot*, an bis zu drei Seiten einen zwei- bis dreigeschossigen Holzeinbau, den sogenannten Letschundir. Er ähnelt einem durchgehend verlaufenden Stockbett oder einem sehr tiefen Regalsystem, welches nach vorne hin verschalt ist.

Webstuhl in Ushguli

Mahlstein in Ushguli

An unterster Stelle standen im Winter die Kühe, deren Köpfe durch Öffnungen zu den vorgelagerten Futtertrögen herausragten. Auf der nächsten

Typisierte Zeichnung eines *Chot* (Schnitt und Grundfläche)

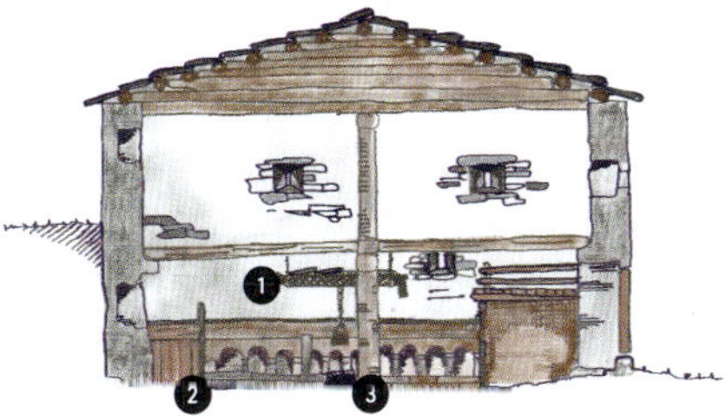

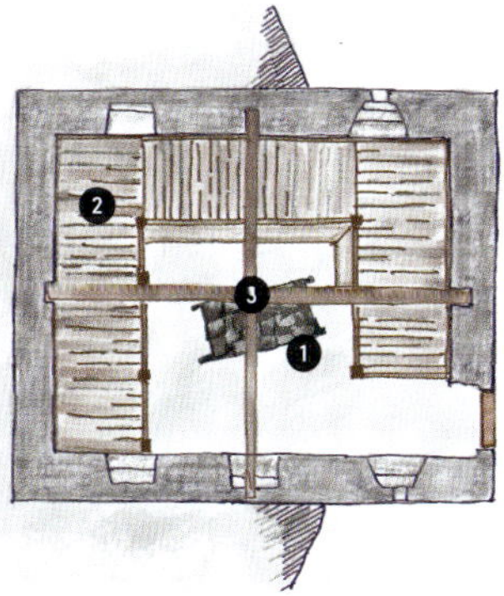

Machubi – Schnitt und Grundfläche (Jibiani)

1. Hängekonstruktion über Feuerstelle zum Schutz des Obergeschosses gegen hochschlagende Flammen
2. Zweigeschossige Holzkonstruktion für Winterhaltung der Tiere und Auflage für Schlafstätten der Menschen
3. Zentrale Stützsäule mit aufliegenden Querbalken im Verlauf des Firstes

Letschundir **einer swanischen Festung in Murkmeli**

Blick auf das Balkentragwerk eines *Chot* im Umbau (oben *Darbazi*, unten *Machubi*)

Ebene standen Schafe, Ziegen und Kleinvieh wie Hühner, auf der obersten Eben waren die Betten der Menschen aufgestellt. Die gesamte Konstruktion wurde durch Schnitzereien verziert. Diese verweisen, je nach Ausführung und Umfang, auch auf den Wohlstand der Familien.

Um die Feuerstelle herum fanden sich auf dem mit Schieferplatten ausgelegten Boden weitere Möbelstücke wie Holzsessel für das Familienoberhaupt, Bänke, Regale, Wiegen für Neugeborene und Kleinkinder oder Werkgegenstände zum Weben, Spinnen, Werkzeug- und Möbelbau.

„Lakulpha" ist die Feuerstelle, in der immer Feuer brennt, „Ka-Kerai" die Feuerstelle zum Brotbacken; „Sgaa Kvelf" ist der Raumteil für die Frauen; von hier geht man durch eine Tür zum „Gvem" – zum Ehebett. „Qaa Kvelf" wird die Männerseite im Wohnraum genannt.

Alle Gebäudetypen sind errichtet aus unregelmäßigen Quadern und Platten von Kalkbruchstein und Schiefer, verbunden mit kalk- und holzmehlbasiertem Mörtel. Manche der Türme weisen heute noch Reste von Kalkputz auf. In den tieferen Lagen, wo immer schon mehr Holz zur Verfügung stand und wo

Besichtigungsmöglichkeiten: In **Ushguli** findet sich ein Machubi, der von dem Eigentümer, dem Ethnologen **Meulut Tscharkseliani**, als **ethnografisches Museum im Ortsteil** Jibiani zur Besichtigung geöffnet ist. Er hat ihn mit vielen originalen Gegenständen ausgestattet. Des Weiteren kann der **Machubi der Familie Margiani in Mestia** besichtigt werden. Dieser befindet sich auf dem Weg zum Mikhail-Khergiani-Museum, dem Geburtshaus des berühmten swanischen Bergsteigers. Neben diesen beiden, von den Familien als Hausmuseen betriebenen *Machubis*, warten noch viele weitere, unentdeckte Schätze in den Bergdörfern Oberswanetiens, die bis heute weder dokumentiert noch geschützt oder gar ausgestellt sind. Fast allen Familien ist zwar nach Ende der Sowjetzeit die große Bedeutung ihres traditionellen kulturellen Erbes bewusst. Sie führen interessierte Besucher und Entdecker meist auch mit großer Begeisterung durch Gebäudeteile, die sie lange schon nicht mehr benutzen und heute schlichtweg verfallende Stallungen sind. Deren Erhalt ist ihnen aus finanziellen Gründen überwiegend nicht möglich und oft schämen sich die Menschen auch für den Zustand dessen, was ihnen von ihren Vorfahren überlassen wurde.

außerhalb des sogenannten „Freien Swanetiens“ Schutz und Abhängigkeit unter Feudalherrschaft bestand, finden sich auch Stallgebäude ganz aus Holz, die in traditioneller Bauweise errichtet sind.

Im Wechsel zwischen *Chot* mit *Machubi* und *Darbazi*, Türmen und reinen Stallgebäuden spielte sich so das Leben der Familien im Jahresgang ab. Nino Tserediani, die Direktorin des Svaneti Museum of History and Ethnography erklärt den Zusammenhang zwischen dem gebauten Raum, den Alltagsverrichtungen und den religiösen Praktiken folgendermaßen:

Typische Abfolge von Wohn-, Stallgebäuden und Wehrturm in Jibiani (Ushguli)

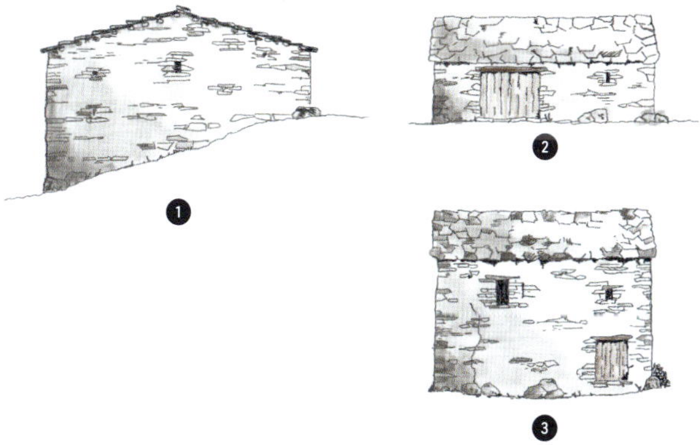

1 Machubi – Ansicht von Osten (Jibiani, typisierte Darstellung einer Hanglage)

2 Ansicht von Norden, Zugang zum Obergeschoss mit Tor zum Einlagern von Heu für die Winterfütterung

3 Ansicht von Süden, Zugang zum Erdgeschoss

Typisierte Zeichnung eines Wohngebäudes in Hanglage mit oben liegendem Zugang zum *Darbazi* und unten liegendem Eingang zum *Machubi* (Außenansichten)

„Menschen, Tiere und Dinge sind im swanischen Weltbild eng miteinander verbunden. Alles Wirtschaften im Jahresgang ist von christlichen und älteren religiösen Praktiken wie Gebeten und Opfern begleitet, so dass gewissermaßen alles Tun, wie das Bestellen eines Ackers oder das tägliche Einrichten der Kochstelle, selbst zu einer heiligen oder geweihten Handlung wird."

Traditioneller Scheunenbau aus Holz in der Dorfgemeinschaft Etseri

Mit Schnitzereien verzierte Männerbank in Etseri

Dem entsprechen einfache symbolische Darstellungen auf den mit geschnitzten Verzierungen versehenen Fronten eines *Letschundir*, wie das Sonnenzeichen, der Bogen des Sonnenlaufs, der gleichzeitig ein Tür- oder Torsymbol ist, auch der Kreis, in dem die getrennten Welten von Familien, Frauen, Männern, Älteren und Kindern zusammenkommen. Für die Museumsdirektorin, die auch als Lehrerin arbeitet, ist es wichtig, all das wieder aufzudecken und zugänglich zu machen, was in der Sowjetzeit als rückständig verbrämt war. Sie möchte die Bewohner Swanetiens darin unterstützen, ihr kulturelles Erbe anzuerkennen und wertzuschätzen, damit es weiterbestehen kann.

Nino Tserediani, die Direktorin des *Svaneti Museum of History and Etnography* in Mestia, ist die bedeutendste Expertin für swanische Alltagskultur; ohne ihre Unterstützung wären viele Erkenntnisse ausländischer Wissenschaftler nicht möglich gewesen.

→ Kapitel 7: *Off the beaten track* – Oberswanetien abseits der Trampelpfade entdecken – Die Dorfgemeinschaft Latali und ihre Umgebung erkunden – Spaziergang 1: Volksreligiosität und Christentum, Traditionelle Frauen- und Männerräume

→ Kapitel 7: *Off the beaten track* – Oberswanetien abseits der Trampelpfade entdecken – Die Dorfgemeinschaft Latali und ihre Umgebung erkunden – Spaziergang 3: Lakhushdi – Das Dorf der Sängerinnen und Sänger besuchen, ein Blick in die Vergangenheit – unerforschte archäologische Felder begehen

Die kleinen mittelalterlichen Kirchen sind ausgemalt mit Fresken und ausgestattet mit Voraltarkreuzen, Altären, gemalten oder in Silberplatten getriebenen Ikonen und anderen Kunstwerken. Sie spielen bis heute eine bedeutende Rolle im Alltagsleben, da der swanische Jahreskalender reich an (volks-) religiösen Feier- und Gedenktagen ist. Anhand von Datierungen der Kirchenstiftungen, Malereien und Gravierungen von Glocken lässt sich nachvollziehen, wie Swanetien schrittweise in das vereinte christliche Königreich Georgien eingegliedert wurde. Dies hatte zum einen seinen Grund darin, dass Swanetien als Region zur Sicherung der Nordgrenze des Königreichs Georgien von strategischer Bedeutung war – so war der georgische Adel immer auch bestrebt, sich die Gunst der Swanen zu erhalten. Zum anderen war die weltliche Macht im Georgien des Mittelalters eng mit der kirchlichen Macht verbunden, so dass die Kirchen und Klöster auch die militärisch-religiöse Ordnung repräsentierten. Indem die orthodoxe Kirche durch die offizielle religiöse Ordnung den Jahresgang der Feiertage und die Deutung des Zusammenlebens der Menschen vorgab, versuchte sie die Sitten und Gebräuche der Menschen zu kontrollieren. Die patriarchale Ordnung der swanischen Gesellschaft

Darstellung der heiligen Barbara in der Georgskirche von Kurashi

Georgskirche in Kurashi

Kirche in Chvibiani (Ushguli)

passte grundsätzlich gut zur patriarchalen Ordnung der orthodoxen Kirche. Sie spiegelt sich in den Widmungen der Kirchen an bestimmte Heilige wider, wodurch die Kirchen – neben den Hauptkirchen einer Dorfgemeinschaft wie der Erlöserkirche – traditionell Männern (z. B. hl. Georg) oder Frauen (z. B. hl. Barbara) zugeordnet werden.

→ Kapitel 2: Kurze Geschichte Swanetiens: Kirchen, Klöster, Kirchenmalerei und sakrale Objekte – die Anbindung Swanetiens an das Land, in dem die Kartweler leben

Veränderungen der baulichen Struktur seit der Sowjetzeit

Über die genaue Zahl der Türme in Swanetien vor der Sowjetzeit existieren keine Aufzeichnungen. Auf Grundlage historischer Fotografien lässt sich zumindest annehmen, dass deren Zahl früher deutlich größer gewesen sein muss. Dort wo sich eine ausgeprägte Ruinenstruktur findet wie in Adishi oder Murkmeli geht dies entweder direkt auf Lawinenabgänge im Winter 1986/87 zurück oder es ist darauf zurückzuführen, dass die Menschen die leicht beschädigten oder auch unbeschädigte Gebäude verließen, so dass diese fortwährend verfielen. Grundsätzlich wurde natürlich schon immer das Baumaterial von eingefallen Türmen oder anderen Gebäuden für den Bau neuer Gebäude verwendet und um alte zu erweitern. Anhand unterschiedlicher Mörtel auf Holzmehl-, Kalk- oder Zementbasis kann man an den umgebauten Gebäuden die verschiedenen Bauphasen nachvollziehen. Vor allem wurden in der Zeit

Aus dem Steinmaterial eines alten Turmes errichtetes Gebäude aus der Sowjetzeit zwischen zwei mittelalterlichen Häusern in Jibiani

Letschundir in Latali

Machubi in Latali mit zentralem Herd und Hängevorrichtung für Kochtopf

Als Hängevorrichtung dienende Steinbockdarstellung am Ende eines Balkens

Leerstehendes Gebäude aus der Sowjetzeit in Jibiani

Die Ortsübersicht von Murkmeli zeigt mittelalterliche Türme, die Architektur der Sowjetzeit und Neubauten

Die Sowjetisierung Swanetiens begann in Mestia und hatte aus ideologischen Motiven einen weiteren Schwerpunkt in Ushguli.

→ Kapitel 2: Kurze Geschichte Swanetiens – Die Winterkatastrophe 1986/87 und die Umsiedelung nach Kwemo Kartli

→ Kapitel 6: Ushguli erleben – Die Architektur Swanetiens am Beispiel Ushgulis

→ Kapitel 2: Kurze Geschichte Swanetiens – Swanetien in der Sowjetzeit

der Sowjetunion Türme als Symbole einer archaischen Zeit in großer Zahl abgerissen, um Verwaltungs- und Nutzgebäude neu gegründeter Kolchosen oder Schulen daraus zu bauen und somit den Anbruch der neuen Zeit in der Architektur zu bekräftigen.

Dies galt gleichermaßen für die neu errichteten Wohngebäude mit großen Fenstern und vorgebauten Terrassen und Balkonen, die später ebenfalls verglast wurden, Licht und Wärme ins Haus ließen und somit die Zeit des Lebens in verrauchten Räumen beendeten. Nach Ansicht der UNESCO-Kommission ICOMOS (International Council on Monuments and Sites) aber ist diese Bauweise, die es den Menschen mit der ersten Umbauphase in der Sowjetzeit endlich ermöglichte, in helleren, luftdurchströmten und sonnenexponierten Räumen zu leben, von jeglichem Schutzstatus durch die UNESCO ausgeschlossen, mehr noch, sie wird am Beispiel Ushgulis als Gefährdung für die mittelalterliche Architektur und den Gesamteindruck angesehen und sollte rückgebaut werden. Diese Position ist natürlich strittig, denn wer möchte schon in den alten, auf Verteidigung und Schutz vor den Unbilden der Natur ausgerichteten, nur mit Schießscharten versehenen Gebäuden ohne Rauchabzug leben. Die in der Sowjetzeit errichteten Gebäude, die oft mit kunstvollen Balkonen in Holzbauweise ausgestattetet sind, bieten wegen der damit verbundenen Einteilung des Hauses in Zimmer die Möglichkeit, Touristen unterzubringen. Interessanterweise sind es auch diese Gebäude, die von Besuchern als ursprünglich empfunden werden. Im Sinne einer angemessenen Würdigung der gesamten Geschichte Swanetiens und auch des Lebensgefühls seiner Bewohner sollte diese Architektur ebenfalls geschützt werden. Hierfür sprechen auch praktische Gründe zur Förderung eines nachhaltigen Tourismus, da in diesen Gebäuden die Einwohner ohne zusätzliche Baumaßnahmen Touristen beherbergen können.

Die Dörfer im oberen Enguri-Tal unterscheiden sich baulich nicht voneinander, die typische mittelalterliche Architektur kann somit auch in anderen Dorfgemeinschaften als Ushguli besichtigt werden.

→ Kapitel 2: Kurze Geschichte Swanetiens – Swanetien in der Sowjetzeit

Am Beispiel Ushgulis zeigt ein Vergleich der wenigen erhaltenen Fotografien, die vermutlich aus den späten 1960er und frühen 1970er Jahren stammen, dass der Eingriff während der Sowjetzeit der erheblichste war – vor allem in den Ortsteilen Chvibiani und Jibiani, während der Ortsteil Chazhashi ab 1971 als Ushguli-Chazhashi-Museum auch in dieser Zeit geschützt wurde. Aufgrund von baulichen Veränderungen durch menschliche Tätigkeit (v. a. Chvibiani und Jibiani in der Sowjetzeit) oder Zerstörung des architektonischen Erbes durch Naturereignisse wie Lawinenabgänge und Erdrutsche (v. a. Murkmeli) sind die anderen Ortsteile nicht als Gebäudeensembles direkt geschützt und sie waren es auch nicht in der Sowjetzeit. Dennoch dürften auch in Murkmeli, Chvibiani und Jibiani bauliche Veränderungen gemäß der Welterbe-Kommission nur mit staatlicher Genehmigung erfolgen, da diese zur Pufferzone um Chazhashi gehören.

Gebäude aus den 1950er Jahren, errichtet aus dem Steinmaterial eines zerstörten Turmes, rechts lehnt der *Darbazi* des früheren *Chot* am neuen Wohnhaus an.

Zweigeschossige, in der Sowjetzeit errichtete Wohngebäude im Dorf Jibiani (Ushguli) neben aus dem Mittelalter stammendem Baubestand

Weltkulturerbe nach den UNESCO-Kriterien IV und V: Das in der Dorfgemeinschaft Ushguli ausgezeichnete **UNESCO-Welterbe umfasst** in einzelnen Monumenten und Gebäudegruppen von Türmen, Kirchen, Wohnbauten und Ställen **ausschließlich den Ortsteil Chazhashi mit einer Fläche von 1,09 ha**. Dazu kommen **19,16 ha Pufferzone** (1 km Radius um **Chazhashi**), worin die weiteren Ortsteile Murkmeli, Chvibiani und Jibiani mit einzelnen besonderen Gebäuden und der landwirtschaftlich genutzten Fläche einbezogen sind. Nach Einschätzung der UNESCO-Kommission repräsentiert die **gesamte Dorfgemeinschaft einen Kulturraum, in dem sich die Architektur mittelalterlichen Ursprungs auf einzigartige Weise mit einer beindruckenden, authentischen Berglandschaft verbinde** (Kriterium IV) und sich **dank traditioneller Formen der Landnutzung** bis heute erhalten habe. Diese sei **eng verbunden mit weiteren authentischen Merkmalen traditionellen swanischen Lebens** (Kriterium V) und garantiere den Erhalt der bestehenden Mensch-Umwelt-Beziehung. Besonders hervorgehoben wird die **Beschränkung auf lokales Baumaterial** (Steinplatten aus Schiefer- und Kalksteinbruch) und **traditionelle Handwerkstechniken** – hierbei sind mit insgesamt 200 gezählten Gebäuden mittelalterlichen Ursprungs auch die weiteren Ortsteile Ushgulis einbezogen.

Die Dörfer der Dorfgemeinschaft Ushguli und die Grenzen der Einstufung des Welterbes

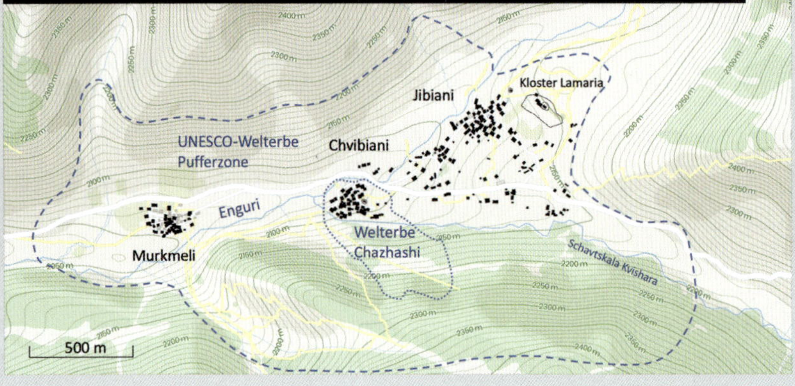

Bis heute besteht **kein nachhaltiger Managementplan** vonseiten des georgischen Staates, der unter Einbezug der lokalen Verwaltung und der Bedürfnisse der ortsansässigen Bevölkerung den Erhalt der Pufferzone (Bauwerke, Landschaftspflege, nachhaltige Landwirtschaft) garantiert. Diese Herausforderung kann ohne finanzielle Begleitung von außen nicht von den Einwohnern Ushgulis allein bewältigt werden – schließlich gehören zu dieser Pufferzone alle weiteren Ortschaften und ein erheblicher Teil der diese umgebenden Kulturlandschaft. **Bau- und Erhaltungsmaßnahmen werden von der UNESCO finanziell jedoch grundsätzlich nicht unterstützt**. Wie nachdrücklich das *International Council on Monuments and Sites* (ICOMOS) seine Entscheidungsprinzipien vertritt, wird deutlich, wenn man sich die Begründung der Entscheidung aus dem Jahr 1996 genau ansieht. Mehrere darin enthaltene Abschnitte können durchaus als Warnung verstanden werden. Denn im ursprünglichen Antrag des georgischen Staates war ganz Ushguli enthalten gewesen. ICOMOS jedoch begrenzte den Status auf **Chazhashi**, erwähnte aber in diesem Zusammenhang auch die gesamte Hochgebirgsregion – gewissermaßen als Ansporn: Die Ortsteile Chvibiani und Jibiani jedoch seien in der Sowjetzeit zu stark überformt worden und könnten deshalb nicht als Welterbe gemäß den UNESCO-Statuten gelten.

Auch wenn keine genauen Aussagen in Dokumenten darüber vorliegen, macht die UNESCO-Kommission in den bestehenden Unterlagen deutlich, dass durch unkoordinierte bauliche Veränderungen der Status als UNESCO-Welterbe generell gefährdet werde. Dies könnte sich letztlich auf die gesamte Erwähnung Swanetiens innerhalb des UNESCO-Systems auswirken, da Swanetien selbst keinen Welterbe-Status hat. Zudem sind die meisten der noch erhaltenen Türme außerhalb des UNESCO Ortsteiles Chazhashi vom Einsturz bedroht. Hier reichen die letzten denkmalerhaltenden Maßnahmen in die Anfangsjahre der Regierungszeit Michail Saakaschwilis um 2004 zurück. Im August 2019 blockierten Einwohner Ushgulis zum ersten Mal die Straße nach Mestia, so dass Ushguli über Stunden nicht für Touristen erreichbar war, um gegen die Untätigkeit der Regierung zu protestieren. Swanetien würde einerseits zwar als touristische Entwicklungsregion beworben, andererseits aber werden die Familien nicht beim Erhalt des baulichen kulturellen Erbes unterstützt.

→ Kapitel 6: Ushguli erleben – Die Ortsteile Ushgulis im Überblick

In Eigeninitiative erbrachte Sanierung eines Wohn- und Stallgebäudes aus den 1950er Jahren in Ushguli unter Berücksichtigung subjektiver Vorstellungen von Denkmalschutz

Durch unorganisierte bauliche Eingriffe infolge eines zunehmenden Touristenstroms nach Ushguli sind mittlerweile sowohl das architektonische Erbe als auch die es umgebende Kulturlandschaft innerhalb weniger Jahre von so starken Veränderungen betroffen, dass deutliche Unterschiede festzustellen sind zwischen der Situation vor Ort und der Begründung der UNESCO für die Zuteilung des Welterbe-Status. Es wäre nicht das erste Mal, dass das UNESCO-Komitee den Umfang des Weltkulturerbes in Georgien beschneiden oder einem ganzen Gebäudeensemble entziehen könnte, wie die Auseinandersetzung um die Sanierung der Bagrati-Kathedrale in Kutaisi und die damit verbundene Aberkennung und Eingrenzung auf die Klosteranlage Gelati im Jahr 2015 zeigt.

So könnte das, was man in entlegenen Hochgebirgsregionen generell und andernorts im Kaukasus vor dem Hintergrund eines reichen kulturräumlichen und ökologischen Erbes als Entwicklungspotenzial ansieht, in Ushguli in sein Gegenteil umschlagen. Der Wander- und Kulturtourismus, der, angezogen auch vom Welterbe-Status, nach Swanetien strömt und zu einer zumindest sommerlichen Wiederbelebung verfallener Ortschaften führt, könnte zu einer Aufhebung des Schutzstatus führen.

LESETIPP: Stefan Applis (2020): „Perspectives. The threats to Georgia's world heritage sites. Should locals be expected to forgo modernity to satisfy the demands of UNESCO and the global tourism industry?", Eurasianet. https://eurasianet.org/perspectives-the-threats-to-georgias-world-heritage-sites

4 Mestia – Das Zentrum Oberswanetiens erkunden

Blick auf die Türme von Mestia und den Doppelgipfel des Ushba

Mestia im Winter – Hauptstraße am Morgen

Die Dorfgemeinschaft Mestia ist mit ihrem historischen Bischofssitz im zentralen Dorf Seti bereits seit dem Mittelalter das Zentrum Swanetiens. Als solches war Mestia dann in der Zarenzeit und der Zeit der Sowjetunion einem starken Wandel unterworfen. Seit etwa 2010 ist es das Zentrum der touristischen Entwicklung in Oberswanetien.

In Mestia tritt dem Besucher das Verhältnis zwischen Tradition und Moderne bisweilen grausam hart entgegen: Im Zentrum unterscheidet sich Mestia in keiner Weise von touristischen Basisstationen am Fuße der Gebirge anderer Länder. Man hat sich vollständig angepasst an die Bedürfnisse der Besucher, die zum Wandern im Sommer oder zum Skifahren im Winter kommen. Frühstückscafés und Restaurants reihen sich an kleine Einkaufsmärkte, Anbieter von Tagesausflügen und Verleihgeschäfte für Wanderartikel und Skibedarf. Es herrscht ein stetes Werben um die Ankommenden, einzig Souvenirshops, in denen man die immer gleichen Schüsseln, Tassen und Tücher kaufen kann, gibt es noch wenige. Zugleich aber wird bei jedem Schritt deutlich, dass die Entwicklung erst kürzlich eingetreten ist und dass nicht jeder profitieren kann vom Tourismus. Kühe ziehen tagsüber durch Mestia, abseits der Hauptstraße sind Felder und Gärten sorgfältig bestellt, ein großer Teil der Einwohner ist noch immer davon abhängig, sich durch Gartenbau und eine kleine Viehwirtschaft selbst zu versorgen. Im Zentrum um den Seti-Platz sieht Mestia wegen seiner Neubauten aus wie jeder andere Gebirgsort in den Alpen, am Rande fühlt man sich schnell zurückversetzt in eine dörfliche Struktur fernab jedes touristischen Einflusses.

Organisation: Mestia wird von Kutaisi aus mit einem der zahlreichen Kleintransporter, den Marschrutkas, innerhalb von sechs bis sieben Stunden Fahrt erreicht. Als ein mit dem georgischen Verkehr unerfahrener Ausländer muss man im Mietwagen eher acht bis neun Stunden einplanen, hat dann aber reichlich Zeit für Pausen. Man kann die beeindruckende Landschaft genießen und beispielsweise an der Enguri-Staumauer anhalten, der mit 250 m Länge größten Bogenstaumauer der Welt. Die Strecke von 250 km führt aus der kolchischen Tiefebene über die sich an den Flanken des Enguri-Tals hochwindende Straße hinauf in den Großen Kaukasus. In Mestia findet man eine schier unüberschaubare Zahl an Unterkünften, die sich Jahr für Jahr weiterentwickelt. Alternativ ist auch eine Anreise mit einer der kleinen Propellermaschinen der Fluggesellschaft Vanillasky (https://ticket.vanillasky.ge/) von Kutaisi oder Tbilisi aus möglich.

Die Bedeutung Mestias innerhalb Swanetiens

Die touristische Bedeutung Mestias

Mestia, das Verwaltungszentrum Oberswanetiens, ist eine Gemeinschaft aus mehreren Dörfern – ein Umstand, den man als Besucher jedoch kaum wahrnimmt, da die Siedlungsfläche geschlossen ist und sich die touristischen Angebote auf das zentrale Dorf Seti konzentrieren.

→ Kapitel 5: Klassische Wandertouren in Oberswanetien

Um den erst in der Regierungszeit des georgischen Präsidenten Micheil Saakaschwili angelegten Seti-Platz liegen viele Läden des täglichen Bedarfs und Geschäfte, in denen man Utensilien zum Wandern oder zum Skifahren leihen kann – die meisten Geschäfte wechseln im Winter ihr Angebot. Wo immer man Skier erhält, ist auch der Transport zu den außerhalb liegenden Liften mit eingeschlossen. Ferner finden sich um den Seti-Platz Cafés und Restaurants, Stadtverwaltung und Polizeistation, Bank und Geldautomat und eine Apotheke. An der Südseite liegt rechter Hand die Touristeninformation neben einem Ticketbüro für Tagesfahrten nach Ushguli oder in andere Dorfgemeinschaften und zu den Ausgangspunkten der am meisten begangenen Wanderrouten.

Am Seti-Platz treffen alle Besucher Oberswanetiens aufeinander, um z. B. im Café „Laila“, dem ersten Restaurant und Café „Mestias“, oder andernorts zu frühstücken vor der Abfahrt zu den ein- oder mehrtägigen Touren in die Berge. Den Abend verbringt man dort wieder beim Essen, Trinken und Erzählen über das Erlebte. Die Spannbreite an Besuchern ist entsprechend groß und reicht von Bergsteigern, die auch die Gletscher begehen, bis zu Wandergruppen jeder Altersstufe und Personen, die einfach die Landschaft beim Spazierengehen genießen und den Tag ansonsten in den Cafés verbringen. Im Winter ist Mestia vor allem voll mit russischen Touristen, die den weiten Weg aus Südrussland über den Grenzübergang bei Wladikawkas nach Swanetien wegen der noch weitgehenden Unberührtheit der Berge des südlichen Kaukasus nicht scheuen.

Mestia ist seit 1975 Partnerstadt der toskanischen Kleinstadt San Gimignano, die auch „Stadt der Türme" genannt wird, was wohl zur Verbindung mit Mestia bereits in der Zeit der Sowjetunion geführt hatte. Seit etwa 2010 wird mit der schrittweisen Umsetzung der Pläne der georgischen Regierung versucht, Swanetien in der touristischen Vermarktung zu einer Art „Schweiz des Kaukasus" zu machen. So wird die Dorfgemeinschaft zunehmend mit moderner Architektur überbaut, um die wachsenden Gästezahlen zu bewältigen – 2019 zählte man rund 150.000 Gäste in Mestia. 2010 eröffnete der Flughafen, 2011 die neue Straße von Zugdidi, so dass die Fahrt nach Oberswanetien heute nicht länger als einen Tag von Zugdidi und Kutaisi aus in Anspruch nimmt.

Die klassische Architektur Swanetiens findet man heute kaum mehr im Zentrum Mestias. Möchte man diese kennenlernen, muss man die Randbereiche der Dörfer entlang des nördlichen Randes von Mestia aufsuchen. Aber auch dort verschwindet sie durch den Umbau alter Gebäude zu Gästehäusern zunehmend. Entlang der Hauptstraße dominieren Gebäude im schweizeri-

Blick auf die Schotterfläche des Flusses Mestiachala und den Flughafen

→ Kapitel 3: Das architektonische (Welt-)Erbe Swanetiens

schen „Chalet-Stil“ mit Steinsockel und im ersten Stockwerk ansetzenden Holzbalkonen, wie sie weder für Swanetien noch für Georgien typisch sind. Generell kann festgestellt werden, dass der Fantasie beim Bauen keine Grenzen gesetzt werden. Vieles ist im Fluss, manche Dachterrasse des letzten Jahres präsentiert sich im folgenden Jahr bereits als geschlossenes Stockwerk mit Betten für Gäste. Mancher Rohbau entwickelt sich jedoch auch nach Jahren nicht – die Zinsen für Kredite sind astronomisch hoch in Georgien, und stellt sich nicht im ersten Jahr ein spürbarer Erfolg ein, bleibt manche Hoffnung auf ein Einkommen im Tourismus unerfüllt und eine drückende Schuldenlast zurück.

Hotelgebäude und Ladengeschäfte im Chalet-Stil

So ändern sich auch Zahl und Art der Unterkünfte, Restaurants, Bars und Läden ständig, man zählte 2019 über 300 Anbieter von Unterkünften in der kleinen Dorfgemeinschaft. Am besten sucht man sich im Internet über eine Buchungsplattform die Unterkunft und nimmt die Zimmer virtuell „in Augenschein“. Frühstücks- und Essensangebote sind im niedrigen (6–15 € pro Person im DZ) und mittleren Preissegment (15–25 € pro Person im DZ) von derselben guten Qualität, und auch im hohen Preissegment (25–60 € pro Person im DZ) unterscheidet sich das Angebot nur wenig – bei letzterem werden in der Regel Frühstücksbuffets im Speisesaal angeboten. Manche Homestays im niedrigen Preissegment bieten in Ermangelung von Räumlichkeiten kein Frühstück an – in diesem Falle ist für die meisten Besucher das Café-Restaurant „Laila“ am Seti-Platz die erste Wahl. Aber auch die anderen Cafés und Restaurants Mestias haben ein vergleichbares Angebot an Speisen. Letztlich

Bar und Restaurant des „Chalet-Café“ mit Dachterrasse im Winter

entscheiden die meisten Besucher wohl danach, welche Räumlichkeiten ihnen am meisten zusagen, und da sind die Geschmäcker bekanntlich verschieden – eine Auswahl an Empfehlungen kann entsprechend nur stark subjektiv sein. Der Preis muss bei den im Vergleich zu mitteleuropäischen Standards sehr niedrigen Gastronomiepreisen in Georgien fast nirgendwo das Ausschlusskriterium sein.

Kreative Erweiterung des Café-Restaurants „Panorama" durch Überbauung mit Dachterrasse für Sommergäste

Cafés, Bars, Restaurants (kleine Auswahl)

- Das **Café „Laila"** am Seti-Platz 7 ist das erste Café-Restaurant in Mestia und wird von einer Einheimischen betrieben, die lange in Deutschland gelebt hat. Es bietet georgisches und kontinentales Frühstück und ein reichhaltiges Speiseangebot, das von Pizza bis zu georgischen und swanetischen Fleischspeisen reicht; auch für Vegetarier ist das Angebot wegen der reichen vegetarischen Speiseauswahl der georgischen Küche sehr breit. Das Café verfügt über eine große Terrasse mit Blick auf den zentralen Platz, am Abend gibt es in der Hochsaison Tanz- und Musikaufführungen im Innenraum.
- Das **„Sunset-Café-Mestia"** am Seti-Platz bietet dasselbe Speiseangebot im selben Preisbereich wie das Café „Laila" in derselben Qualität. Es hat neben dem Gastraum noch einen nach hinten ausgerichteten ruhigen Innenhof.
- Das **Café „Panorama"** in der Japaridze-Straße 12 a hebt sich durch die extravagante Dachterrassenkonstruktion etwas ab von sonstigen Frühstücks- und Speiserestaurants – das Angebot ist wie bei den anderen Restaurants gleichermaßen für Fleischesser wie Vegetarier geeignet.
- Hübsch gestaltet ist auch die in zweiter Reihe am Seti-Platz 11 liegende, in den Hang gebaute zweigeschossige **„MTA-Bar"**, die sowohl einen ruhigen Hinterhof als auch einen Innenbereich mit Lounge-Atmosphäre bietet; das Speisen- und Getränkeangebot ist vergleichbar mit dem anderer Anbieter.
- Etwas außerhalb des Zentrums, im Dorf Lanchvali, liegt die **„Trattoria Svanetia"**, die im Innenbereich aufwendig gestaltet ist und eine gemütlich-moderne Atmosphäre bietet. Zu den üblicherweise erhältlichen georgischen und swanetischen Speisen kommen hier noch weitere Angebote aus der europäischen und der asiatischen Küche.
- Der **„ERTI KAVA-Coffee Room"** am Seti-Platz 25 bietet die wohl einzige Siebträgermaschine in Mestia und eine reiche Auswahl an Tees – es wird von jungen Leuten betrieben, die Englisch sprechen und sich um eine modern-entspannte „Traveller-Atmosphäre" bemühen. Der gemütlich gestaltete Innenraum bietet Platz auf Sitzkissen und kleinen Holztischen und Bänken. Von der Terrasse und den wenigen Sitzplätzen aus kann man die Vorbeigehenden beobachten.
- Das **Café-Kino „Dede"** wird von der Zwillingsschwester der aus Ushguli stammenden Filmregisseurin Mariam Khatchvani und einer in Swanetien lebenden Deutschen betrieben. Man kann dort den Spielfilm „Dede" sehen, in dem zugleich die Geschichte der Großmutter der Schwestern Khatchvani aus den 1950er Jahren wie auch die Geschichte Swanetiens in den von der von Bürger- und Separationskriegen geprägten 1990er Jahren erzählt wird. Der Ort vermittelt viel an globalisierter Wohlfühlkultur, wie sie viele „typische, authentische Backpacker-

Places" produzieren; das Speisen- und Getränkeangebot ist vergleichbar mit dem anderer Anbieter.

- Die **Restaurant-Bar „Ailama"** in der Betlemi-Straße 46, die über eine Dachterrasse verfügt, ist ebenfalls modern und ansprechend gestaltet. Sie liegt direkt neben der einzigen Konditorei Mestias, so dass sich dort ein Zwischenstopp zu Kaffee oder Tee und Kuchen anbietet; man kann ebenfalls einfache und schmackhafte georgische und swanetische Speisen zu sich nehmen.

Unterkünfte (kleine Auswahl)

- Das **„Gästehaus von Nino Ratiani"** in der Jondo-Khaptani-Straße 1 ist das erste Gästehaus in Mestia. Der nur von Frauen geführte Betrieb steht auch ein Stück für die Emanzipation der Frauen Swanetiens, die im traditionellen Erbrecht nicht einmal mit Grund und Boden bedacht werden können. Die Hausherrin hat sich ihr Erbe erkämpft und bietet als erste Person, die ein breites Unterkunftsangebot für Touristen zur Verfügung stellte, seitdem einer Vielzahl von Frauen Arbeit und Unabhängigkeit. Die englischsprechende Nino Ratiani beherbergt die meisten Backpacker-Touristen und hilft beim Organisieren von Touren in die Umgebung; so kommt schnell die nötige Zahl an Personen zusammen, um einen Allradbus oder einen Geländewagen zu füllen (EZ 18–20 €, DZ 20–25 €, jeweils mit Frühstück; Stand 2019).

  LESETIPP: Diana Laarz (2011): „Bei Ushba dem Schrecklichen", https://www.zeit.de/2011/47/Swanetien)

- Etwas unterhalb von Nino Ratianis Gästehaus befindet sich das **„Gästehaus Keti Pilpani"**, ein kleiner Homestay in der Jondo-Khaptani-Straße 5. Es bietet liebevoll ausgebaute, günstige Zimmer zur Selbstversorgung mit einem kleinen Küchen- und Aufenthaltsraum; die Hausherrin ist Ärztin im hiesigen Krankenhaus und erfahrene Bergretterin, ihre Mutter, eine stilvolle betagte Dame, ehemalige Universitätsdozentin und Lehrerin für Russisch. Der wunderschöne Garten mit Ausblick lädt zum Lesen, Schreiben und entspannten Verweilen ein (EZ 10–12 €, DZ 14–18 €; Stand 2019).
- Das Hotel **„Rozas Gästehaus"** liegt in fußläufiger Entfernung vom Seti-Platz in der Erekle Parjiani-Straße 9. Es ist ein kleiner Hotelneubau, als Familienbetrieb geleitet, mit Restaurant, Privatparkplätzen, einer Gemeinschaftslounge mit Gemeinschaftsküche und einem Garten (EZ 18–20 €, DZ 20–35 €, jeweils mit Frühstück; Stand 2019).
- Einen vergleichbaren Standard mit Restaurant, Bar, Gemeinschaftslounge und Garten bietet das ebenfalls neu erbaute **„Mestia Panorama"** in der Avandil Khergiani-Straße 7; ebenso wie bei den meisten anderen Unterkünften wird ein Transportservice und eine Skivermietung im Winter angeboten (EZ 12–18 €, DZ 18–35 €, jeweils mit Frühstück; Stand 2019).
- Das **„Montain Cabin"** in der Avandil-Ioseliani-Straße 25 liegt jenseits des Flusses direkt an der Hatsvali-Liftstation und ist mit seinen mehreren, neu erbauten Hütten, die als Gemeinschaftsunterkunft zur Selbstversorgung für kleine Gruppen gebucht werden können, kaum von einer entsprechenden Anlage in den europäischen Alpen oder den Karpaten zu unterscheiden. Im nebenan liegenden Restaurant kann auf Wunsch ein Frühstück eingenommen werden; diese Hütten sind, weil man sie direkt mit dem Auto anfahren kann, vor allem bei Skifahrern beliebt (45–55 €, für 2–4 Personen geeignet; Stand 2019)
- Größere und moderne, neu erbaute Hotels mit europäischem Standard sind das **„Guest House Gallery"** in der Gulad-Jafaridze-Straße 2 (Restaurant, Zimmer mit Küchenzeile, Fernseher und Klimaanlage, Gemeinschaftslounge, DZ 50–80 €), das **„Hotel Level"** in der David-Agmasheniebeli-Straße 16 (Restaurant, Zimmer mit Küchenzeile, Fernseher und Klimaanlage, Gemeinschaftslounge, DZ 60–80 €, Cottages für 15 €) und das **„Hotel Posta"** am Seti-Platz (Restaurant, Zimmer mit Küchenzeile, Fernseher und Klimaanlage, moderne Lounge, DZ 150–170 €; Stand 2019),

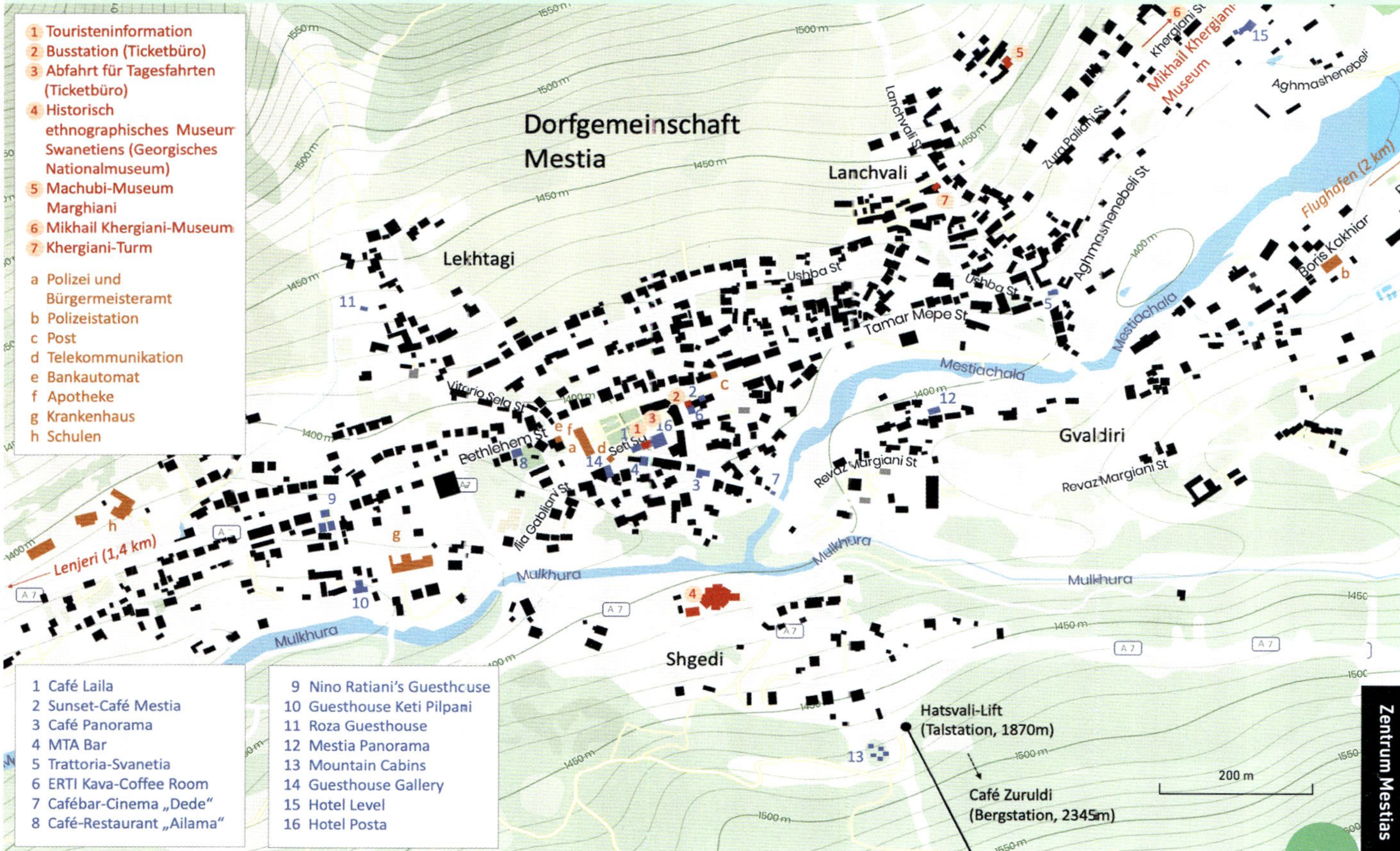

Dorfgemeinschaft Mestia
Lekhtagi
Lanchvali
Gvaldiri
Shgedi
Mestiachala
Mulkhura
Ushba St
Tamar Mepe St
Seti Sq
Pethlehem St
Vitario Sela St
Ilia Gabliani St
Revaz Margiani St
Lanchvali St
Zura Paliani St
Aghmashenebeli St
Khergiani St
Boris Kakhiar
Mikhail Khergiani-Museum
Flughafen (2 km)
Lenjeri (1,4 km)
Hatsvali-Lift (Talstation, 1870m)
Café Zuruldi (Bergstation, 2345m)
200 m
1 Touristeninformation
2 Busstation (Ticketbüro)
3 Abfahrt für Tagesfahrten (Ticketbüro)
4 Historisch ethnographisches Museum Swanetiens (Georgisches Nationalmuseum)
5 Machubi-Museum Marghiani
6 Mikhail Khergiani-Museum
7 Khergiani-Turm
a Polizei und Bürgermeisteramt
b Polizeistation
c Post
d Telekommunikation
e Bankautomat
f Apotheke
g Krankenhaus
h Schulen
1 Café Laila
2 Sunset-Café Mestia
3 Café Panorama
4 MTA Bar
5 Trattoria-Svanetia
6 ERTI Kava-Coffee Room
7 Cafébar-Cinema „Dede“
8 Café-Restaurant „Ailama“
9 Nino Ratiani’s Guesthouse
10 Guesthouse Keti Pilpani
11 Roza Guesthouse
12 Mestia Panorama
13 Mountain Cabins
14 Guesthouse Gallery
15 Hotel Level
16 Hotel Posta

Überblick zur Entwicklung der politischen und wirtschaftliche Bedeutung Mestias

Seit der Einbindung Swanetiens in das georgische Königtum während der Zeit des Mittelalters fungierte Mestia als Zentrum, da es einen Bischofssitz im Dorf Seti hatte. Spätestens seit der Regierungszeit Königin Tamars (1184–1213) war Swanetien in das System der Bischofssitze einbezogen. Diese nahmen sowohl religiöse Aufgaben wie die Priesterweihe als auch weltliche Aufgaben wahr. Ein Bischofssitz war stets mit einem zentralen Handelsplatz verbunden. Für die gesamte Region Racha-Lechkhumi waren nur drei solcher Handelsplätze verzeichnet, am bedeutendsten war der in Seti. Im Kloster von Seti wurde auch die Spitze der swanetischen Kriegsstandarte verwahrt, die einen Löwen darstellt – diese wurde der bei Bedarf gebildeten swanischen Armee vorangetragen. Die auf dem silberummantelten Stab, der die Standarte trug, aufgesetzte Spitze trägt folgende Inschrift: „Möge Gott dem vereinten Tal des glücklichen Swanetien Glück schenken für seinen Löwen und seine Standartenspitze samt der Standarte, die ich, Grigol Kopasdse, Vorsteher des großen Klosters, geweiht habe." Die Standarte kann heute im Museum von Mestia besichtigt werden.

→ Kapitel 2: Kurze Geschichte Swanetiens – Kirchen, Klöster, Kirchenmalerei und sakrale Objekte – die Anbindung Swanetiens an das Land, in dem die Kartweler leben

Mit dem Verfall der zentralgeorgischen Macht kam es an der Wende vom 13. zum 14. Jahrhundert zu einer Teilung Swanetiens. Die lehnsherrschaftlicher Macht der Familie Dadiani weitete sich über ganz Unterswanetien aus. Das zentrale Machtvakuum im georgischen Königreich nutzend gelang es der Familie der Dadeschkeliani in Oberswanetien ihr Herrschaftsgebiet bis an die Grenzen Latalis auszuweiten. Von Latali bis Ushguli, also auch für Mestia, blieb das Konzept der freien Talgemeinschaften als Schwurgemeinschaft erhalten. Mit dem weiteren Niedergang Georgiens verlor Swanetien die Unterstützung aus der georgischen Ebene, mit dem fortschreitenden Zerfall der Perserreiche war dann der Aufstieg des russischen Zarenreichs verbunden.

→ Kapitel 2: Kurze Geschichte Swanetiens – Die Teilungen Swanetiens, das Freie Swanetien und die Isolierung Swanetiens mit dem Niedergang Georgiens

Der Begriff des „Freien Swanetiens" – mit Mestia in seinem Zentrum – wurde von der zaristischen Verwaltung für die offiziell seit 1853 angeschlossene Region verwendet; bereits 1847 hatten sich etliche Dörfer, angeführt von den Lehnsherren, dem Zaren unterworfen. Der letzte Aufstand gegen die zaristische Kolonialmacht wurde 1876 im östlich von Mestia gelegenen Dorf Khalde geführt.

Mit der 1921 erfolgten Eingliederung Georgiens in das Sowjetsystem wurde Swanetien sowjetisch und Mestia avancierte zu einem der wichtigsten Entwicklungspole in der Hochgebirgslandschaft des südlichen Kaukasus.

In Swanetien sollte eine gänzlich neue Welt aufgebaut werden: Die Swanen, die von sowjetischen Funktionären wie dem berühmten Künstler, Publizisten und Kunsttheoretiker Sergej Tretjakow als „Schluchtenmenschen" (1928) bezeichnet wurde, lebten aus Sicht der neuen Ideologie nicht in einer für sich bedeutsamen, gewachsenen Kultur. Vielmehr hielt man sie für eingesperrt in einem mittelalterlichen Leben, aus dem sie zu befreien waren, indem man sie zu Sowjetmenschen machte. Die Zwangskollektivierung sollte alles Familieneigentum in kollektives Eigentum wandeln und damit auf Dauer die Identität der Menschen verändern. Die Swanen wehrten sich jedoch erfolgreich gegen die Sowjetisierung des Alltags. So wurden weit größere Einheiten an Land und Vieh als anderswo weiter privat genutzt und nach traditionellem Recht weitervererbt, indem man das im Sowjetsystem prinzipiell vorgesehene Konzept der privaten Hofwirtschaft denkbar kreativ nutzte. Das traditionelle System der Mediatorengerichte blieb in der Sowjetzeit für private Rechtsfragen zuständig und auch hinsichtlich der Verhandlung von Kapitalverbrechen wie der Blutrache stieß die Durchsetzung des Sowjetrechtes an klare Grenzen.

→ Kapitel 2: Kurze Geschichte Swanetiens – Swanetien in der Sowjetzeit

→ Kapitel 2: Kurze Geschichte Swanetiens – Der Zusammenbruch der Sowjetunion, die Desintegration Georgiens und die Folgen für Swanetien in den Jahren 1990 bis 2010

Nach dem Zusammenbruch des Sowjetsystems rächte sich dann in zweierlei Hinsicht, dass man in der Breite nie die Anbindung an die zentralstaatliche Gewalt gesucht und mitgetragen hatte. Swanetien wurde in den 1990er Jahren schnell zum rechtsfreien Raum, der von alternativen Gewaltmächten wie starken Familienverbänden oder kriminellen Banden unter Kontrolle gebracht wurde. Mestia war das Zentrum dieser Entwicklung, die ganz Oberswanetien verunsicherte. Entsprechend richtete der georgische Präsident Micheil Saakaschwili seit seiner Wahl im Jahr 2004 viel an Energie darauf, die Clankriminalität in der Bergregion zu brechen und die Vision einer touristischen Nutzung zu entwerfen. Hierzu wurde zunächst einmal die Straße von Zugdidi nach Mestia ausgebaut und dauerhaft befahrbar gemacht, um Militär- und Polizeieinheiten schnell dorthin transportieren zu können. Der moderne Polizei- und Verwaltungsbau am Seti-Platz mit einem typisierten swanischen Turm an der Kopfseite sollte auch deutlich machen, dass die zentralstaatliche Gewalt zurückgekehrt war.

Saakaschwili verlor letztlich die Wahl 2012 auch wegen Vorwürfen der staatlich tolerierten Menschenrechtsverletzung, nicht zuletzt im Zusammenhang mit der Bekämpfung der Clankriminalität in Swanetien. Neben dem Polizeigebäude gehen die weiteren neuen Verwaltungsbauten, der neue Flughafen in Mestia und die Brücke über den Mulkhura auf Saakaschwilis Versuch zurück, mit Beispielen moderner Architektur seinen Willen zu einer strikten Modernisierung dauerhaft dem öffentlichen Raum einzuschreiben.

Landkonflikte in Mestia: In Swanetien gibt es **kaum schriftliche Dokumente über die Verteilung von Land- und Bodeneigentum**. Dies liegt an der tief eingeschriebenen **traditionellen Vorstellung, dass der bewohnte Raum für sich die männlichen Abstammungslinien der Familien repräsentiert**. Nach dieser Vorstellung weiß jeder, welches Stück Land zu wem gehört. Einfach weil jedem bekannt ist, welche männliche Person zu welcher Familie gehört. So war es im Sowjetsystem letztlich nicht möglich, durch die Kollektivierung zu bewirken, dass sich der Umgang der Menschen mit dem Land, welches sie bewirtschafteten, von den althergebrachten Eigentumsvorstellungen löste. Die Menschen arbeiteten jenseits der **offiziellen Kollektivflächen der Kolchosen und Sowchosen** einfach so weiter, als wäre alles Land, das sie bewirtschafteten, wie seit Jahrhunderten das ihre. Seit 1993 wurden diese Gemeinschaftseigentumsflächen wiederum offiziell durch den Staat so aufgeteilt, dass jedes Belegschaftsmitglied eines Kollektivbetriebs im Prinzip gleich viel Bodenanteil erhielt. Schon Anfang der 1990er Jahre hatte man allerdings begonnen, über Mediatorengerichte und sogenannte professionelle „Erinnerer", d. h. alte Menschen, die wussten, wie die Verteilung vor der Sowjetzeit gewesen war, unter den Familien nun staatliches, sprich ehemals sowjetisches Gemeinschaftseigentum, zu verteilen. In Mestia war dies mit erheblichen Konflikten verbunden, weil dort bald wegen des **Zuzugs von Swanen aus den Bürgerkriegsgebieten und den Gebieten der Separationskriege eine hohe Flächenkonkurrenz** aufkam. Verstärkt wurden diese durch die oft unter Einsatz von politischem Einfluss und Gewaltmitteln unterstützte **Landnahme mächtiger Familien vor Ort**. Diese Konflikte wuchsen mit dem Anstieg des Tourismus noch weiter. Aufgrund der georgischen Gesetzeslage zur Landzuteilung kann nur das Land in privates Eigentum überführt werden, für das Schriftdokumente wie Urkunden vorliegen. In Swanetien gibt es jedoch für rund 80 Prozent der Flächen keine diesbezüglichen Dokumente. Weiterhin verfügt die überwältigende Mehrheit der Bevölkerung nicht über die finanziellen Mittel, um ihre Ansprüche vor Gericht einzufordern. Selbst bei den staatlichen Maßnahmen der **Landnahme in den beiden großen Skigebieten Hatsvali und Tetnuldi** und beim **Bau des Flughafens Mestias** sind bis heute kaum Kompensationszahlungen erfolgt, weil die betroffenen Familien ihre Rechte an dem Land nicht nachweisen konnten. Einfluss vor Ort und finanzielles Potenzial sind so in Mestia einander selbst verstärkende Effekte: Auch die großen Hotelbauten der Familien, die sowohl über Macht- als auch Geldmittel verfügen und die vor allem den stark ansteigenden lukrativeren Wintertourismus bedienen, tragen zur Konfliktverschärfung bei, weil sie überwiegend auf sogenanntem staatlichen Boden erfolgen, der von den Bauherren nach schriftlichem Rechtsverständnis legal erworben wird. Entsprechend kommt es, aus Sicht von zahlreichen Nichtregierungsorganisationen, **mit dem Anstieg der Flächenkonkurrenz wegen der mangelhaften Rechtssituation zu mehr und mehr De-facto-Enteignungen**. Für die betroffenen Familien ist dies vor allem deswegen bedrohlich, weil in Swanetien lediglich 6,7 Prozent der Landfläche landwirtschaftlich nutzbar sind. Davon sind wiederum nur 7 Prozent der Flächen für den Ackerbau tauglich, nur weitere 9 Prozent sind zur Heuproduktion geeignet – der Rest entfällt auf karge Weiden unter- und oberhalb der Waldgrenze.

LESETIPP: Green Alternativ et al. (2011): „Problems related to the Protection of Property Rights – The case of Mestia", Tbilisi, https://transparency.ge/en/post/report/problems-related-protection-property-rights-case-mestia-july-2011

Das Ziel, Swanetien zu einer „Schweiz des Kaukasus" zu machen, drückt sich in der bereits erwähnten Orientierung an dem für die europäischen Alpen touristischen Baustil aus. Mestia ist als Hauptempfänger von Förderprogrammen ausländischer Geldgeber im Bereich Tourismus in Swanetien der Motor und möglicherweise auch die Blaupause für die weitere Entwicklung. Unerlässlich ist aber die Förderung der kooperativen landwirtschaftlichen Produktion, da auch auf Jahre hinaus noch damit zu rechnen ist, dass die Menschen in Swanetien sich weitestgehend selbst versorgen müssen – die Flächenkonkurrenz mit dem Tourismus verstärkt das Versorgungsproblem noch. Aus diesem Grund gibt es seit 2020 neue, von der EU und den Regierungen Österreichs und Schwedens geförderte landwirtschaftliche Initiativen. Einen guten Blick auf die Armutsstruktur in der Region bieten die Statistiken zur Zahlung der Energiekosten: Die Region Mestia einschließlich der sich anschließenden Dorfgemeinschaften an Ober- und Unterlauf des Enguri zahlt bis heute nicht für den gelieferten Strom, weil die Geldreserven der Haushalte hierfür nicht ausreichen. Und im Rest Georgiens sieht es wenig besser aus: Die letzten Erhebungen von 2019 zeigen, dass fast 40 Prozent der Haushalte Geld leihen mussten, um ihre Energiekosten zu begleichen.

LESETIPP: Stefan Applis (2021): „World Heritage tourism and the built space of Svaneti, Georgia. Peripheral histories", https://www.peripheralhistories.co.uk/post/world-heritage-tourism-and-the-built-space-of-svaneti-georgia

Museen in Mestia

Das bereits 1936 gegründete Historisch-ethnografische Museum von Swanetien, das ursprünglich in einem Kirchenbau in der Nähe des Seti-Platzes untergebracht war, wurde 2013 wiedereröffnet. Es präsentiert sich seitdem als moderner Museumsbau, dessen Konzeptionierung und Errichtung u. a. durch die Stiftung Preußischer Kulturbesitz gefördert wurde. Das heute von der Ethnologin Nino Tserediani geleitete Museum beherbergt neben konservatorischen Werkstätten und Sammlungseinrichtungen insgesamt sechs Ausstellungssäle, in denen man einerseits die reiche christlich-religiöse Kunst Swanetiens in Form von Voraltarkreuzen, Ikonen, Handschriften und anderen religiösen Objekten besichtigen kann und andererseits einen Einblick in die traditionelle Alltagswelt erhält.

Historisch-ethnografisches Museum von Swanetien: Dorf Shgedi, Avantandil-Iosseliani-Straße 7, Di.–Do. 10–18 Uhr

Die Bedeutung Swanetiens für Geschichte und Kunst Georgiens rührt von der Einbindung der Region in das georgische Staatswesen seit Dawit dem Erneuer (1073–1125) her: Georgisches Militär wurde in den Bergen stationiert, die Swanen

Traditionelle Männer- und Frauenkleidung

in die Verteidigung des geeinten Georgiens einbezogen. Dawit integrierte die Swanen in die kirchliche Ordnung über neue Kirchengründungen und ein neues Ausmalen der bestehenden Kirchen. Unter seinen Nachfolgern wurde die Förderung von Kirche und Kunst weitergeführt. Anhand der ausgestellten Kunstschätze lässt sich nachvollziehen, wie Swanetien zur einer Schatzkammer Georgiens wurde, weil man während der durch den Einfall von Mongolen, Persern und Osmanen herbeigeführten Krisen des georgischen Königtums Kunstschätze in den Klöstern und Kirchen der Bergregion verwahrte. Zahlreiche Priester, Künstler und Handwerker, die in die Berge geflohen waren, bereicherten damals das wirtschaftliche und soziale Leben Swanetiens.

Die Museumsdirektorin Nino Tserediani, die selbst aus der Dorfgemeinschaft Latali stammt, bemüht sich seit einigen Jahren, die Sammlung zu erweitern. Zudem setzt sie sich dafür

Reich verzierte Truhe zur Aufbewahrung von Wein

ein, dass die Menschen traditionelle Alltagsgegenstände, deren Herstellung teilweise bis in die Zeit des Hochmittelalters zurückreicht, bei sich zu Hause sorgsam verwahren, um so ihr kulturelles Erbe zu pflegen und es irgendwann einmal selbst in kleinen Hausmuseen ausstellen zu können.

Nino Tserediani (Mitte) im Gespräch über die Verwendung eines traditionellen Webschiffchens in einem Haus der Dorfgemeinschaft Etseri

Das Historisch-ethnografische Museum hält noch eine weitere Besonderheit bereit: Man darf im Rahmen einer gebuchten Führung, die auch auf Englisch möglich ist, das Dach des Museums besteigen und hat von dort aus einen einmaligen Blick über Mestia und seine Umgebung.

Fotografien Mikhail Khergianis im Hausmuseum des Gästehauses „Zhareda" in Ushguli, wo Khergiani mehrfach während Touren zum Gipfel des Shkhara übernachtete

Mikhail Khergiani war einer der bekanntesten Bergsteiger der Sowjetzeit und wurde wegen seiner auch internationalen Verdienste um den Bergsport mehrfach ausgezeichnet. Khergiani wurde 1932 in Mestia geboren und bestieg mehrfach den Ushba, auch bei einigen Rettungsaktionen für ausländische Bergsteiger. Außerdem war er, ähnlich dem aus dem nördlichen Tirol stammenden Luis Trenker, ein Filmpionier im Bergsport. Er starb 1969 während des Abstiegs vom Monte Civetta in den italienischen Alpen bei einem Bergunfall – anschließend wurde mehrere Touren und ein sowjetischer Bergsteigerpreis nach ihm benannt. Eines der Familienanwesen im Dorf Lagami zeigt innerhalb der Zimmer, die Khergiani zu Lebzeiten bewohnte, als Exponate verschiedene Teile seiner Bergausrüstung und dokumentiert seine Leistungen in Fotografien, Ehrenpreisen und Geschenken von internationalen Organisationen und Bergpartnern. Außerdem wird in russischer Sprache von der Entwicklung des Bergsports und dessen Bedeutung in der Sowjetunion berichtet. Der Gebäudekomplex ist auch in architektonischer Hinsicht interessant. Er weist die für Mestia und die unterhalb Mestias flussabwärts liegenden Dörfer typische festungsartige Anlage auf mit einem zur Straße hin verschlossenen Tor. Die Hauptgebäude freilich sind in ihrer heutigen Form bereits stark an einen für die Alpen typischen Chalet-Stil angelehnt.

Mikhail-Khergiani-Museum: Dorf Lagami, Khergiani-Straße 27, täglich 10–17 Uhr

Die Familie Khergiani war es, die seit 1986 dem Berliner Fotografen Wolfgang Korall Swanetien öffnete und dessen für die Dokumentation des Alltagslebens Ende der 1980er Jahre wichtigen Bildband „Swanetien. Abschied von der Zeit" ermöglichte.

Typischer Wehrturm mit mehreren Metern über dem Boden liegendem Eingang (Beispiel aus Lakhushdi)

Geschnitzter Steinbock als volksreligiöses Zierelement (Beispiel aus Latali)

In den *Letschundir* eingeschnitztes Sonnensymbol (Beispiel aus Latali)

Khergiani-Wehrturm und Marghiani-Machubi-Museum: Dorf Lanchvali, Lanchvali-Straße, Besichtigung über „Larissas' Gästehaus" organisierbar, Lanchvali-Straße 8

Neben dem Museum zur Geschichte des Bergsports im Kaukasus kann im Dorf Lanchvali mit einem begehbaren Wehrturm ein weiteres Gebäude der Familie Khergiani besichtigt werden, das allerdings nur in der sommerlichen Hochsaison geöffnet hat. Die Wehrtürme, auf Swanisch Koschki genannt, sind die wichtigsten Gebäude im swanischen Festungsbau, der idealtypisch ergänzt wird durch die anliegenden Wohnhäuser *(Chot)*, in deren Erdgeschoss der *Machubi* Mensch und Tier im Winter beherbergte.

Das Marghiani-Machubi-Museum lädt dazu ein, sich eine Vorstellung davon zu machen, wie das Leben gewesen sein mag in den traditionellen Wohnhäusern, die aus Gründen der Verteidigung nur über schießschartengroße Wandöffnungen verfügten und keinen Kamin zum Rauchabzug besaßen. Bislang gibt es in Oberswanetien nur noch in Ushguli einen Machubi, der zur Besichtigung geöffnet ist. Man sollte also, falls man nicht nach Ushguli fährt, die Gelegenheit nicht auslassen, das Marghiani-Machubi-Museum zu besuchen. Besondere Beachtung kann man hierbei der reichen Schnitzkunst widmen.

→ Kapitel 3: Das architektonische (Welt-)Erbe Swanetiens – Gebäudetypen

Mit einfachen symbolischen Darstellungen wie Tiersymbolen, dem Sonnenzeichen und dem Bogen des Sonnenlaufs versehen sind vor allem die Fronten des Letschundir, eines durchgehend verlaufenden stockbettartigen Holzbaus, der nach vorne hin verschalt ist. An unterster Stelle standen im Winter die Kühe, deren Köpfe durch Öffnungen zu den vorgelagerten Futtertrögen herausragten. Auf der nächsten Ebene standen Schafe, Ziegen und Kleinvieh wie Hühner, auf der obersten Eben waren die Betten der Menschen aufgestellt. Ausführung und Umfang der Verzierungen verweisen auch auf den Wohlstand der Familien.

Skifahren in Swanetien

Liest man die Beiträge von Skiurlaubern auf Reiseblogs trifft man immer wieder auf die Feststellung, dass in Swanetien, d. h. Mestia, vieles anders laufe als in den bekannten europäischen Skigebieten. Das, was man anderswo als Mangel ansehen würde, wird hier als Besonderheit hervorgehoben. So fahren manchmal die Lifte nicht, man kann nicht selbst an die Talstationen gelangen, kleine Lawinen, die nicht sofort geräumt werden, verschütten die Straße, so dass es nicht vorwärtsgeht. Letztlich findet man sich immer wieder abhängig davon, dass die Einheimischen sich an die Erwartungen der Besucher anpassen, dies aber meisten erst nach einigem Verständigungsaufwand tun. Andernorts, an etablierten Ferienorten, herrschen dagegen immer gleiche Standards und können notfalls eingeklagt werden.

Blick auf die Nikolaikirche in Mestia, rechter Hand das Hatsvali-, linker Hand in der Ferne das Tetnuldi-Skigebiet

Auch im Winter sind die Kühe tagsüber auf den Straßen unterwegs

Spielende Kinder auf einer verschneiten Straße im winterlichen Mestia

Die Einheimischen werden dafür aber im Gegensatz zum westlichen Europa als kreativ gelobt, fahren schon mal alle Skifahrer mit Pistenraupen nach oben, schaufeln den Weg frei oder machen kurzerhand einen Bagger aus Sowjetzeiten als Hilfsmittel fit. Und nicht zu vergessen: Man kann als Tiefschneefahrer und Snowboarder neben den Pisten unterwegs sein, ohne sich um Naturschutzauflagen kümmern zu müssen, die es für Swanetien schlicht nicht gibt – womit sich die Zunahme an Heliskiing-Angeboten der letzten Jahre erklärt. In Swanetien Ski zu fahren, sei also ein außergewöhnliches Erlebnis, so der Tenor der Blogbeiträge.

Die beiden Skigebiete Tetnuldi und Hatsvali sind mit modernen Liftanlagen österreichischer Bauart ausgestattet, können allerdings nur mit geländegängigen Fahrzeugen mit Schneeketten angefahren werden. Die Unterkünfte

Skigebiete und Touren

- Das **Skigebiet Hatsvali** verfügt über drei Sessellifte (Tageskarten ca. 5 € pro Tag), der größte davon transportiert in einer Reihe sechs Personen, und einen kleinen Schlepplift. Die Pisten mit einer Gesamtlänge von 5,6 km sind von leichtem bis mittleren Schwierigkeitsgrad und werden von Snowboardern auch abseits davon befahren. Das Skigebiet bietet an seinem höchsten Punkt ein Café, an der Talstation können zudem Skier geliehen werden, bei entsprechender Nachfrage gibt es auch Angebote für Kinder.
- Das erst 2016 eröffnete **Skigebiet Tetnuldi** verfügt über Pisten in einer Gesamtlänge von 13,5 km und fünf Sessellifte (Tageskarten ca. 12 € pro Tag). 7,5 km der Pisten werden als schwer, 5,3 km als mittelschwer eingestuft – die ca. 1 km lange für Anfänger geeignete Piste mündet in die mittelschwere Piste und ist somit nur bedingt für Skianfänger geeignet. An der Talstation befinden sich ein Restaurant, ein Skiverleih und eine kleine Skischule. Die schwierige, etwa 45 Minuten lange Anfahrt von Mestia kostet für beide Richtungen ca. 20 € pro Person – der Fahrer wartet für diesen Preis allerdings auch den ganzen Tag auf die transportierte Gruppe (Stand 2019).
- **Skitouren** sind an vielen Orten möglich und nutzen in der Regel die bestehenden Wander- und Wirtschaftswege für den Aufstieg, die Abfahrt kann teilweise neben den Wegen erfolgen. Für Skitouren ist unbedingt ein ortskundiger Führer erforderlich, den man über die Unterkunft schon im Voraus anfragen kann; eine Lawinenschutzausrüstung und entsprechende Schulungen sollten als unverzichtbar angesehen werden.

in Mestia bieten in der Regel alle selbst diesen Fahrdienst an oder können bei der Vermittlung eines solchen helfen. Die Kosten für alle Dienstleistung vor Ort sind auch im Winter unvergleichlich günstig. Russische Urlauber, in der Regel Gruppen junger Leute, dominieren im Moment noch das Publikum. Sie bevorzugen private Unterkünfte ohne besondere zusätzliche Ausstattung. Seit etwa 2018 finden sich mehr und mehr deutsche Winterurlauber in den Winterferien in Mestia ein, darunter sind die meisten Tourenskigeher, die eher abgelegene Routen bevorzugen und seit 2019 auch das im Winter doch sehr abseits liegende Ushguli für zwei bis drei Tage aufsuchen. Stellt man in Mestia über eine Buchungsplattform Kontakt zu einem englischsprachigen Anbieter einer Unterkunft her, kann mit diesem per Mail die komplette Organisation erledigt werden. Auch Ausflüge nach

Geschlossenes Ladengeschäft in Mestia im Winter

Straßenmarktstand im Dorf Lagami im Winter

Die Skigebiete Oberswanetiens

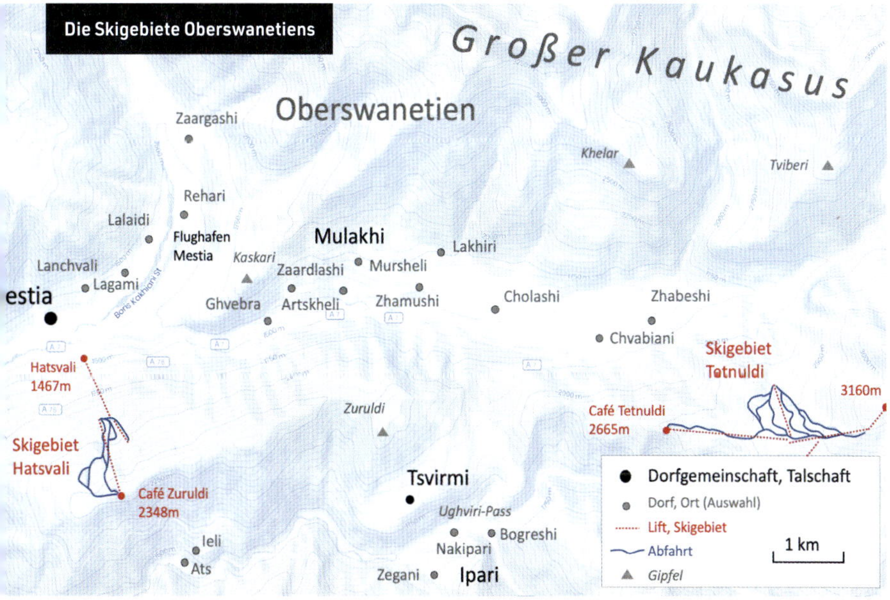

Blick vom Skigebiet Tetnuldi aus in Richtung Südwesten auf das Swanetische Gebirge (Foto: Anna Philipp, 2017)

Vermarktung und Nachhaltigkeit des Skitourismus in Swanetien: Der Anstoß zur skitouristischen Entwicklung, wie man sie gegenwärtig in Oberswanetien erlebt, ging von dem früheren georgischen Präsidenten Micheil Saakaschwili (Regierungszeit von 2004–2013) aus. Das Hatsvali-Skigebiet war bereits in der Sowjetzeit mit einer kleinen Liftanlage erschlossen gewesen, wurde allerdings kaum genutzt, da überwiegend Fernwanderer und Bergsteiger auf republikübergreifenden Pfaden Swanetien besuchten. Der Ruhm dieser Zeit wirkt allerdings in Russland bis heute nach. Trotz des von Präsident Putin aus Protest gegen die massive russlandkritische Haltung einer neuen politischen Protestbewegung seit 2019 eingestellten Flugverkehrs stellen die Wintertouristen aus Russland, die teilweise weite Wege mit Privatfahrzeugen auf sich nehmen, weiterhin die größte Gruppe an Besuchern in Swanetien. Die Anreise von Mitteleuropa aus dauert in Stunden gerechnet zwar nicht allzu lang, doch ist sie durchaus beschwerlich. Nach vier bis fünf Stunden Flug und der Ankunft in Kutaisi in den frühen Morgenstunden geht es bei den meisten Vollanbietern nach einem kurzen Frühstück sofort weiter zu einer mindestens achtstündigen Autofahrt nach Mestia. Einen Flug von Mestia nach Kutaisi mit hundertprozentiger Sicherheit einzuplanen, ist wegen der wechselnden Wetterverhältnisse letztlich nicht möglich. Der Weg nach Swanetien über Autobahnen und Tunnel, die große Massen ins Hochgebirge bringen könnten, steht noch in weiter Ferne – vielleicht zum Glück für die Region.

Reinhold Messner, der 2017 auf Einladung der georgischen Regierung Mestia besuchte, machte Georgien den „großzügigen" Vorschlag, nahe der Bergstation am Café „Zuruldi" mit Blick über Mestia ein „Reinhold-Messner-Bergmuseum" zu errichten, sofern man es vollständig finanziere und Messners Architekten nebst aller Pläne akzeptiere. Dort wolle er die „wahre Geschichte" des Kaukasus erzählen. Für den Wintertourismus prognostizierte er Georgien eine glänzende Zukunft, weil in den Alpen bald der Schnee fehlen werde. Bei diesem Besuch, über den verschiedene Werbevideos auf YouTube verfügbar sind, war Messner wohl im Unklaren gelassen worden über die hohen infrastrukturellen Erschließungshürden, die nur für die geologischen Analysen bereits Millionen von Euro verschlängen.

Auch wenn an den Abenden im Zentrum im Winter die meistbesuchten Restaurants fast zu

explodieren scheinen, sind die Pisten der beiden Skigebiete im Ganzen doch wenig befahren. Skitourismus ist in Swanetien also durchaus eine exklusive Angelegenheit, nicht weil er teuer wäre, sondern weil im Vergleich nur wenige Skifahrer bereit sind, bis nach Georgien zum Skifahren zu fliegen. Zu einer nachhaltigen wirtschaftlichen Entwicklung wird er ebenfalls kaum beitragen können – Skitouristen aus Deutschland schätzen neben der Außergewöhnlichkeit des Ambientes vor allem, dass Skifahren dort billig ist. Sie scheinen also kaum bereit, mehr als die auch schon im Sommer wegen des hohen Konkurrenzdrucks sehr niedrig angesetzten Preise zu zahlen.

Letztlich fehlt es bei den meisten an Aufklärung über die wirklichen ökonomischen, sozialen und auch ökologischen Verhältnisse, um ein nachhaltiges Angebot und das Wahrnehmen eines nachhaltigen Angebotes möglich zu machen. Denn ohne Sommer- wie Wintertourismus wird es auf Dauer in der Region keine Entwicklung geben – solange aber nur die Anbieter vor Ort wirtschaftlich profitieren, die ohnehin schon bessergestellt sind, wird kaum eine ganze Region am Tourismus gesunden können. Zudem ist Swanetien eine hochsensible Hochgebirgsregion, die eines der letzten Refugien anderswo längst verlorener Tier- und Pflanzenarten bildet, weshalb sich ein Fahren neben den Pisten eigentlich schon von selbst verbieten sollte. Abgesehen davon, dass die Heu- und Weideflächen und ihre teilweise sehr dünnen Böden dringend von der auf Selbstversorgung angewiesenen Bevölkerung benötigt werden und durch ein Fahren neben den Pisten, wie es vielfach auf Videokanälen dokumentiert ist, geschädigt werden.

Schon für die Anlage vor allem des Tetnuldi-Skigebietes waren wegen der Schroffheit des erdgeschichtlich jungen Gebirgszuges enorme Massenbewegungen vonnöten, die bereits große landwirtschaftliche Flächen verschlangen – Flächen, für die die Bevölkerung bis heute nicht vollständig entschädigt ist. Für Swanetien müsste also das gelten, was anderswo ebenso gilt: ein Verbot des Fahrens neben den Pisten und ein nachhaltiges Überführen der Einkünfte in die Entwicklung der vor Ort benötigten Infrastruktur bei einer Ausweitung eines ökologisch verträglichen Tourenskiangebotes.

LESETIPP: Rainer Kaufmann (2017): „Reinhold Messner und der Skitourismus in Georgien", Kaukasische Post. Deutsche Monatszeitung aus dem Südkaukasus, Tbilisi, http://www.kaukasische-post.com/?p=2552

Ushguli mit Übernachtung dort werden so organisiert. Eines sollte man aber immer vor Augen haben: In Oberswanetien gibt es an keiner Stelle vor Hangrutschen und Lawinen gesicherte Straßen. Es gibt nur vereinzelt Brücken, die eingekerbte Seitentäler auf kurzem Weg überqueren, die Straßen werden nicht gestreut und sie führen wegen des Verlaufs des Enguri meist an den sonnenexponierten, lawinengefährdeten Südhängen entlang. Ferner gibt es keine staatliche Institution, die die am meisten begangenen Skitouren auf ihre Sicherheit hin überwachen könnte. Alle englisch- und deutschsprachigen Anbieter weisen ausdrücklich darauf hin, dass sehr gute Kondition und Hochgebirgserfahrung Voraussetzung für eine Teilnahme an ihren Angeboten abseits der beiden offiziellen Skigebiete ist. Wen all das nicht schreckt, sondern eher anzieht, der wird auch im Winter besondere Erfahrungen in Oberswanetien machen dürfen.

Kurze Wanderungen und Tagestouren von Mestia aus

Wanderung 1: Zum Kreuz von Mestia (4–5 Std.) **und den Koruldi-Seen** (+ 4–5 Std.)

Das Kreuz von Mestia ist ein mit einem ungefähr acht Meter hohen Metallkreuz gekennzeichneter Aussichtspunkt oberhalb der Dorfgemeinschaft, der über einen Rundweg, welcher am Seti-Platz beginnt, erreicht wird. Je nach Kondition und Zahl der Pausen kann die Wanderung innerhalb eines halben oder dreiviertel Tages absolviert werden. Die reine Gehzeit für die 8,5 km beträgt ungefähr vier bis fünf Stunden, da während des steilen Aufstiegs etwa 900 Höhenmeter zu überwinden sind.

Die Wanderung beginnt schräg gegenüber vom futuristischen Turm der zentralen Polizeistation. Man geht dort von der Hauptstraße aus in die Vittorio-Sella-Straße. Am nächsten Abzweig schwenkt man nach rechts, anschließend sogleich nach links und folgt dann dem Weg bergan durch das Dorf Lekhtagi. Ein mit einem gelben Pfeil markierter Stein weist den Weg weiter entlang des Bachlaufes bis zu einem Schild zum Kreuz von Mestia. Ab hier ist der Weg, der zusätzlich mit der für die meisten Wanderungen typischen weiß-roten Markierung ausgewiesen ist, nicht mehr zu verfehlen. Da das Kreuz von Mestia auch über einen von Osten kommenden Fahrweg erreicht wird, kann es am Ziel, vor allem in den Abendstunden, schon mal ein wenig voll werden.

Für den Abstieg folgt man dem in Richtung Osten führenden Fahrweg über eine Strecke von ungefähr 2 km und verlässt ihn

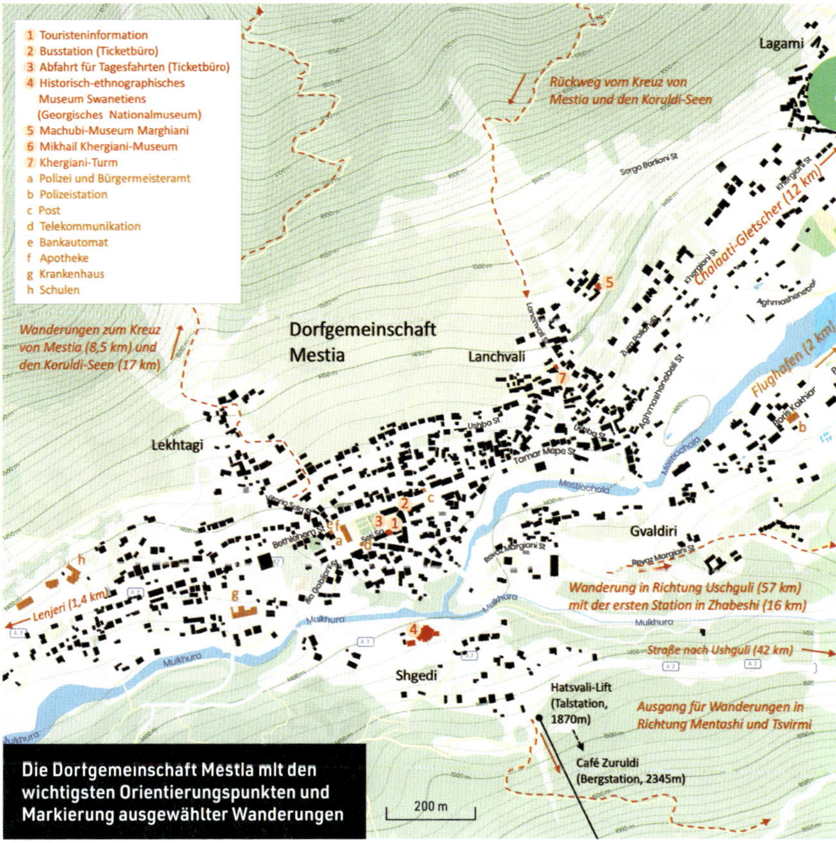

Die Dorfgemeinschaft Mestia mit den wichtigsten Orientierungspunkten und Markierung ausgewählter Wanderungen

dann an einem Abzweig nach rechts; hier weist ein Schild in Richtung Mestia den weiteren Weg. Nach etwa 2 km wird das Dorf Lanchvali erreicht, wo ein Stopp im Machubi-Museum der Familie Marghiani eingelegt und im Anschluss daran der Khergiani-Turm besichtigt werden kann.

Eine Wegalternative ab dem Kreuz von Mestia stellt die Verlängerung der Wanderung hin zu den Koruldi-Seen dar. Hierzu wird etwas oberhalb des Kreuzes von Mestia in Richtung Norden abgezweigt. Der aus dem Tal kommende Fahrweg führt als einfache Piste, der leicht zu folgen ist, weiter bis zu den Hochgebirgsseen, die etwa auf 2.750 m Höhe liegen. Hier bewegt man sich längst im Bereich der waldfreien Bergtundren, alpinen Matten, Rasen und Staudenfluren. Auf etwa halber Strecke weist ein Schild den Weg in Richtung Gul-Pass, über den die Dorfgemeinschaft Becho in einem Paralleltal erreicht wird. Möchte man die Koruldi-Seen innerhalb einer Tour besuchen, sind weitere vier Stunden Zeit einzuplanen. Alternativ

könnte man sich auch mit einem geländegängigen Fahrzeug bis zum Kreuz von Mestia bringen lassen. An den Koruldi-Seen und weiter nördlich davon auf etwa 3.200 m Höhe befinden sich Biwakplätze, weshalb man auch auf gut ausgerüstete und erfahrene Bergwanderer trifft, die den Chalaati-Gletscher und seine Umgebung begehen.

Wanderung 2: Zum Chalaati-Gletscher (2–3 Std.)

Der Chalaati-Gletscher befindet sich nördlich von Mestia am Ende des Tales des Mestiachala. Man nimmt für die ungefähr 12 km Strecke aus dem Zentrum am besten ein Taxi oder organisiert die Tour über das Gästehaus mit weiteren Begleitern. Eine Wanderung dorthin ist wegen der umfangreichen Bautätigkeiten an der Strecke auf längere Zeit nicht zu empfehlen. Am Oberlauf des Mestiachala wird eine Reihe von Bauten zur Nutzung der Wasserkraft durch einen türkischen Energiekonzern errichtet, was die Dorfgemeinschaft Mestia wegen der da-

Stauwehr am Mestiachala

mit verbundenen Umweltzerstörung und des erwarteten Anstiegs der Energiekosten stark beunruhigt.

Den Chalaati-Gletscher erreicht man über die oberhalb des Stauwerkes liegende Brücke, an der sich auch ein Parkplatz und eine Einkehrmöglichkeit befinden. Hinter der Brücke liegt ein militärischer Grenzposten, an dem bis vor wenigen Jahren noch Passkontrollen durchgeführt wurden, da man auf dem Pfad zum Chalaati, folgt man diesem am linken Gletscherrand weiter in Richtung Ushba, bis nach Russland gelangen kann. In jüngerer Zeit wurde, wohl wegen der im Sommer gestiegenen Zahl an Ausflüglern, auf diese Praxis verzichtet; dennoch ist man gut beraten, ein Reisedokument mit sich zu führen.

→ Kapitel 7: *Off the beaten Track* – Oberswanetien abseits der Trampelpfade entdecken – Der Kampf der Dörfer gegen die Wasserkraft und die drohende Zerstörung des vertrauten Lebens

Die Wanderung selbst ist im ersten Teil nicht schwierig, bietet aber sehr schöne Ausblicke vom Pfad aus, der am wilden Wasserlauf unterhalb des Gletschers entlangführt. Zunächst geht es durch ein Stück Nadelwald, anschließend folgt ein Birkenwäldchen, das wegen der Rauheit des Klimas infolge der Höhe und der Überflutungen im Frühjahr abenteuerlich gebogene Stämme zu bieten hat.

Oberhalb des Birkenwäldchens muss man sich seinen Weg durch das Geröll über weite Strecken selbst suchen, was sehr

Die Hängebrücke über den Mestiachala markiert den Einstieg in die Wanderung zum Gletscher

beschwerlich sein kann, sofern nicht an passendes Schuhwerk gedacht wurde. Der Blick auf den Gletscher mit dem linkerseits liegenden Gletschertor und dem heraustretenden Gletscherbach ist beeindruckend. Auch der Chalaati hat allerdings in den letzten Jahrzehnten enorm an Masse verloren, weshalb am Ende der Wanderung vor allem die Stirnmoräne zu sehen ist. Übermütige und unerfahrene Besucher steigen rechts des Gletscherfußes über die Stirnmoräne hinweg weiter bergan, um bis zur Gletscherzunge zu gelangen. Hierfür ist sehr gute Trittsicherheit und Erfahrung in den Bergen erforderlich. Der Weg ist in keiner Weise gesichert und man muss jederzeit mit

Chalaati-Gletscher mit Schotterfeld

Der Weg von Mestia bis zur Hängebrücke über den Mestiachala kann auch mit gemieteten Pferden absolviert werden

Birkenwäldchen unterhalb des Schotterfeldes des Chalaati-Gletschers

Eis- und Steinschlägen rechnen. Der Chalaati besteht aus zwei Gletscherzungen, von denen die eine in gerader Verlängerung des Tales nach Norden führt – auf diese kann man im Laufe der Wanderung blicken. Eine zweite Zunge windet sich hinter dem von unten linker Hand sichtbaren Gipfel von 2.921 m Höhe hervor und beschreibt zunächst einen nach Westen, dann einen nach Norden führenden Bogen, der am nördlichen Ushba vorbei am auf 4.120 m Höhe liegenden Chalaati-Pass endet. Hat man die beeindruckende Aussicht genossen, kann der Rückweg auf denselben Pfaden erfolgen.

Wanderung 3: Mit der Seilbahn in das Gebiet des Zuruldi und weiter (2–5 Std.)

Für Spaziergänge oder ausgedehntere Rundwanderungen am südlich von Mestia gelegenen Bergrücken, im Gebiet des Zuruldi, kann auch im Sommer, während der Hochsaison, der Lifttransport im Hatsvali-Skigebiet genutzt werden. Alternativ führt von der Talstation des Sechser-Sesselliftes auch ein Wirtschaftsweg bergan oder man lässt sich mit dem Auto bis zum Hotelrestaurant „Hatsvali“ fahren, von wo der zweite Lift abfährt. Auf manchen Karten ist das Skigebiet als Mentashi-Gebiet bezeichnet, weil dieser Gipfel näher liegt und mit 2.473 m Höhe den Zuruldi sogar um 25 m überragt. An der Bergstation des zweiten Sesselliftes, die ebenfalls über ein Café verfügt, kann dann entschieden werden, ob man mit dem Lift zurückfährt,

Hotelrestaurant „Hatsvali“ an der Talstation des Lifts zum Endpunkt des Skigebietes am Café „Zuruldi“

Swanische Festung am westlichen Ortseingang von Tsvirmi gegenüber der Kirche des heiligen Georg

in Richtung Westen dem Fahr- und Wanderweg bergab nach Mestia folgt (Gehzeit insgesamt 2 Std.) oder denselben Weg in Richtung Osten vorbei an den Gipfeln des Mentashi und Zuruldi bis zur Dorfgemeinschaft Tsvirmi geht. Von dort aus kann, fragt man in einem der Dörfer nach einem Taxidienst, der Rücktransport organisiert werden; alternativ wird dieser gewiss auch durch die Unterkunft in Mestia organisiert.

Der Weg vom Café „Zuruldi" in Richtung Tsvirmi ist nicht schwer zu finden, da er entlang des zum Mentashi führenden Bergrückens verläuft. Am unterhalb des Weges liegenden Südhang in Richtung Enguri-Tal erblickt man nach kurzer Zeit bereits die Dörfer Ieli und Ats. Der nächste Orientierungspunkt ist ein vor sich hin rostender alter Strommast: Man folgt dort nicht dem Weg bergan, der zum Mentashi führt, sondern zweigt nach rechts ab, taucht in den Wald ein und folgt nun im weiteren Verlauf dem Weg zunächst sanft hangparallel und schließlich senkrecht den Hang hinab einem alten Zugweg, auf dem mit Schlitten bis heute Holz transportiert wird. Schließlich gelangt man an einem weiteren Abzweig in Richtung Ieli auf etwa 1.956 m Höhe auf den als Wanderweg markierten Fahr- und Fußweg, der von Ieli nach Tsvirmi führt.

→ Kapitel 7: *Off the beaten track* – Oberswanetien abseits der Trampelpfade entdecken – Die Dorfgemeinschaft Lenjeri erkunden: Soziale Hintergründe traditioneller Landwirtschaft in Oberswanetien

Blick zurück zum Gipfel des Zuruldi

Tsvirmi selbst bietet sich, vor allem wenn ein eigenes Fahrzeug zur Verfügung steht, auch für einen mehrtägigen Aufenthalt an, weil die etwas abseits liegende Dorfgemeinschaft zwar eine Reihe kleiner, gut gepflegter Gästehäuser hat, dabei aber keineswegs überlaufen ist. Man kann dort recht gut beobachten, wie die Dörfer Swanetiens wirtschaftlich und sozial funktionieren. Fast jeder in Tsvirmi betreibt eine kleine Landwirtschaft zur Selbstversorgung, und es finden sich auch einige größere Betriebe, die u.a. Fleisch für den Markt in Mestia und sogar Zugdidi produzieren. Von Tsvirmi aus lassen sich sehr gut die im Umkreis liegenden Dorfgemeinschaften Mulakhi und das Dorf Adishi erkunden, die auf der Strecke der fünftägigen Wanderung von Mestia nach Ushguli liegen und die man üblicherweise nicht besucht, wenn man diesen Trail nicht begeht.

Der hinter Bogreshi am Enguri liegende Liebesturm erzählt eine „Romeo und Julia"-Geschichte aus Swanetien

Blick auf Bogreshi im Enguri-Tal und die Straße in Richtung Ushguli und Zagar-Pass

Wohnhäuser sowjetischer Bauweise in Tsvirmi ; im Vordergrund ein verfallendes ehemaliges Kolchosgebäude, erbaut aus dem Steinmaterial eingerissener Türme

Die Nutztiere laufen, wie überall in Oberswanetien, tagsüber frei im Dorf umher

Wohnhaus mit Stallgebäude bei Ieli

4

Die neu erbaute Marienkirche am östlichen Ortseingang von Tsvirmi ist neben der Nikolaikirche in Mestia das zweite Beispiel für den Zugriff der Georgischen Kirche auf die Volksreligiösität

5 Klassische Wandertouren in Oberswanetien

Blick auf den Mazeri und den Südgipfel des Ushba, rechter Hand die für Oberswanetien typischen rot-weißen Wandermarkierungen

Swanetien ist seit Ende des 19. Jahrhunderts ein Ziel europäischer Bergwanderer und Bergsteiger. Die frühen Reisenden waren mit ethnologisch-geografischen, oft aber auch mit politisch-militärischen Interessen unterwegs, da Kenntnisse über strategisch wichtige Räume für ihre Herkunftsländer interessant waren. Für das Deutsche Kaiserreich war es durchaus bedeutsam, dass deutsche Alpinisten 1903 den Südgipfel des Ushba, der damals als der schwerste Berg der Welt galt, als Erste bezwangen. Noch heute ist die Zahl der erfolgreichen Ushba-Besteiger überschaubar. Auf einer Wanderung können wir zumindest seinem Gletscher nahe kommen.

Das nur im Sommer bewohnte Bergdorf Davberi auf der Wanderstrecke Mestia–Ushguli

Scheune im Kiadra-Tal vor dem Hintergrund des Swanetischen Gebirges

Wanderwege in Oberswanetien: Der Bergsteiger **Saur Chartoliani**, der die Nichtregierungsorganisation **Svaneti Tourism Center** (Website: http://www.svanetitrekking.ge/deu/) gründete, markierte selbst 18 Touren der über 30 offiziellen Touren Oberswanetiens in den charakteristischen Farben Rot und Weiß. Die von verschiedenen europäischen Trägern unterstützte Organisation legte nicht nur Touren an, sie trainierte auch Bergführer in mehreren Gemeinden und erstellte Karten. An manchen Ausgangspunkten von Wandertouren wurden Schautafeln platziert. Außerdem schulte man Familien, die Unterkünfte eröffnen wollten, im Umgang mit touristischen Erwartungen und unterstützte sie finanziell, um die infrastrukturellen Voraussetzungen hierfür zu schaffen. Auf der viersprachigen Website der Organisation finden sich neben Routenbeschreibungen auch umfangreiche Informationen zur Geschichte Swanetiens. Leider wird diese seit dem Auslaufen des Programms im Jahr 2006 nicht mehr aktualisiert, Bergführerdienste werden vom Svaneti Tourism Center jedoch weiterhin angeboten.

Organisation: Die beiden ersten in diesem Kapitel beschriebenen Touren sind am besten mit einem privaten Fahrzeug zu erreichen. Entweder man leiht ein Auto oder man lässt sich von der Unterkunft zum Ausgangspunkt der Tour fahren und vom Endpunkt wieder abholen. Bei der fünftägigen Wanderung von Mestia nach Ushguli kann die Rückfahrt über die regelmäßig verkehrenden Fahrzeuge bewerkstelligt werden. Auf dem Rückweg haben diese stets freie Plätze, da nicht alle Besucher Ushgulis nur einen Tag dort verbringen, sondern in der Dorfgemeinschaft übernachten. Zusätzlich bieten Fahrer aus Ushguli den Rücktransport nach Mestia an.

LESETIPP: Ketevan Magalashvili (2017): „Youth Bank in Svaneti", http://www.epfound.ge/youth-bank-in-svaneti/

Hinweisschilder für Wanderwege in die Nachbartäler an der Schule der Dorfgemeinschaft Becho

Die Dorfgemeinschaft Becho und das Gebiet des Ushba erkunden

→ Kapitel 7: *Off the beaten track* – Oberswanetien abseits der Trampelpfade entdecken – Die Dorfgemeinschaft Lenjeri erkunden: Soziale Hintergründe traditioneller Landwirtschaft in Oberswanetien

Die Dorfgemeinschaft Becho besteht aus mehreren Dörfern, in denen man als Wandertourist ruhiger unterkommen kann als in Mestia, das in der Hochsaison bisweilen stark überlaufen ist. Becho liegt in einem der schönsten Gebiete des Kaukasus, der Gebirgsregion der Gipfel Ushba und Mazeri. Von Becho aus führen mehrere Wanderungen sowohl nach Norden in die Gletschergebiete als auch nach Osten und Westen in die benachbart liegenden Talschaften. So kann man vom Dorf Bagvdanari aus über den Gul-Pass, vorbei am Gipfel des Gul (2.925 m) einerseits über das Tal des Flusses Pushkeri das Dorf Nesguni erreichen und an Wanderungen in der Dorfgemeinschaft Lenjeri anschließen. Anderseits kann auf einer anstrengenden Wandertour (8–11 Std., ca. 21 km) über die Hochebene südlich der Koruldi-Seen und das Kreuz von Mestia die Dorfgemeinschaft Mestia erreicht werden. Der höchste Punkt dieser Route liegt im Bereich der alpinen Matten auf fast 3.000 m Höhe. Vom Dorf Tvebishi in Becho gelangt man in Richtung Westen durch dichten Nadelwald auf mäßig steilen Pfaden in die Höhe bis in den Bereich der alpinen Wiesen und steigt dann wieder sanft ab bis in die Dorfgemeinschaft Etseri (6–8 Std. ca. 16 km). Auf diesen gut überschaubaren Wegen kann man sich wegen der parallelen Lage der Talschaften Etseri, Becho, Lenjeri und Mestia kaum verlaufen und es lassen sich aus immer wieder neuen Perspektiven Blicke auf die traditionelle Bergbauernwirtschaft der Swanen und die weitgehend unberührte Natur der Kaukasusregion werfen.

Detaillierte weitere Tour-Beschreibungen unter: https://www.caucasus-trekking.com

Wanderung zum Shdugra-Wasserfall mit Blick auf die Gipfel und den Gletscher des Ushba (8–9 Std.)

Die vorgeschlagene Route beginnt auf etwa 1.600 m Höhe hinter dem Dorf Mazeri am Abzweig zum „Grand Hotel Ushba". Man hat von hier in Richtung Nordosten einen schönen Blick auf den Gipfel des Mazeri. Beginnt die Tour um die Mittagszeit, sollte Wegvariante 1 gewählt werden, bei der es durchgehend links des Flusses Dolra entlanggeht, wo der Weg über einige Abschnitte immer wieder von Bäumen beschattet ist; hierbei sind mehrere zulaufende Bergbäche zu queren. Wegvariante 2 führt über offene Weiden und Heuwiesen hinweg bis zu einer Holzbrücke über den Dolra, hinter der beide Wegvarianten wieder zusammenkommen.

Beiderseits der Holzbrücke steht jeweils eine Hütte, an der man während der Hochsaison Getränke und frisch zubereitete Speisen kaufen kann. Bis dorthin werden dem Wanderer, vor allem auf Wegvariante 2, immer wieder Fahrzeuge begegnen, weil die einfachen Pisten als Wirtschaftswege benutzt werden. Ausflügler werden von den Gastgebern ihrer Unterkunft auch bis zur Holzbrücke gebracht, wodurch sie einiges an Zeit einsparen. Die komplette Tour zu Fuß nimmt in einer Richtung nämlich etwa vier bis fünf Stunden in Anspruch. Nach der Brücke geht

LESETIPP: Der Norweger Richard Bærug ist Mitinhaber des „Grand Hotel Ushba". Von seinen Wanderungen durch Swanetien berichtet er in folgenden Büchern: „Europe's unknown Fairytail-Land" (Bezug über: http://forlagshusetivestfold.no/europe-s-unknown-fairytale-land) und „Svaneti, Essence of the Caucasus".

Blick auf den Mazeri (4.012 m) vom Abzweig zum „Grand Hotel Ushba" aus

Café rechts des Flusses Dolra an der ersten Holzbrücke

es auf einem schmalen Pfad weiter, der auch mit dem Pferd zurückgelegt werden könnte. So wäre nur der letzte, schwierige Teil der Route nach der zweiten Holzbrücke, hin zum Shdugra-Wasserfall zu Fuß zu absolvieren.

Der Fußweg nach den Hütten ist mit gelben Pfeilen markiert. Er führt immer am Fluss entlang und ist insofern nicht zu verfehlen. Allerdings wird man den Dolra nach einiger Zeit nur noch hören, weil man bald steil bergan steigt und das im weiteren Verlauf tief eingeschnittene Tal auf der westlichen Flanke entlangwandert. Hier geht es zunächst durch krüppeligen Fichtenbewuchs und Rhododendrenflächen, dann entlang des sich wieder bergab windenden Pfades durch hochstämmigen Fichtenwald. Der Weg ist durchgehend geschottert und wird von umstürzenden Bäumen freigehalten. Waldarbeiter, Jäger und das georgische Militär, das einen Kontrollposten an der zweiten Holzbrücke über den Dolra unterhält, nutzen den Pfad. An dessen Ende kann es zu Passkontrollen kommen, weshalb man die Tour nicht ohne Reisedokument unternehmen sollte.

Von der zweiten Holzbrücke aus geht es in das von Osten einfallende Seitental in den Wald hinein bis zur ersten Weggabelung, die linker Hand hinauf zum Becho-Pass nach Russland (Kabardino-Balkarien) führen würde. Der Weg zum Shdugra-Wasserfall führt durch einen Birkenmischwald hindurch bergan bis auf eine Höhe von ungefähr 2.000 m, wo der Wald verlassen wird. Man gelangt an einen Felsvorsprung, wo ein möglicher Endpunkt der Wanderung erreicht ist. Von hier aus hat man

Fußweg zwischen erster und zweiter Holzbrücke, gesäumt von Rhododendren

bereits einen schönen Rundblick sowohl in das Dolra-Tal als auch auf die Gipfel des Ushba. Ist man trittsicher und möchte noch weiter bis an den Platz, von dem die Bergtouren zur Ushba-Besteigung starten, führt der Pfad über alpine Matten an der nördlichen Flanke des Seitentals weiter bergan – den Shdugra-Wasserfall sollte man dabei als Orientierungspunkt immer im Blick behalten. Der weitere Weg zum Gletscher des Ushba ist nicht immer leicht zu finden, da die gelben Markierungen, die ausnahmslos auf Steinen angebracht sind, leicht aus den Augen verloren werden. Innerhalb des ersten Anstiegs sind hier 450 Höhenmeter auf einer Länge von 1 km zu überwinden. Der Endpunkt unterhalb des Gletschers ist auf einem Felsblock mit der Aufschrift „Finish" markiert. Auf diesem findet sich auch ein Metallschild mit einem Gedicht in russischer Sprache – hier werden in der Regel die Basislager für die Ushba-Besteigung errichtet.

Blick auf das rechts liegende Seitental bergan zum Ushba-Gletscher mit dem ersten Wasserfall

ⓘ **Ushba – „Der Schreckliche":** Bereits 1888 wurde der Nordgipfel des Ushba (4.690 m) von den Engländern John Garford Cockin und Ulrich Almer von Russland her bestiegen. 1903 richtete der deutsche Forschungsreisende und Bergsteiger **Wilhelm Rickmer-Rickmers**, nachdem er in den Jahren 1894 bis 1898 mehrfach Zentralasien bereist hatte, eine deutsch-schweizerische **Kaukasus-Expedition** aus. Im Rahmen dieser wurden mehrere Gipfel durch die beteiligten Alpinisten Adolf Schulze, Robert Helbling, Federico Reichert, Anton Weber, Oskar Schuster und **Cenzi von Ficker**, eine der Pionierinnen im „Frauen-Bergsport", erstiegen. Der erste Versuch, den bergsteigerisch schweren Südgipfel des Ushba (4.737 m) zu besteigen, scheiterte und Cenzi von Ficker und Wilhelm Rickmer-Rickmers mussten zusammen mit den beteiligten swanischen Trägern ihre verletzten Kletterpartner bergen und zum Basislager zurückbringen. Der zweite Versuch gelang und Adolf Schulze bestieg als Erster den Gipfel. Cenzi von Ficker war an dem zweiten Versuch nicht beteiligt, erhielt aber für ihre herausragenden Leistungen am Berg von Fürst Dadeschkeliani, dem damaligen Lehnsherrn der Dorfgemeinschaften westlich von Latali, den **Berg Ushba symbolisch als Geschenk**. Eine in der Geschichte des Bergsports einmalige Begebenheit, von der sogar eine unterschriebene und gesiegelte Schenkungsurkunde existiert, die im Museum des Alpenvereins in München verwahrt wird. Cenzi von Ficker war im Rahmen der Kaukasus-Expedition an zwei weiteren Erstbesteigungen beteiligt. Ein bis dahin namenloser Gipfel wurde nach ihr als **Tsentsi-Tau** (3.860 m) benannt. 1913 leitete Rickmer-Rickmers die erste deutsch-österreichische Pamir-Expedition. Im Ersten Weltkrieg diente er dann als Dolmetscher und Berater des Auswärtigen Amtes im Kaukasus. 1928 leitete er mit dem hohen sowjetischen Funktionär Nikolai Petrowitsch Gorbunow die deutsch-sowjetische Alai-Pamir-Expedition, die u. a. das bislang unerschlossene Zentrum des Pamir-Gebirges erforschen sollte.

LESETIPP: Gerhard Schirmer: „Cenzi von Ficker – Das Ushba-Mädl", https://www.bergnews.com/service/biografien/uschba.php

Die Dorfgemeinschaft Etseri erkunden

Die Dorfgemeinschaft Etseri besteht aus mehreren Dörfern, von denen Barshi das größte ist. In Etseri organisieren die Menschen, wie überall in Swanetien und in den meisten ländlichen Gemeinden Georgiens, ihr Leben überwiegend ohne staatliche Unterstützung, obwohl diese dringend nötig wäre, damit die jungen Leute eine Lebensperspektive in der Region entwickeln können. Das wichtigste Ziel von vor Ort tätigen Nichtregierungsorganisationen ist deshalb, starke Gemeinschaften in den Dörfern aufzubauen, innerhalb derer sich die Menschen gegenseitig unterstützen. Alle Familien betreiben Landwirtschaft zur Selbstversorgung und sind, was die Ernährung angeht, völlig autark. Geringe Einkünfte aus dem Tourismus ermöglichen es ihnen, Investitionen in die Zukunft vorzunehmen. Auch in Etseri sind, ebenso wie in anderen Dörfern, die Unterkünfte kaum ausgelastet, da die meisten Besucher in Mestia unterkommen und die anderen Täler nur innerhalb von Tagesausflügen besuchen.

LESETIPP: Svaneti is my homeland: https://bankwatch.org/svaneti und https://bankwatch.org/svaneti/places/etseri

Blick auf das Swanetische Gebirge

Am nördlichen Rand Etseris führen zwei alternative Routen auf Wirtschaftswegen über den Bak-Pass zur Dorfgemeinschaft Becho, wo man über das Dorf Tvebishi in das Dolra-Tal gelangt. Etseri wird von Mestia aus in einer halben Stunde erreicht. Man lässt sich am besten bis zur Schule von Etseri bringen, von wo aus zunächst die Erzengelkirche von Pkhutreri besichtigt werden kann. Sie liegt bereits weit über dem Enguri-Tal, so dass man von dort sowohl in westlicher als auch in östlicher Richtung einen wunderschönen Rundumblick auf die Dörfer südlich des Enguri und das Swanetische Gebirge hat.

Der Hauptbau der Erzengelkirche von Pkhutreri stammt aus dem 10. Jahrhundert. Ab dem Ende des 13. Jahrhunderts erfuhr Swanetien wegen kriegerischen Krisen des georgischen Kernlandes infolge des Einfalls der Mongolen eine starke Zuwanderung nicht nur von Angehörigen des Hochadels, sondern auch von Priestern, Handwerkern und Künstlern. Entsprechend positiv entwickelte sich die Förderung der Kirchen, so dass auch die Erzengelkirche von Pkhutreri im 14. Jahrhundert einen Westumgang erhielt. Dieser wurde im Rahmen des Programmes von

Erzengelkirche von Pkhutreri

→ Kapitel 2: Kurze Geschichte Swanetiens – Kirchen, Klöster, Kirchenmalerei und sakrale Objekte – die Anbindung Swanetiens an das Land, in dem die Kartweler leben

Erzengelkirche von Pkhutreri mit Westumgang und Glockenturm

Mit aufwendigem Schnitzwerk versehene Eingangstür an der Südseite der Erzengelkirche von Pkhutreri aus dem 10. Jahrhundert

Die niederländische Stiftung *Stichting Horizont* finanzierte seit 1997 unter Leitung von Rolf und Brigitta Schrade aus Berlin die Arbeit georgischer Restauratoren in 14 Kirchen in Swanetien: https://www.horizonfoundation.nl

Stichting Horizont von Grund auf rekonstruiert, ebenso wurden die gesamte Kirchenausmalungen restauriert.

Bereits nach der Einfahrt in Etseri sind Wegweiser und Wegmarkierungen in Rot-Weiß oder Rot zu entdecken, die mehrere Pfade und Wanderwege anzeigen. Man geht von der Schule von Etseri, dem Startpunkt der Wanderung, jedoch noch weiter bergan, vorbei am Gästehaus des britisch-kanadischen Staatsbürgers Tony Hanmer, der seit 18 Jahren in Swanetien lebt und als Englischlehrer in Ushguli begonnen hat. Diese Unterkunft ist für einen Wanderurlaub unbedingt zu empfehlen, weil es sicher keinen anderen westlichen Ausländer gibt, der derart sein Herz an die Region verloren hat und so viel über die Berge und die dort lebenden Menschen zu berichten weiß.

Tony Hanmer berichtete seit 2002 auf seinem Blog http://geosynchronicity.blogspot.com/ regelmäßig aus Ushguli; Hanmers kritische Berichte über das Leben und aktuelle Entwicklungen in Etseri und Oberswanetien findet man in der Online-Version der Zeitung **Georgia Today**: https://georgiatoday.ge/?s=tony+hanmer

Barshi war früher der Herrschersitz der Familie Dadeschkeliani – von der früheren Anlage sind noch ein gewaltiger Turm und an zwei Seiten Teile der Außenmauer erhalten, die sich am unteren Ortsrand befinden.

→ Kapitel 2: Kurze Geschichte Swanetiens – Der Kaukasus und Swanetien im Zarenreich

Reste der Festung der Familie Dadeschkeliani

5

ⓘ **Die Kaukasus-Expedition von 1903 zu Gast beim Fürsten Tatarchan Dadeschkeliani:** Neben der Erstbesteigung verschiedener Gipfel, geografischer Arbeiten wie dem Kartieren und dem Aufzeichnen der Wirtschaftsformen interessierte sich der deutsche Forschungsreisende und Bergsteiger **Wilhelm Rickmer-Rickmers** im Rahmen der von ihm geleiteten deutsch-schweizerischen **Kaukasus-Expedition** auch für ethnografische Themen wie die Rechtspflege in der Region und das traditionelle Liedgut. So empfiehlt er in seinen „Swanetischen Fragmenten", die er in den **Deutschen Geographischen Blättern** (Bremen 103, Band 24) veröffentlichte, die Region vor allem jungen Ethnologen als lohnendes Arbeitsgebiet: „Das Land ist leicht erreichbar und ein viermonatlicher Aufenthalt, samt Hin- und Rückreise, dürfte bei mäßigen Ansprüchen mit 1500 Mark zu bestreiten sein. Ein guter Phonograph zur Aufnahme der Gesänge ist notwendig und musikalische Kenntnisse wären wertvoll." **Fürst Tatarchan Dadeschkeliani**, der sich nach Rickmer-Rickmers Aussage stark für die Geschichte der Swanen interessierte, erläuterte ihm, dass die Familie Dadeschkeliani ursprünglich aus Daghestan stamme. Ihre Herkunft lasse sich auf Muslemin, einen Neffen des Propheten Mohammed, zurückführen. Der georgische König Bagrat V. habe 1394 der Familie Schamal, Nachkommen Muslemins, mit Schutzaufgaben für das schwer kontrollierbare Swanetien bestellt. Aus diesem Umstand stamme der Name „Dadeschkeliani", der sich von dem tartarischen Spitznamen „Daghdaschdangölan" („Kam vom unwirtlichen Felsgebirge") ableite. Die Ahnenreihe wurde durch den russischen Zaren Nikolaus beurkundet, der damit die Familie in den russischen Adel aufnahm als Dank für Ihre Bereitschaft, mit dem Zarenreich zu kooperieren und damit die Eingliederung Swanetiens zu begleiten. Dafür musste die Familie die ihr im Lehnssystem zukommende Gerichtsbarkeit aufgeben, eine Gerichtsbarkeit, die sich allerdings nie auf das sogenannte „Freie Swanetien" bezogen hatte – gleichwohl hätte die Dorfgemeinschaften ab Latali laut Tatarchans Aussage Abgaben geleistet, um den Frieden mit den Dadeschkelianis sicherzustellen. Rickmer-Rickmers erklärt, dass die geringere Zahl an Türmen unterhalb von Latali darauf zurückzuführen sei, dass die Lehnsherren „ihren Bauern aus leicht begreiflichen Gründen nicht gern dieses praktische Mittel des Widerstandes und Symbol des freien Mannes erlaubten". Am Beispiel des Hofes der Dadeschkeliani zeichnet Rickmer-Rickmers den grundsätzlichen Aufbau aller swanischen Gehöfte auf, den Unterschied zwischen Herr und Leibeigenen beschreibt er folgendermaßen: „Wie schon gesagt, hob sich das materielle Leben der Fürsten nicht durch alles überragenden Glanz von dem der Bevölkerung ab. Vor allen Dingen hatten sie mehr Platz im Hause und brauchten sich nicht die drangvolle Anwesenheit vieler Nebenfamilien und der Kühe im gleichen Raume gefallen zu lassen. Dann brauchten sie nicht zu arbeiten, hatten mehr zu essen und zu trinken als die andern, auch mehr Kleider und besseres Bettzeug, große Dienerschaft usw., aber dem flüchtig beobachtenden Westeuropäer würde die Kultur von Herrscher und Volk als genau gleich weit von der seinigen abstehend erschienen sein. Erst bei näherem Hinsehen entdeckt man, dass doch eine große Kluft da war, und zwar, dass ein Vorzug der Quantität bestand, der in der Menge, nicht in der Einheit, der sozialen und materiellen Vorteile lag." So erklärt sich Rickmer-Rickmers anhand des Feudalsystems den Unterschied der äußeren Erscheinung der Dörfer im Einflussbereich der Lehnsherrschaft: Bis Latali dominieren, ebenso wie im gesamten Unterswanetien, das von der Familie Dadiani beherrscht wurde, offene Hausbauweisen, bei denen mehr Holz als Stein zum Einsatz kam. Im nicht von den Lehnsherren kontrollierten oberen Swanetien hingegen „sieht man, wie die Bewohner immer darauf bedacht waren, alles in kriegsmäßigem Zustande zu haben, dem Gegner eine in sich selbst vollständige Einheit entgegenzusetzen. Kurz, die swanetischen Häuser sind Burgen. Nur der soziale Begriff der Burg deckt sich hier nicht mit der mittelalterlichen Bedeutung unserer Ritterfesten. Der deutsche Burgherr war Gewalthaber und Beschützer des Dorfes; die swanetischen Dörfer sind das Nebeneinanderwohnen von Burgherren. Nicht ein Turm überragt das Ganze, sondern Turm steht neben Nachbarturm, Ritter wohnt neben Ritter."

Wanderung über den Bak-Pass nach Tvebishi (6-7 Std.)

Am oberen Ortsrand von Barshi steht an einer kleinen Mühle, die sich vor einem größeren umfriedeten Anwesen befindet, ein Wegweiser, dem man nach rechts folgt. Am nächsten Orientierungspunkt, einem Brunnen, muss man über den weiteren Weg in die Berge entscheiden: Wegvariante 1 führt nach dem Brunnen hoch in das Dorf Cheliri, zunächst am Fuß des Osthanges des Kidrila-Tales entlang und im weiteren Verlauf dann bergan, Wegvariante 2 führt durch das Dorf Kurashi, an dessen Georgskirche vorbei, oberhalb der östlichen Flanke des Kidrila-Tales entlang. Beide Wegvarianten treffen auf Höhe des Bak-Passes wieder zusammen. Sie unterscheiden sich nicht in Dauer und Länge der Wanderung. Im Folgenden wird zuerst Wegvariante 1 beschrieben, anschließend die zweite Wegvariante, die südlich das Bak-Passes auf die erste trifft.

Swanetische Mühle am oberen Ortsrand von Barshi

Traditionelles Wohnhaus in Cheliri

Wanderung von Etseri nach Becho

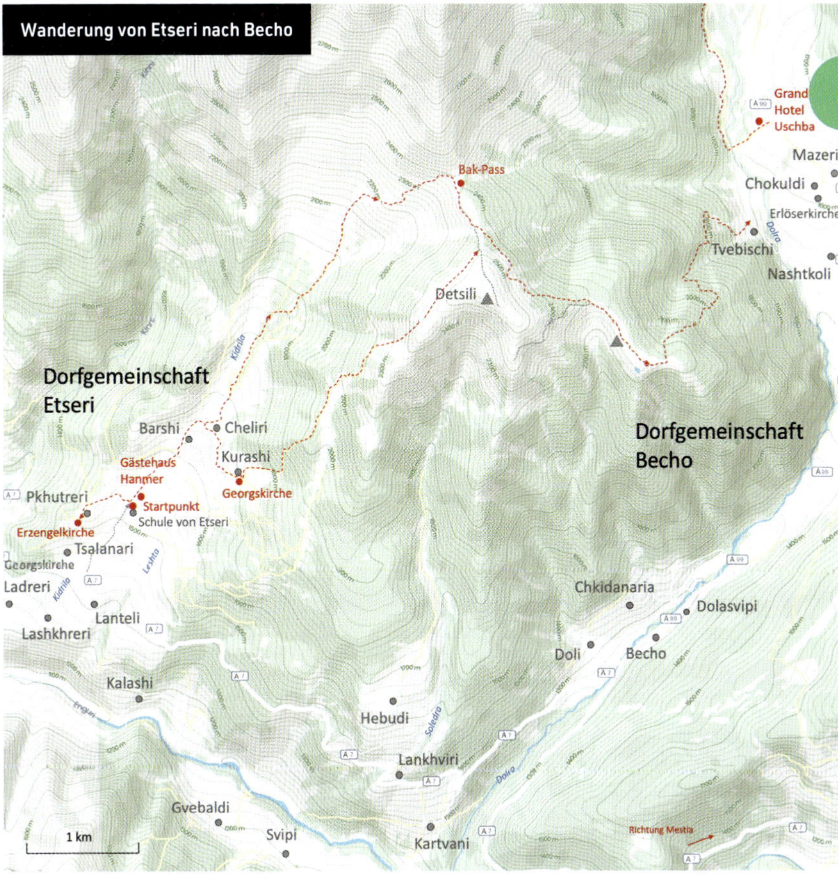

Wanderung über den Bak-Pass nach Tvebishi – Wegvariante 1

Wegvariante 1 erreicht den Bak-Pass von Barshi aus nach etwa 7 km, im Laufe derer ungefahr 800 Höhenmeter zu überwinden sind. Sie führt schneller in den Bereich der Hochweiden, wo einige Hirtenhütten passiert werden. Die rot-weißen Markierungen sind überwiegend auf Steinen angebracht und weisen den mühelos zu verfolgenden Weg. Auf beiden Wanderungen sollte man auf die Hirtenhunde achten, die, anders als in Mestia und auf dem Trail zwischen Mestia und Ushguli, ihre Aufgaben noch ernst nehmen und Wanderer als potenzielle Bedrohung der Herden auffassen.

Am Bak-Pass könnte nun in direkter Linie in Richtung Osten dem Wasserlauf eines Zulaufs zur Dolra gefolgt werden. Binnen zwei Stunden wird so das Dorf Tvebishi, das zur Dorfgemeinschaft Becho gehört, erreicht. Hier wird stattdessen vorgeschlagen, auf dem Grat des Bergrückens zunächst dem nach Süden führenden Pfad zu folgen. Dieser ist an der Ostseite von Nadelwald und Buschwerk bewachsen, an der abfallenden Westseite ist die Flanke gerodet und wird durch Beweidung weitestgehend baumlos gehalten. Man orientiert sich hierbei am höchsten sichtbaren Punkt in Richtung Süden, dem Gipfel des Detsili, geht dann aber linker Hand an diesem vorbei, während man bereits wieder, dem Pfad weiter folgend und den Weg bergan zum Gipfel des Detsili ignorierend, in den Wald eingetaucht ist.

Wählt man Wegvariante 2, trifft man auf etwa einem Drittel des vom Detsili herabführenden Pfades auf Wegvariante 1. Ein kurzes Stück muss man noch dem bergab führenden Pfad nordwärts in Richtung Bak-Pass folgen, um dann ebenfalls, nun aber rechter Hand, nach dem Abzweig in den Wald zu tauchen. Das Waldstück verlässt man nach etwa 200 m wieder, um dann weiter am Waldrand entlangzugehen und am Ende des offenen Osthanges des Detsili wieder den Wald zu betreten. In diesem Waldstück wandert man ein kurzes Stück von etwa 800 m sanft bergab und verlässt es dann zu einer großen offenen Wiesen- und Weidefläche hin. Auf dieser befinden sich die nächsten beiden Orientierungspunkte: eine kleine Kirche und anschließend

Kirche mit Friedhof und traditionellem Versammlungsplatz in Kurashi

Weg nach Kurashi

eine kleine Wasserfläche. Die Kirche wird rechter, die Wasserfläche linker Hand, passiert, um danach dem rot-weiß markierten Pfad in Richtung Norden in den Wald hinein zu folgen. Ab hier ist der Weg nach Tvebishi nicht mehr zu verfehlen, der zuerst in Wegrichtung nach links, dann nach rechts einem dem Dolra-Tal zufließenden Bach folgt.

5

Wanderung über den Bak-Pass nach Tvebishi – Wegvariante 2 bis zum Bak-Pass

Um zur ersten Station von Wegvariante 2, dem Dorf Kurashi, zu gelangen, verlässt man Cheliri in Richtung Südosten und hat dabei einen wunderschönen Blick hinab ins Kidrila-Tal bis auf das quer laufende Enguri-Tal. Auf der Strecke bis Kurashi sind zwei verschlossene Kuhgatter zu queren. Das Dorf Kurashi selbst ist stark entvölkert, es leben nur noch einige Personen dort, weil es von der Schneekatastrophe im Winter 1986/87 stark betroffen war. Die Eiche des ehemaligen Dorfplatzes, wo früher der traditionelle Ältestenrat tagte, existiert nur noch als mächtiger toter, aber immer noch aufrechtstehender Stamm. Dahinter befinden sich der Friedhof des Dorfes und eine dem heiligen Georg geweihte kleine Kirche, die in jüngerer Zeit ein

Verlassenes und verfallendes Wohnhaus in Kurashi

Darstellung des heiligen Georg in der Kirche von Kurashi

Marienikone in der Kirche von Kurashi

neues Dach und einen überdachten Anbau erhalten hat, um vor Ort religiöse Handlungen unter Einbezug von Opfertieren und Opferbroten vollziehen zu können.

Der Pfad führt linker Hand an der Kirche vorbei und geht über in einen alleeartigen Wirtschaftsweg, der sich nach etwa 200 m gabelt; hier folgt man dem linken Abzweig bergan und wendet sich kurz darauf sofort wieder nach rechts, dem in den Laubwald eintauchenden Wirtschaftsweg folgend, der sogleich nach links, weiter bergauf laufend, abzweigen wird. Nach etwa 150 m schwenkt dieser Weg leicht nach rechts. Man verlässt den Laubwald und steht auf einer freien Weidefläche. Auf dieser nun ist bis zu ihrem Ende in Richtung Norden bergan zu gehen. Der weitere Weg in Richtung Nordwesten ist nun nicht mehr zu verfehlen, weil man bereits den Detsili als höchsten Punkt zur Orientierung vor Augen hat. Man hält sich immer westlich davon und stößt bald auf den Pfad, der vom Gipfel herabkommt, um dann südlich des Bak-Passes auf den oben beschriebenen Weg zu wechseln.

→ Kapitel 2: Kurze Geschichte Swanetiens – Die Winterkatastrophe von 1986/87 und die Umsiedelung nach Kwemo Kartli

→ Kapitel 7: *Off the beaten track* – Die Dorfgemeinschaft Latali und ihre Umgebung erkunden – Spaziergang 1: Volksreligiosität und Christentum, traditionelle Frauen- und Männerräume

Von Mestia nach Ushguli – die beliebteste Wanderung in Oberswanetien

Die Wanderung von Mestia nach Ushguli ist die am häufigsten absolvierte Tour im Südkaukasus, geht man nach der Zahl der Anbieter von Tour-Beschreibungen und Erfahrungsberichten im Netz. Sie ist nicht allzu schwer zu bewältigen und bietet sehr schöne Ausblicke auf das Swanetische Gebirge und die nördlich liegenden Gipfel. Die auf dem Weg liegenden Dörfer bieten Unterkünfte an, weshalb es nicht notwendig ist, Zelte mitzunehmen. Man kann trotz der Beliebtheit der Tour weiterhin Einblicke in die für Swanetien typische Bergbauernwirtschaft gewinnen, da die Zahl der Wanderer noch nicht so hoch ist, dass sich überwiegend vom Tourismus leben ließe. Die Gästehäuser lassen sich folgendermaßen unterscheiden: Für den Erhalt des Kulturraums wichtiger sind die, bei denen die Einheimischen ganzjährig in den Dörfern leben, also auch den Winter dort verbringen, so dass sie Vieh halten und ihre Gärten pflegen können. Daneben gibt es die sommerlichen Rückkehrer, also Mitglieder von Familien, die nach der Schneekatastrophe von 1986/87 in die Region südlich von Tbilisi umgesiedelt wurden, und ihre alten Familienhäuser nun zu reinen Gästehäusern umbauen.

→ Kapitel 6: Ushguli erleben – Unterkunft nehmen und wohnen in Ushguli

Gästehäuser auf der Strecke: Die Anbieter der Gästehäuser zwischen Mestia und Ushguli stehen in starkem **Konkurrenzdruck** zueinander, da sie wegen der unsicheren Besucherzahlen und der Transportkosten für alles Material ins Gebirge bei sehr hohen Zinsen für Kleinkredite in Georgien (20–25 %) nur niedrige Übernachtungsgebühren nehmen können. Deshalb werden hier **keine Empfehlungen** gegeben, da die möglicherweise damit verbundenen Folgen für einzelne Familien weder ökonomisch noch sozial oder ethisch verantwortbar wären. Gleichwohl häufen sich bisweilen die Besucher an einem Tag, so dass man im August nur mit Mühe auch nur einen einfachen Schlafplatz bekommt. Während der Hochsaison sollte man **mit einigem zeitlichen Vorlauf über eine der üblichen Buchungsplattformen buchen** oder jeden Tag so **früh auf der Strecke sein**, dass man als einer der Ersten im jeweiligen Dorf ist. Generell ist zu bedenken, dass die **Internetverbindung in Oberswanetien nicht stabil** ist, so dass die Buchung also auch über Tage hinweg von den Anbietern oft nicht bemerkt werden kann. Viele Besucher stornieren zudem ihre Buchungen nicht, weswegen die Anbieter von Gästehäusern regelmäßig auf den 15 Prozent Gebühren sitzenbleiben, die sie an die jeweilige Buchungsplattform zu entrichten haben. Man sollte berücksichtigen, dass viele Anbieter im Hauptberuf Bergbauern sind. Meist haben Touristen die Buchungsplattformen für sie eingerichtet, um ihnen etwas Gutes zu tun. Die Gastgeber selbst verfügen weder über die technischen Voraussetzungen noch über die notwendigen Englischkenntnisse, um die Kreditkartengarantien der Buchenden einzufordern, die nicht kommen.

Wegen ihrer durchaus existenzbedrohenden negativen Erfahrungen mit Gästen, die nicht absagen, sind die Gastgeber oft darauf angewiesen, die Zimmer an die zu vergeben, die ankommen, ohne zu prüfen, ob sie gebucht haben. Alternativ kann man **über sein Gästehaus in Mestia Zimmer in allen Ortschaften telefonisch reservieren lassen**, so dass die Gastgeber keine Buchungsgebühren abgeben müssen – die Familien in der Region sind gut miteinander bekannt, so dass solche Absprachen die sicherste Variante darstellen.

Mestia–Ushguli (Tag 1): Von Mestia nach Zabeshi (16 km, 5–6 Std.)

Vom Seti-Platz aus führt der Weg am Denkmal der Königin Tamar rechter Hand vorbei durch eine Unterführung unter einem Hotelbau und folgt der Straße bis über den Fluss. Hinter der Brücke über den Mestiachala findet sich der erste Wegweiser in Richtung Zhabeshi. Man nimmt anschließend die erste Abzweigung nach links in die Revaz-Marghiani-Straße, geht am Hotel „Tetnuldi" vorbei und folgt danach dem Schild nach Zhabeshi am rechten Abzweig. Nach einem steileren Anstieg mindert sich die Steigung des Weges, der abschnittsweise fast hangparallel läuft. Man geht auf einem frisch geschotterten Fahrweg, passiert linker Hand das Hotel „Baguriani" und nach weiteren 600 m ein neues Umspannwerk, welches auf der rechten Seite des Weges liegt. Anschließend folgt eine lang gestreckte Lichtung, an deren Ende man in scharfen Serpentinen bergan steigt, um dann wie vor dem kurzen Anstieg dem Weg wieder in Richtung Norden zu folgen. Der weitere Verlauf des Weges ist durch das von Osten her abfallende Kerbtal das Flusses Tskheki begrenzt. So schlägt der Weg im Anschluss an die zweite offene,

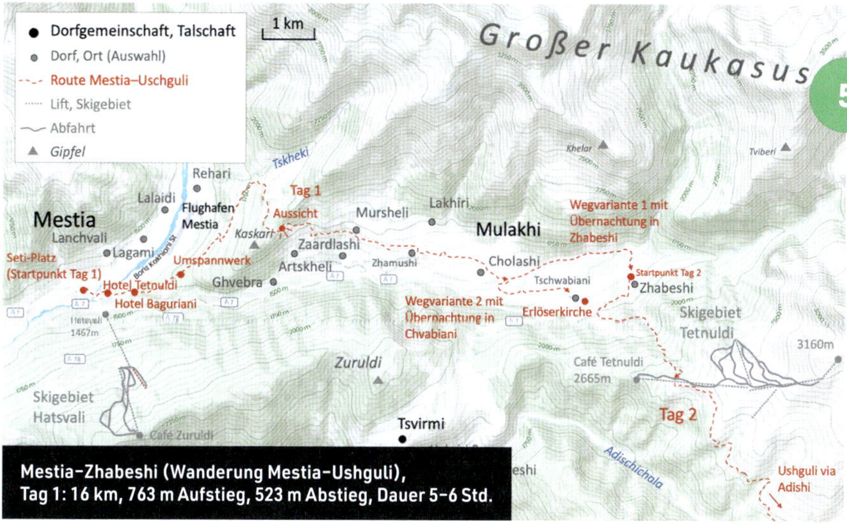

**Mestia–Zhabeshi (Wanderung Mestia–Ushguli),
Tag 1: 16 km, 763 m Aufstieg, 523 m Abstieg, Dauer 5–6 Std.**

nur von einzelnen Bäumen bestandene Lichtung einen Bogen nach Osten durch ein kurzes Waldstück hindurch, um anschließend auf dem sanft ansteigenden Bergrücken des Kaskari in Richtung von dessen Gipfel weiter nach Süden zu laufen.

Am Ende der offenen Weidefläche wird nun dem Weg nach links in Richtung Osten gefolgt, bis man oberhalb des Nordhanges des Mulkhura-Tales steht und die Aussicht über die Dörfer der Dorfgemeinschaft Mulakhi genießen darf, welche

Blick auf die Dörfer Zaardlashi, Murksheli und Zamushi aus der Dorfgemeinschaft Mulakhi

wie an einer Schnur aufgereiht vor dem Betrachter liegen: rechter Hand ganz unten und nur in Teilen sichtbar, am steil abfallenden Nordhang des Flusses liegend, das Dorf Ghvebra, dann Zaardlashi, Artskeli, Murksheli, Zamushi, Lakhiri, Cholashi, Chvabiani und Zhabeshi. Unser Weg führt den Berg hinab, zwischen den Dörfern Murksheli und Artskeli auf halber Höhe hindurch und am oberen Rand der zweigeteilten Siedlung Zamushi entlang, bis an das Schotterfeld eines von Norden her abfließenden Baches, über den jedes Jahr von Neuem behelfsmäßige Stege und Steine führen. Im Juni wird man hier möglicherweise einige Zeit nach einem günstigen Übergang suchen müssen. Im dann folgenden Dorf Cholashi ist zu entscheiden, ob man den Mulkhura sogleich in Richtung Süden überquert oder dem am nördlichen Rand verlaufenden Pfad folgt, um an dessen Ende von Norden her direkt nach Zhabeshi zu gelangen. In allen zwischen Cholashi und Zhabeshi liegenden Dörfern jenseits des Mulkhura gibt es eine Vielzahl an Unterkünften.

ⓘ **Mit Hunden unterwegs:** Man muss damit rechnen, auf der gesamten Wanderstrecke und auch sonst im Gebirge von Hunden begleitet zu werden, die frei in Mestia und den zwischen Mestia und Ushguli liegenden Dörfern leben. Es handelt sich bei diesen um entlaufene Tiere und deren Nachkommen. Generell leben ehemalige Haushunde in nicht geringer Zahl sich selbst überlassen in Georgien. In manchen Städten wie Kutaisi funktioniert es gut, dass die Tiere regelmäßig kastriert werden, um deren Zahl zu kontrollieren. Die Hunde, mit denen man es in Swanetien zu tun hat, sind fast ausnahmslos sehr zutraulich und durchaus liebesbedürftig. Sie suchen sich immer wieder eine neue Wandergruppe und verteidigen diese auch gegen aggressive Hirtenhunde. Sie stammen nämlich meist von ehemaligen Hirtenhunden ab, die entlaufen sind, weil es ihnen im Umgang mit wechselnden Touristengruppen besser zu gehen scheint. Man sollte bedenken, dass die meisten Swanen mit Tieren ebenso wenig betulich umgehen, wie dies Bauern überall auf der Welt tun. Besonders zum Hund ist kein nahes Verhältnis üblich, eher noch zu einzelnen Pferden. Man kann also durchaus Zeuge von grausamem Verhalten gegenüber Hunden werden, wenn sich Männer unbeobachtet fühlen. Das Töten der Tiere steht mittlerweile unter hohen Geldstrafen, und fast alle scheinen verstanden zu haben, dass aus europäischen Ländern kommende Touristen, die eher städtischen Umfeldern entstammen, darauf empört und konfrontativ reagieren – es schadet also dem Tourismus. Eine Lösung für das Hundeproblem stellt dies freilich nicht dar. In Ushguli z. B. gab es im Jahr 2014 noch Schafherden, die tagsüber von den Hütehunden auf den Weiden außerhalb des Dorfes bewacht wurden – im Winter mussten sie das auch gegen Wölfe leisten. Diese Hunde wurden also so aufgezogen, dass sie eine gewisse Grundaggressivität hatten, weswegen in älteren Reiseführern für Georgien immer vor diesen Tieren gewarnt wurde. Touristen zähmten die Tiere durch ihren anderen Umgang aber in einer Weise, dass sie für das Hüten der Schafe nicht mehr geeignet waren. Zudem stellten die nun herrenlosen Hunde eine Gefahr für die Schafherden dar. Daher gibt es in Ushguli und den häufig von ausländischen Wanderern durchquerten Dörfern als Folge des Tourismus heute keine Schafherden mehr.

Zhabeshi verlässt man am folgenden Tag entlang des dem Mulkhura zufließenden Baches bergan in Richtung Süden. Nach der Überquerung des Baches noch in der Ortschaft führt der Weg zunächst sanft ansteigend unterhalb eines Waldstückes entlang, bis man sich oberhalb von Chvabiani befindet und unterhalb der eigenen Position, an dessen südlichem Ortsausgang, die historisch bedeutsame Erlöserkirche erblicken kann. Die Kirche stammt aus dem 9. bis 11. Jahrhundert und enthält eine Freskoinschrift, die den „König der Abchasen" als Erbauer und Stifter der Ausmalungen ausweist. Dieser König soll der georgische König Bagrat III. (963–1014) gewesen sein, womit Chvabiani einen der ältesten Nachweise für die Einbindung Swanetiens in das christliche georgische Reich beherbergt. Das älteste christliche Dokument Georgiens wurde, ehe man es in das Historisch-ethnografische Museum Swanetiens in Mestia brachte, in Adishi, dem Ziel des zweiten Tages der Wanderung, gefunden: Das Evangeliar von Adishi, das alle vier Evangelien beinhaltet, stammt aus dem Jahr 897 und ist das älteste Evangeliar in georgischer Schrift.

Mestia–Ushguli (Tag 2): Von Zhabeshi nach Adishi
(10,6 km, 4–5 Std.)

→ Kapitel 2: Kurze Geschichte Swanetiens – Kirchen, Klöster, Kirchenmalerei und sakrale Objekte – die Anbindung Swanetiens an das Land, in dem die Kartweler leben

Nach dem Wegabschnitt, in dem der Wald direkt an den Weg heranreicht, geht es noch ein Stück über eine Wiese, bis man bergan wieder den ausgetretenen Pfad erblickt. Nun steigt man eineinhalb bis zwei Stunden auf, ehe das Tetnuldi-Skigebiet oberhalb der Talstation erreicht wird, wo die Linie des Skiliftes zu queren ist. Anschließend wird dem parallel zum Lift verlaufenden Wirtschaftsweg bergan gefolgt, um auf etwa 2.500 m Höhe auf den nach Süden hin abzweigenden ausgeschilderten Pfad nach Adishi abzuzweigen. Von nun an ist der Pfad kaum mehr zu verlieren, zumal er wegen der Beliebtheit der Wanderroute stark ausgetreten ist. Man folgt ihm, von geringem Auf und Ab abgesehen, immer sanft bergab in Richtung Adishi. Hierbei sind zwei Bäche zu überschreiten. Während man locker mit Büschen bestandene alpine Wiesen, niedrige Fichtengehölze und Abschnitte mit Birkenwäldern quert, ergeben sich immer wieder schöne Ausblicke auf den in Gegenrichtung verlaufenden, tief unterhalb des Pfades liegenden Adishchala, der dem gleichnamigen Gletscher entspringt und dem Enguri im Dorf Bogreshi zufließt; der Blick auf Adishi eröffnet sich allerdings erst kurz vor der Ortschaft nach einer Biegung, ab der es steil bergab geht.

Das Ortsbild von Adishi muss all denen rätselhaft erscheinen, die sich nicht ein wenig mit der jüngeren Geschichte der Region auseinandergesetzt haben. Viele Gehöfte sind verfallen

Südwestlicher Ortszugang nach Adishi

und es leben nur wenige Menschen im Dorf, von denen einige keinen Kontakt mit den Touristen wollen. So kommt schnell der Eindruck auf, dass man in solch einem verlassenen und armen Dorf, auch wenn die Bergkulisse noch so großartig aufragt, eher fehl am Platze ist. Adishi ist eines der am schlimmsten von der Winterkatastrophe betroffenen Dörfer Swanetiens. Gab es in der Sowjetzeit einmal eine große Kolchose, so leben heute dauerhaft kaum mehr als zwanzig Personen in Adishi, die ihre Landwirtschaft zur Selbstversorgung betreiben. Auch hier ist der Tourismus die einzige Möglichkeit, zusätzliche Einnahmen zu gewinnen, und glücklicherweise können sich auch einige Familien gut damit einrichten. Daneben findet sich mittlerweile eine Reihe von renovierten Häusern als Sommerwohnsitze und Pensionen von Familien, die sich seit der Umsiedelung andernorts etwas Wohlstand haben erarbeiten können. Außer in der Hochsaison gibt es deshalb mehr Betten, als sie von Wanderern nachgefragt werden. So steigt, ebenso wie in Ushguli, der Konkurrenzdruck, und die Einnahmen für die Anbieter, die ganzjährig in Adishi leben und so den Ort und die ihn umgebende Kulturlandschaft erhalten, sinken.

→ Kapitel 2: Kurze Geschichte Swanetiens – Die Winterkatastrophe von 1986/87 und die Umsiedelung nach Kvemo Kartli

Verfallenes Wohnhaus sowjetischer Bauart in Adishi

Renoviertes Wohnhaus mit großem Holzbalkon

Mestia–Ushguli (Tag 3): Von Adishi nach Iprari (18,7 km, 6–7 Std.)

Am Morgen steht, nachdem man ungefähr eine Stunde dem nach Nordosten weisenden, ausgeschilderten Pfad in Richtung „Khalde/Ipraal" gegangen ist, eine Überquerung des Adishchala an. Auf dem Weg dorthin waren bereits drei Zuflüsse zu passieren, der letzte über eine kleine Holzbrücke. Der Adischchala allerdings ist deutlich breiter und weist bereits hier eine hohe Strömungsgeschwindigkeit auf. Stürzt man an dieser Stelle, ist die folgende Tageshälfte eher verdorben, weshalb besser der hier angebotene Pferdedienst in Anspruch genommen werden sollte. Manche Gästehäuser, deren Bewohner ganzjährig in Adishi leben und deshalb über Pferde verfügen, bieten auch ab Adishi einen vollständigen Pferdetreck bis Ushguli binnen eines Tages an. Hinter dem Fluss ist der Pfad nicht zu verfehlen – er führt über Wald- und Wiesenstücke bergan bis zu einem schönen Aussichtspunkt auf etwa 2.400 m Höhe. Anschließend geht es durch Birken- und Rhododendrenbestände weiter hinauf zum Chkunderi-Pass (2.735 m). Die folgenden etwa eineinhalb Stunden Abstieg sind vielleicht ebenso anstrengend wie der bisherige Aufstieg, da der Pfad teilweise steil im Zickzack über alpine Matten und Wiesen nach unten springt. Er endet im Tal des Khaldeschala. Dort trifft man auf einen weiteren Wegweiser, der die Richtung bergab, immer am Khaldeschala entlang vorgibt.

Oberhalb der Siedlungsreste von Khalde gelangt man nach etwa 4 km zuerst an die Georgskirche von Khalde. Das Dorf erfährt erst in den letzten Jahren eine leichte sommerliche Belebung – es ist, ebenfalls infolge der schweren Schneefälle und Lawinenabgänge des Winters 1986/87, schwer beschädigt. Ende des 19. Jahrhunderts war es, als Zentrum eines Aufstandes gegen die russischen Besatzer, vollständig von zaristischen Truppen zerstört und erst in der Sowjetzeit mit der Gründung einer Kolchose wiederaufgebaut worden. Infolge dieser besonderen Geschichte findet man in Khalde nicht die sonst für das „Freie Swanetien" typischen Türme.

→ Kapitel 2: Kurze Geschichte Swanetiens – Der Kaukasus und Swanetien im Zarenreich

Eine kleine Stunde später wartet das Tagesziel, die Dorfgemeinschaft Kala mit dem Dorf Iprari. In den zur Talschaft von

Das Café „Tetnuldi" am Ortseingang von Adishi

Gästehaus „Nato" in Adishi

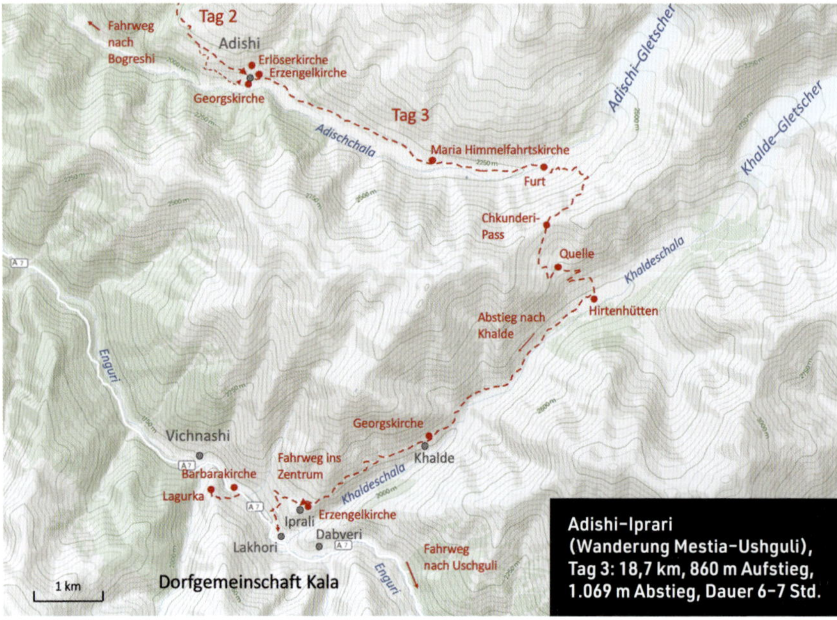

Adishi-Iprari (Wanderung Mestia-Ushguli), Tag 3: 18,7 km, 860 m Aufstieg, 1.069 m Abstieg, Dauer 6–7 Std.

→ Kapitel 7: *Off the beaten track* – Oberswanetien abseits der Trampelpfade entdecken – Die Dorfgemeinschaft Latali und ihre Umgebung erkunden – Volksreligion und Christentum

Kala gehörenden Dörfern gibt es wieder eine größere Auswahl an Gästehäusern, aus denen man am besten im Vorfeld gewählt hat, um sich nicht am Ende eines langen Tages noch auf Zimmersuche begeben zu müssen. Näher an der Straße, in dem Dorfe Lalkhori, findet sich auch ein kleiner Markt, wo man sich mit dem Nötigsten versorgen kann.

Auch die Dörfer der Dorfgemeinschaft Kala waren stark von den Folgen der Schneefälle im Winter 1986/87 und den damit verbundenen Umsiedelungen betroffen. Deswegen stehen viele Häuser leer neben denen, die nach und nach für den Sommertourismus belebt werden. Ein Blick in diese Häuser eröffnet zum Nachdenken anregende Eindrücke, weil immer noch deutlich ist, dass die Menschen nicht freiwillig umgezogen sind, sondern mehrere Generationen Leben und vor allem ihre Toten zurücklassen mussten.

Wer am Abend oder auch am folgenden Morgen noch Energie für eine gute Stunde Weg und Aufstieg auf die gegenüberliegenden Bergflanke übrig hat, kann das wichtigste Heiligtum gläubiger Swanen besuchen, die auf 1.875 m Höhe gelegene Kirche Lagurka. Die Kirche wurde von Tewdore, der sich selbst als Maler des Königs auf einer Darstellung auswies,

Wehrturm in Lakhori unterhalb des Dorfes Iprari

Regional typischer, zurückgelassener Waschtisch

Bett auf der Terrasse eines Hauses in Vichnashi

Verlassener Versammlungsraum eines Hauses in Vichnashi

im Jahr 1111 ausgemalt mit Szenen aus dem Festtagszyklus der georgisch-orthodoxen Kirche und den Kirchenpatronen und Schutzheiligen, dem heiligen Quiricus und seiner Mutter Julitta.

ⓘ **Die Klosterkirche Lagurka:** Die ummauerte Kirche wird über eine niedrige Pforte betreten. In einem Nebenbau ist ein großer Kessel zu sehen, der verwendet wird, um die bei den jährlichen Opferritualen getöteten Tiere zuzubereiten, die dann gemeinsam verzehrt werden. Der deutsche Schriftsteller und langjährige Leiter des Goethe-Instituts in Tbilisi, **Stephan Wackwitz**, beschreibt sein **Lagurka-Erlebnis** auf sehr eindrückliche Weise in dem Erzählband „Die vergessene Mitte der Welt: Unterwegs zwischen Tiflis, Baku, Eriwan". Rätselhaft ist ihm vor allem das **Nebeneinander von Christentum und dem ihm heidnisch vorkommendem Opferritual**, bei dem die Männer von Kala einen eineinhalb Tonnen schweren Stier umwerfen, um ihm anschließend die Kehle zu durchschneiden. Die Priester sind bei allen volksreligiösen Praktiken zunächst nicht anwesend und erscheinen auch völlig überflüssig während des Opferrituals. Den Kirchenraum danach scheinen sie aber umso vehementer zu verteidigen und deutlich machen zu wollen, dass die wahre Festlichkeit die in der Kirche sei. Während die Priester dann ihren Teil zelebrieren, sind die meisten Swanen schon beim Trinken auf den Wiesenflächen rings um Lagurka.
Bis in die 1990er Jahre hinein waren **religiöse Feste** wie das Lagurka-Fest am 29. Juli jeden Jahres nur auf die Bewohner der jeweiligen Talschaft oder gar des Dorfes, in dem die Kirche steht, begrenzt. Der **Kaukasiologe und Ethnologe Kevin Tuite** berichtet davon, dass ihm noch 1991 durch Einheimische aus Mestia deswegen von einem Besuch der Feierlichkeiten abgeraten wurde. Mittlerweile sieht man eine große Zahl von Rucksacktouristen unter den Teilnehmern an der Wall-

fahrt – religionsbezogene regionale Rituale werden so zugleich auch zu touristischen Ereignissen. Mit der **Unabhängigkeit im Jahr 1991** begann die **georgisch-orthodoxe Kirche** wieder die **Kontrolle über die regionalen Kirchen Georgiens** zu übernehmen, mit dem **Ziel, volkschristliche Religionspraktiken zu verdrängen**. In Swanetien ist das bis heute sicher am wenigsten gelungen. Ein weiterer aktueller Schritt, der Kirche zu mehr Einfluss zu verhelfen, ist eine Gesetzesvorbereitung der regierenden Partei. Sie hat das Ziel, der orthodoxen Kirche als Institution um jeden Kirchenbau im Land herum 20 Hektar Land aus staatlichem Grundeigentum zu übergeben. Damit würden 40 Prozent der staatlichen Waldflächen an die georgisch-orthodoxe Kirche übergehen. Dies hätte vor allem für Regionen mit vielen Kirchen wie Swanetien bedeutende negative Folgen für die Bergbauern. Begründet wird dies von führenden Politikern Georgiens damit, dass doch 90 Prozent der Einwohner des Landes orthodox seien. Entsprechend könne, was gut für die Kirche ist, doch nicht gegen die Georgier gerichtet sein. Im Gegenteil würde die pflegliche Wirkung der Kirche auf das Heil der Menschen so auch auf die Natur ausgeweitet werden.

LESETIPPS: Stephan Wackwitz (2014): „Die vergessene Mitte der Welt: Unterwegs zwischen Tiflis, Baku, Eriwan", S. Fischer-Verlag; OC-Media (2020): „Georgian parliament paves the way for swathes of forestland to be handed to Orthodox Church", OC-Media. https://oc-media.org/georgian-parliament-paves-the-way-for-swathes-of-forestland-to-be-handed-to-orthodox-church/

Mestia–Ushguli (Tag 4): Von Iprari nach Ushguli
(12,4 km, 4–5 Std.)

Der letzte Abschnitt des Weges zur Dorfgemeinschaft Ushguli verläuft auf etwa 2.100 m Höhe hangparallel zum tief unterhalb liegenden Enguri und dem sich an diesem entlangschlängelnden Fahrweg. Manche Wanderer gehen von Kala an, um schneller voranzukommen, auch auf dem Fahrweg. Dies ist allerdings nur dann zu empfehlen, wenn man früh am Morgen loskommt, da ab 8 Uhr die Tagesausflügler mit Fahrzeugen von Mestia in Richtung Ushguli starten und Kala etwa nach eineinhalb Stunden erreichen. Folgt man dem Pfad oberhalb des Fahrweges, muss man erst 3 km vor Ushguli zu diesem hinabsteigen oder kann sich, mit Blick auf Ushguli, für den Rest der Strecke auch einen Viehtritt leicht oberhalb suchen.

Hat man in Iprari übernachtet, geht es von dort am Morgen, zunächst dem Wegweiser in Richtung „Ushguli/Kala" folgend, etwa eine halbe Stunde auf einem Fahrweg bergab. Anschließend wird in Lalkhori der Khaldeschala über eine Holzbrücke gequert und man folgt, auf dieser Höhe bleibend, dem Pfad am oberen Ortsrand von Davberi vorbei bergan.

Bis dorthin sind zwei Viehzäune über Trittleitern oder Stiegen zu überwinden. Oberhalb von Davberi hat man einen schönen Blick über die Talschaft von Kala und das in Richtung Ushguli verlaufende Enguri-Tal. Man folgt dem Pfad, über Weidflächen hinweg, bis hoch an den Grat, hinter dem die südöstliche Flanke des Khaldeschala abfällt. Der Weg nähert sich nun immer mehr dem oberhalb liegenden Waldstück, bis er in einem kur-

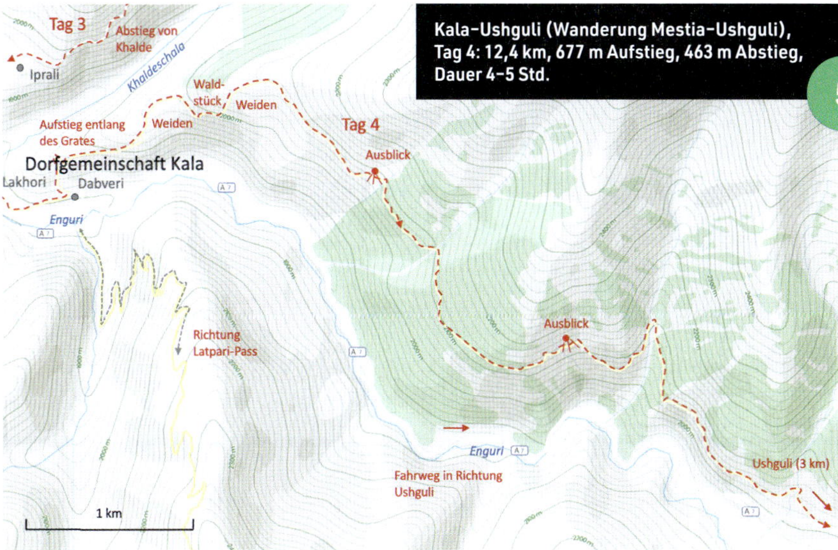

Kala-Ushguli (Wanderung Mestia-Ushguli), Tag 4: 12,4 km, 677 m Aufstieg, 463 m Abstieg, Dauer 4-5 Std.

zen Abschnitt durch dieses hindurchführt. Anschließend gabelt er sich und man folgt dem rechten Pfad nach einer alten, auf einem Stein angebrachten Markierung. Nun geht es zunächst durch ein kurzes Waldstück, dann wieder über offene Weiden und anschließend etwas länger durch den Wald entlang bis zu einer exponierten Stelle auf dem flachen Abschnitt eines abfallenden Rückens, von der aus man einen guten Blick über das Enguri-Tal hat. Im folgenden längeren Waldabschnitt findet sich nur ein weiterer Abzweig. Hier geht es nach links, da sich der rechte Pfad bald im Wald verliert. Fortan ist der Weg nicht mehr zu verfehlen, obwohl sich nur noch spärliche Markierungen finden. Die sich an die Waldabschnitte anschließenden Wiesenstücke sind etwas schwieriger zu begehen. Ungefähr 2 km vor Murkmeli, dem ersten Dorf Ushgulis, fällt der Pfad mit dem Fahrweg zusammen.

In der Dorfgemeinschaft Ushguli finden sich an der Brücke, die über den Enguri führt, ganztags genügend Fahrzeuge, um den Rückweg nach Mestia anzutreten, und mehrere Möglichkeiten zur Einkehr. Hat man einen weiteren Tag Zeit, sollte man sich einen Rundgang durch die meistfotografierte Dorfgemeinschaft Georgiens nicht entgehen lassen, weil sich dort idealtypisch das gesamte kulturelle Erbe Swanetiens und die gewaltigen Umbrüche, denen das Leben der Menschen ausgesetzt ist, erleben und verstehen lassen.

→ Kapitel 6: Ushguli erleben

Blick auf Davberi und den oberhalb verlaufenden Pfad in Richtung Ushguli

6 Ushguli erleben

Die Dörfer Chvibiani und Jibiani im Sommer, im Hintergrund das Felsmassiv des Shkhara

Ushguli ist das ersehnte Ziel von vielen Georgienbesuchern. Sie wollen den Ort mit eigenen Augen sehen, von dem vielfach geschrieben wird, dass er **am Rande der Zeit** überdauert habe. Auch in Georgien bekommt man häufig zu hören, dass das Leben in Ushguli, vor allem im Winter, wie in einem Märchen sei. Die Dorfgemeinschaft gilt als **einer der höchstgelegenen, dauerhaft besiedelten Orte Europas**. In der Sprache der Swanen bedeutet „Ushguli" wehrhaftes oder mutiges Herz – das sagt auch heute noch einiges über die dauerhaften Bewohner Ushgulis aus.

Natela und Roland Dschelidze sind aus Stefan Tolz' Film „Männerwelten im Kaukasus" bekannt

Samir Ratiani hat sein ganzes Leben in Ushguli verbracht

Kinder in Jibiani räumen den Schnee vom Dach eines alten Wohn- und Stallgebäudes

Ushguli als Idealbild swanetischer Bergdörfer: In Ushguli begegnet man einem Kulturraum, in dem sich, wie in der UNESCO-Auszeichnung beschrieben, eine Architektur mittelalterlichen Ursprungs auf einzigartige Weise mit einer beindruckenden, authentischen Berglandschaft verbindet. All das habe sich erhalten, weil die Menschen dort bis heute eine traditionelle Bergbauernwirtschaft betreiben. Allerdings führt die UNESCO-Auszeichnung dazu, dass sich wegen des touristischen Zustroms dieser Kulturraum verändert. Darüber sind viele der Einwohner Ushgulis durchaus erfreut, weil heute niemand mehr wie früher leben möchte und das Leben leichter werden soll. Entscheiden werden und müssen die Einwohner Ushgulis selbst, wie ihr Leben in der Zukunft aussehen soll.

Tipp/Hintergrund: Der Berliner Fotograf Wolfgang Korall hat in den späten 1980er Jahren mehrfach Swanetien bereist, trotzdem die Region für ausländische Reisende gesperrt war. Durch die Bekanntschaft mit einer Familie aus Mestia gelang es ihm, einmalig tiefe Einblicke in eine Gesellschaft zu gewinnen, die sich in dieser Zeit noch mehr von ihrer traditionellen Kultur bewahrt hatte, als dies heute der Fall ist. Die dabei entstandenen Porträts und Fotografien sowohl des Alltaglebens als auch der Festtage gehören zu den eindrucksvollsten Aufzeichnungen swanetischer Kultur in der Moderne. Sein Bildband „Swanetien. Abschied von der Zeit" (1991) mit Texten und Fotografien des Autors ist im Handel vergriffen. Infos und letzte Exemplare im Neuzustand direkt vom Autor: www.wolfgangkorall.de.

Annäherung an Ushguli

Nur wenige Tage im Winter selbst bei gutem Wetter genügen, um eine Vorstellung davon zu gewinnen, was es an versehrender körperlicher und seelischer Anstrengung bedeuten mag, heute noch das ganze Jahr in Ushguli auszuharren. Dieses Ausharren entscheidet für viele Einwohner darüber, ob jemand wirklich zu Ushguli gehört oder nicht. Verurteilen wird hier niemand diejenigen Verwandten und Nachbarn, die nach der Schneekatastrophe im Winter 1986/87 dem Angebot des Staates gefolgt waren, im Flachland zu siedeln. Auch denjenigen, die in den schlimmen 1990er Jahren nach dem Zerfall der Sowjetunion aus dem von kriminellen Banden kontrollierten swanetischen Hochland flohen, wird niemand einen Vorwurf machen. Und es spricht auch niemand abschätzig über die, die Anfang der 2000er Jahre endgültig aufgaben, damit ihre Kinder im Süden Tbilisis eine Chance auf eine Zukunft mit höheren Bildungsabschlüssen erhielten. Jeder hat Verständnis für die Entscheidung der Abgewanderten. Aber zu Ushguli gehören sie für die Zurückgebliebenen nicht mehr wirklich.

→ Kapitel 2: Kurze Geschichte Swanetiens – Die Winterkatastrophe 1986/87, Der Zusammenbruch der Sowjetunion

Spricht man mit denen, die im Sommer wegen der Touristen zurückströmen, um die Grundstücke ihrer Vorfahren mit Gästehäusern zu bebauen oder die alten Gebäude zu renovieren, gewinnt man den Eindruck, dass es nicht nur wirtschaftliche Gründe sind, die sie antreiben: Sie spüren auch ein wenig ihrer Kindheit nach, wünschen sich für ihre eigenen Kinder, dass diese ein Gefühl davon gewinnen, was es bedeutet, einmal zu Ushguli gehört zu haben.

„Man kann nicht den Fluss durchqueren, ohne sich die Füße nass zu machen!" In diesen Worten beschreibt es Temraz Nizharadze, der letzte Direktor der Kolchose von Ushguli. Und Samir Ratiani, der ebenfalls sein ganzes Leben in Ushguli verbracht hat, erklärt, dass nur der zu Ushguli gehöre, der all die Arbeit auch verrichten könne, die nötig ist, um hier oben zu überleben – das Arbeiten mit Stein und Holz, das Mähen der Weiden von Hand im Herbst, das Holzmachen und mühsame Heizen, das Aufziehen und Pflegen, das Schlachten der Tiere. Mareisha Nizharadze zog nach ihrer Heirat nach Ushguli. Sie hat dort als erste und einzige Hebamme alle Kinder seit den späten 1970er Jahren zur Welt gebracht, weshalb alle Mädchen zumindest als Zweitnamen aus Dankbarkeit der Eltern auch Mareishas Namen tragen. Sie erzählt, sie habe im ersten Jahr, das sie hier verbrachte, nur geweint, weil das Leben so schwer sei

Die frühere Hebamme Mareisha Nizharadze mit Sohn Giorgi und Ehemann Saur im Wohnzimmer ihres Gästehauses „Zhareda"

in Ushguli, vor allem für die ohne eine Pause arbeitenden Frauen. Und doch drücken alle aus, oft im selben Satz, in dem sie es beklagen, wie sehr sie den Anblick der Berge, den Wechsel von Sonne und Regen im Tagesgang, den der Jahreszeiten, die Einsamkeit und Ruhe, die saubere Luft und das Wasser lieben, sowie die Reinheit aller Nahrung, mit der sie sich selbst versorgen.

Damit belohnt Ushguli die, die sich mit ihrem mutigen Herzen auch die glücklichen Tage verdienen. Ein bisschen davon wünschen sich die meisten Besucher wohl zu erhaschen, etwas vom Außergewöhnlichen, vom Ursprünglichen, von einem Leben, das ganz nah an den alltäglichen Dingen ist. Ein Leben, das für die, die danach suchen, etwas ganz Besonderes bedeutet, während es für die, die in Ushguli leben, einfach nur gewöhnlicher Alltag ist. Wie das nun zusammengehen und Ushguli dabei erhalten werden soll, das ist eigentlich allen ein Rätsel. Den Be-

Blick auf das Dorf Murkmeli im Winter

suchern ebenso wie den Bewohnern Ushgulis – den dauerhaften und den zeitweisen. Sich Ushguli anzunähern, das bedeutet ganz unvermeidbar, mit dem Rätselhaften konfrontiert zu werden, das viele ergreift, die hier landen und die sich fragen, was sie von solch einem Raum der Widersprüche mitnehmen und was sie ihm geben können.

Die Ortsteile Ushgulis im Überblick

Die Dorfgemeinschaft Ushguli besteht aus den Dörfern Murkmeli, Chazhashi, Chvibiani und Jibiani.

Die strategische Bedeutung Ushgulis am Oberlauf des Enguri-Tals ist erkennbar an seiner Ausstattung mit einem Kloster, einem Kastell und einer Schutzburg oberhalb der Dorfgemeinschaft.

Ushguli als bekannteste Dorfgemeinschaft unter den Bergdörfern Swanetiens besteht aus den vier Dörfern Murkmeli, Chazhashi, Chvibiani und Jibiani, die über eine Strecke von knapp 2 km entlang des oberen Endes des Enguri-Tals verteilt liegen. Gelangt man von Mestia aus mit einer der Sammeltaxen, die den Hauptplatz ab acht Uhr morgens dort verlassen, nach knapp zweieinhalb Stunden Fahrt in Ushguli an, erblickt man zuerst das unterste Dorf Murkmeli. Es liegt am Ufer des Enguri in knapp 2.100 m Höhe unterhalb eines langen Hanges. Murkmeli wurde während der katastrophalen Schneefälle im Winter 1986/87 durch Lawinen am stärksten zerstört und hatte entsprechend die meisten Toten zu beklagen. So verließen in den folgenden Jahren die meisten Familien Murkmeli aus Angst vor möglichen weiteren Lawinenabgängen.

In Anbetracht der Gefährdung der Lage durch Naturereignisse wie Hangrutsche oder Lawinenabgänge ist man freilich

Anblick von Murkmeli mit zerstörten Gebäuden im Vordergrund

Blick auf baumlose Weiden und Äcker oberhalb Murkmelis

überrascht davon, dass die Bewohner Ushgulis offenbar nie Sorge dafür getragen hatten, in all den Jahrhunderten der Geschichte des seit dem 6. Jahrhundert besiedelten Ortes, einen Bannwald zum Schutz vor Lawinen zu erhalten. Dies lässt sich dadurch erklären, dass die heutigen Weide- und Ackerflächenflächen, die durch die Rodung des Hochgebirgswaldes entstanden, im sonst steilen Enguri-Tal zum einen relativ flach abfallende und damit landwirtschaftlich nutzbare Flächen bieten. Zum anderen sind sie nach Süden und damit zur Sonne hin ausgerichtet, so dass sich dort Gerste auf ausreichend ausgebildeten Böden anbauen ließ. Bereits mit dem ersten Blick auf Ushguli entfaltet sich also sogleich das Dilemma eines Lebens, das nur mit einer Wirtschaftsweise erkauft werden kann, die die Menschen im Winter einer permanenten Todesgefahr aussetzte. Mit der massiven Architektur der Türme, dies ist eine der Deutungen, versuchte man einen Schutzraum zu schaffen, der im Fußbereich der Wucht der Lawinen standhielt. So konnte man, im Falle eines rechtzeitigen Erkennens der Gefahr, über die nach oben führenden Stockwerke fliehen.

Nach Murkmeli folgt das Dorf Chazhashi, das seit 1996 Teil des UNESCO-Weltkulturerbes ist und in der Sowjetunion seit 1971 als Ushguli-Chazhashi-Museum geschützt war. Dort zeigen sich die mittelalterlichen Wehrtürme noch in einem weitestgehend geschlossenen Ensemble mit den traditionellen Wohnhäusern Swanetiens.

→ Kapitel 3: Das architektonische (Welt-)Erbe Swanetiens

Folgt man dem Fahrweg weiter, gelangt man bald an die Stelle, an der sich in den Sommermonaten bisweilen alles staut: Auf Höhe von Chazhashi führen zwei Brücken über den Enguri. Um nach Chvibiani und Jibiani zu gelangen, muss man die größere der beiden überqueren. Hier parken die meisten Fahrzeuge, welche die Tagesausflügler nach Ushguli bringen, und warten auf diese oder andere Besucher – wie etwa die Wanderer, die die Strecke von Mestia nach Ushguli innerhalb einer vier- bis fünftägigen Tour zurücklegen.

→ Kapitel 5: Klassische Wanderungen in Oberswanetien – Von Mestia nach Ushguli – die beliebteste Wanderung in Oberswanetien

Auf Chvibiani, das einige schöne Beispiele für mittelalterliche Gebäude und Sowjetarchitektur bietet, folgt das Dorf Jibiani. Dieses liegt auf fast 2.200 m Höhe über dem Meeresspiegel und nur 8 km unterhalb des Gletschers des Berges Shkhara, dem der Enguri entfließt. Einen Blick auf den Shkhara, den dritthöchsten Gipfel des Großen Kaukasus und höchsten Berg Georgiens,

An der Brücke zwischen Chazhashi und Chvibiani warten Fahrer auf Touristen

Fußweg zwischen Chvibiani und Jibiani im Herbst

Die vier Dörfer der Dorfgemeinschaft Ushguli in Oberswanetien

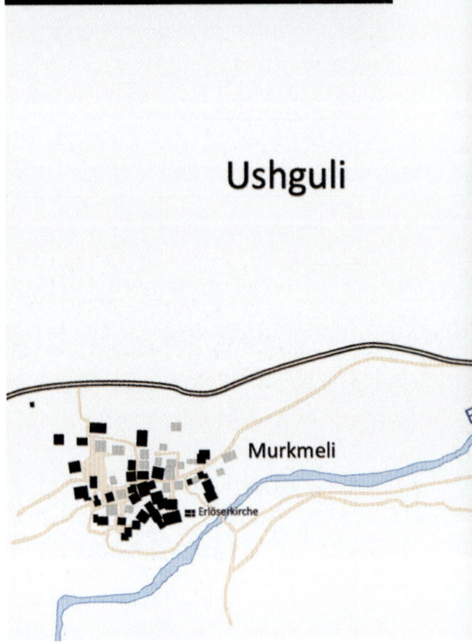

zu werfen, ist das Ziel der meisten Besucher, die nur für einen Tag nach Ushguli kommen.

Ungefähr 150 Menschen leben dauerhaft in den Ortsteilen der Dorfgemeinschaft. Während der touristischen Hauptsaison im Sommer steigt die Bewohnerzahl auf mehr als das Doppelte an.

Seit 2019/20 ist mit dem Ausbau der Straße von Mestia ein langsam zunehmender Wintertourismus für Skitourengeher in Ushguli zu verzeichnen.

Im Winter sind all jene, die Ushguli seit Ende der 1980er Jahre verlassen hatten, wieder weg – die meisten nach Tbilisi oder in die Städte und Dörfer der Region Kvemo Kartli (Niederkartlien). Denn mit Schulbeginn im Herbst wird es kalt und bald fällt der erste Schnee. Zurück bleiben diejenigen, die das Leben in den Bergen, so hart es auch sein mag, bevorzugen und nicht missen wollen – aber auch diejenigen, die schlicht nicht über die Möglichkeiten verfügen, sich andernorts etwas Neues aufzubauen, weil alles, was sie überhaupt besitzen, dort oben liegt.

Beide Gruppen müssen sich begnügen mit einem Leben, das geringe Zukunftsperspektiven hat und das vor allem im Winter weit entfernt davon ist, märchenhafte Züge zu tragen. Ein Leben, das sich in vielen Fällen an der Armutsgrenze bewegt und abgeschnitten ist von medizinischer Versorgung und politischer Teilhabe. Denn für bis zu sechs Monate im Jahr kommt das Leben in Ushguli zur Ruhe. Dann liegt Schnee und kleine Lawi-

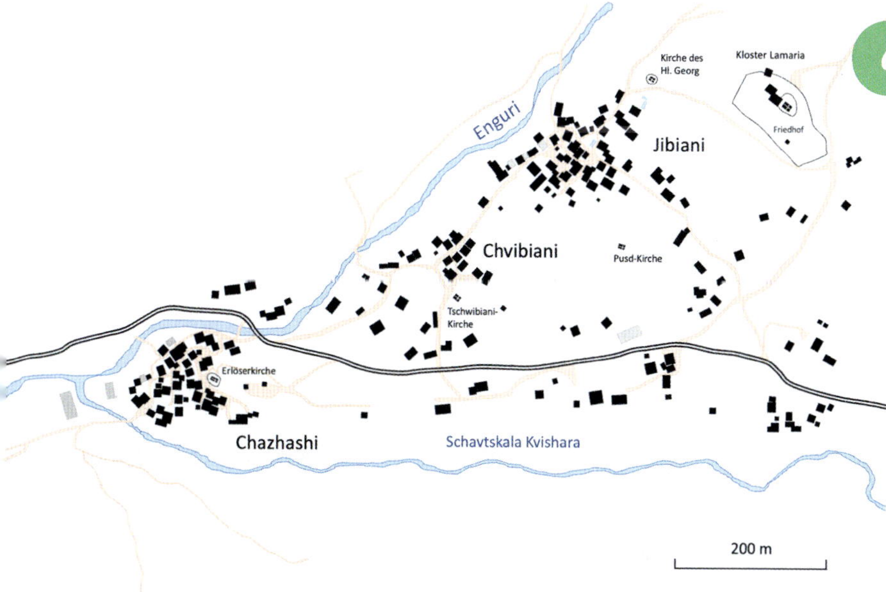

nenabgänge versperren häufig die Straße in die 44 km entfernte Regionshauptstadt Mestia. Nicht selten sind die Menschen über viele Tage hinweg auch von der Stromversorgung abgeschnitten. Die Wintertouristen bemerken von all dem wenig, da sie sich tagsüber im Schnee befinden und selten durch die Dörfer gehen – zumal die Wege häufig durch das Vieh, vor allem die mächtigen Stiere, versperrt sind. Und den Abend verbringen die Urlauber im oft einzig beheizten Raum, dem Speisesaal, wie auf jeder anderen Hütte in den Bergen, während im Hintergrund ein Dieselgenerator die Stromausfälle überbrückt.

Unterkunft nehmen und wohnen in Ushguli

Die meisten Besucher Ushqulis verbringen nur einen Nachmittag in der Dorfgemeinschaft.

Viele Georgienbesucher haben für Ushguli nur einen Nachmittag Zeit, weil die Anreise nach Mestia bereits einen Tag in Anspruch nimmt – egal ob man von Tbilisi oder Kutaisi aufbricht. Da die Fahrt von Mestia nach Ushguli mittlerweile nur noch etwa zweieinhalb Stunden dauert, bleiben für die Besichtigung und einen möglichen Spaziergang zum Shkhara inklusive Rückfahrt nach Mestia somit zumindest sechs bis acht Stunden. Ein Großteil dieser Besucher, so liest man auf den verschiedenen sozialen Plattformen im Internet, hält diese Zeit auch für ausrei-

Die Familie von Simon und Natela Dschelidze betreibt das Gästehaus „Riho" in Ushguli

Die traditionelle Käsezubereitung erfolgt täglich im Anschluss an das Melken

chend, da Ushguli nicht groß und dort entsprechend nicht viel zu besichtigen sei. Ohne Übernachtung in Ushguli vergibt man allerdings die Chance darauf, ein wenig zum Kern dessen vorzustoßen, weswegen man gekommen ist – nämlich das Alltägliche zu erspüren und zumindest ein wenig davon zu verstehen, wie es kommen konnte, dass sich ein solcher Ort erhalten hat in einer sonst fast durchweg modernisierten Welt.

Zum anderen kann man nichts dazu beitragen, den Einwohnern zu ermöglichen, ihr Leben an diesem Ort vor dem Verfall zu bewahren. Denn die Tagesbesucher lassen, abgesehen von geringen Ausgaben für Mahlzeiten oder Getränke, nichts zurück, was Investitionen in die Zukunft eröffnen könnte.

Viele der Wehrtürme außerhalb von Chazhashi sind einsturzgefährdet, weil es keine staatliche Förderung zu deren Erhalt gibt.

Wie knapp das Geld ist, sollte weiterhin der Großteil der Besucher aus dem Ausland nur für einen Tag bleiben, zeigt sich auch daran, dass Einwohner im August 2019 aus Protest wegen des Einsturzes eines weiteren Turmes die Straße von Mestia nach Ushguli für mehrere Stunden blockierten. Die Familien können ihr kulturelles Erbe aus eigenen Mitteln nicht erhalten. Vom Staat kommt bislang – mit Ausnahme der Anfangsjahre der Saakaschwili-Regierung – keine finanzielle Unterstützung hierfür, da auch ihm die Einnahmen fehlen. Die UNESCO schließlich fördert den Erhalt kulturellen Erbes nicht finanziell, während die Auflagen für eine denkmalgerechte Sanierung hoch sind. Erlaubt es der Reiseplan, etwas länger zu bleiben und damit auch die Einwohner, ihre Gastfreundschaft und etwas von ihrer Geschichte kennenzulernen, ließe sich damit ein kleiner Beitrag zum Erhalt Ushgulis leisten.

Arten von Unterkünften in Ushguli: *homestay*, „Ferienwohnung", *tiny house*, Hotel, Pension

Die Unterkünfte lassen sich unterscheiden nach den Gruppen der Bewohner, auf die man im Sommer in Ushguli trifft. Denn diese bieten, abhängig von ihren finanziellen Mitteln und davon, ob sie auch den Winter in Ushguli verbringen, unterschiedliche Arten von Unterbringung an. Die dauerhaft in Ushguli lebenden Familien bringen ihre Gäste innerhalb ihrer eigenen Häuser unter. In der Sowjetzeit wurden die traditionellen Wohn- und Stallgebäude und Türme seit den 1940er Jahren entweder verlassen und man baute neu oder sie wurden so umgebaut, dass reine Wohngebäude entstanden. Diese verfügten über großzügige, vorgebaute Terrassen und Balkone, über die die einzelnen, nebeneinander liegenden Zimmer getrennt erreichbar sind. Da die Größe der Familien gesunken ist, entstehen so abgeschlossene Gästezimmer. Oftmals haben die Eigentümer in den 1980er Jahren wegen Familienzuwachses oder seit den 2000er Jahren

Wohnhaus oberhalb von Chazhashi, in der Mitte ist der ehemalige Turm zu erkennen, der umbaut und mit Balkonen erweitert wurde

mit Aussicht auf touristische Einkünfte angebaut oder aufgestockt, so dass neue Zimmer entstanden.

Wählt man eine solche Unterkunft, die man als eine Art „homestay" bezeichnen kann, hat man die Möglichkeit, auch ein wenig am Familienleben teilzunehmen. So kann man mitbekommen, wie Lebensmittel gewonnen und verarbeitet werden, das Essen zubereitet wird oder wie die Nutztierhaltung erfolgt. Da die swanische Kultur auch viele Sängerinnen und Sänger hervorbringt, kann es sein, dass man in den Genuss von musikalischer Abendunterhaltung kommt, die einem sicher in Erinnerung bleiben wird. Der Standard ist zwischen den verschiedenen Anbietern vergleichbar, was Unterbringung und Mahlzeiten angeht, da die Möglichkeiten der dauerhaft in Ushguli wohnenden Bevölkerung vergleichbar sind. Man erkennt solche Anbieter meist daran, dass ältere oder alte Menschen noch mit im Haus wohnen. Daneben gibt es aber auch jüngere oder Bewohner mittleren Alters, die dauerhaft in Ushguli

Zum Speisesaal erweiterter und umgebauter früherer Balkon im Gästehaus „Riho"

Reich gedeckter Tisch mit traditionellem Frühstück, wie man es in jedem Gästehaus erhält

leben – diese verfügen oft über ein staatliches Einkommen, weil sie als Lehrkräfte beschäftigt sind oder bei Polizei und Grenzschutz arbeiten. Alle aber sind auf die zusätzlichen Einnahmen aus der Unterbringung von Touristen angewiesen und darauf, Viehhaltung, Gemüse- und oft auch Kartoffelanbau zur Selbstversorgung zu betreiben.

Viele der dauerhaft in der Dorfgemeinschaft lebenden Menschen sind glücklich, im Sommer wieder das ihnen von früher bekannte Familienleben in Ushguli erleben zu dürfen, weil Familienmitglieder, die in anderen Landesteilen Georgiens leben, in den Ferien in die Berge kommen. Entsprechend kann es in

Art der Unterkunft	„homestay"	„Ferienwohnung"/ „tiny house"	Hotel/„Pension"
Betreiber	Anbieter leben ganzjährig in Ushguli	Anbieter leben nur im Sommer in Ushguli	Anbieter leben nur im Sommer in Ushguli
Einbindung in die Alltagskultur	hoch: Anbieter betreiben Landwirtschaft und Gartenbau mit Arbeiten im jahreszeitlichen Verlauf, halten Nutzvieh wie Kühe, Pferde und Schweine, pflegen ganzjährig soziales und kulturelles Leben	mittel bis gering, im Hochsommer etwas höher durch Beherbergung eigener Familienmitglieder	
Kalte und warme Mahlzeiten	durchweg in vergleichbarer Qualität vorhanden: traditionelle georgische und swanische Gerichte, Halbpension mit Frühstück und Abendessen ist üblich		
Voll ausgestattete Einzel-, Doppel- und Mehrbettzimmer	durchweg in vergleichbarer Qualität vorhanden, Größe und zusätzliche Ausstattung wie Schrank, Tische, Stühle oder Sessel sind abhängig von der Unterkunft		
Externe Duschen und Waschräume	durchweg vorhanden		
Stromversorgung und WLAN	grundsätzlich vorhanden, aber abhängig von der unsicheren Stromversorgung Ushgulis und bereits erfolgtem Verbrauch an Datenvolumen durch die Gäste, wenige Unterkünfte verfügen über einen kraftstoffbetriebenen Generator		
Aufenthaltsraum	abhängig von der Unterkunft	gegeben, ggf. auf Terrasse oder Freifläche	gegeben
externer Speiseraum	abhängig von der Unterkunft	gegeben, ggf. auf Terrasse oder Freifläche	gegeben
Zusätzliche Leistungen (Pferdeverleih, Wanderführer, Vermittlung der Fahrt von/nach Mestia)	abhängig von der Unterkunft, durchgehend vermittelbar oder vorhanden		

solchen Unterkünften schon mal etwas lebhaft zugehen. Als Gast hat man die Gelegenheit sich mit der englischsprechenden Jugend und den immer höflichen, offenen und kontaktfreudigen Kindern auszutauschen. Auf diesem Weg kann mehr über das Leben in Swanetien und Georgien und darüber, was sich die Menschen für ihre Zukunft erhoffen, erfahren werden. **So erzählen der 1932 geborene Dawid Charkviani und seine Frau Schura, dass im Sommer das Haus die ganze Zeit über voll sei**. Ohne den Tourismus würde es alles hier nicht mehr geben. So sähen sie im Sommer endlich wieder ihre vier Söhne, deren Kinder und Enkelkinder. Im Sommer seien sie glücklich und lachten die ganze Zeit, da dann etwas von dem früheren Leben nach Ushguli zurückkomme. Im Winter sei es dann wieder ruhig und oft auch einsam.

Mit den **Unterkünften in den dauerhaft bewohnten Familienhäusern**, einer Art Mischung aus Ferien auf dem Bauernhof und Wander- und Ökotourismus, sind große **Hoffnungen für einen nachhaltigen Tourismus** verbunden. Denn es sind die Einwohner, die ganzjährig in Ushguli leben, die den **Erhalt der Kulturlandschaft** garantieren. Ohne diese gäbe es weder Pferde noch Kühe oder Schweine vor Ort, würden die Weiden nicht gemäht und es gäbe das typische Essen nicht, das man dort oben als Besucher genießen darf. Die alten Steingebäude könnten kaum mehr erhalten werden und es würde binnen kürzester Zeit noch mehr an Konsummüll anfallen, weil die kleinen Landwirtschaften verfielen und niemand mehr die vor Ort verzehrte Nahrung selbst herstellen würde.

Drei Generationen im Gespräch vor dem Gästehaus „Chvibiani", im Mittelpunkt die Senioren Schura und Dawid Charkviani

Dorfszene in Jibiani

Bevorzugt man hingegen klar abgetrennte Unterkünfte, in denen man nur mit anderen Reisenden zu tun hat, lässt sich zwischen zwei weiteren Arten von Unterkünften wählen (siehe Tabelle S. 135). Diese werden von Familien betrieben, die lediglich den Sommer in Ushguli verbringen. Seit dem Aufschwung des Tourismus in Georgien, der seit etwa 2010 auch Swanetien erfasst, kehren immer mehr frühere Einwohner zurück in die Region, was sich in verstärkter Bautätigkeit vor allem in Mestia und Ushguli zeigt. Dies verändert die Ortsbilder dort nachhaltig – eine Entwicklung, die sich vor allem seit 2017 dramatisch beschleunigt.

So sind zum einen durch Familien, die über größeres Investitionspotenzial verfügen, Hotels oder Pensionen ähnliche Unterkünfte entstanden, die Gebäuden in den europäischen Alpen gleichen und Gastgeber, Angestellte und Gäste räumlich klar trennen. Zum anderen gibt es eingeschossige neue Gebäude, die eher festen Unterkünften auf Campingplätzen ähneln wie kleinen „Ferienwohnungen“ oder „tiny houses“, für Touristen, die ohne Zelt unterwegs sind – in der Regel bestehen diese nur aus einem Raum. Auch hier können alle Mahlzeiten eingenommen werden.

Entgegen vieler Kommentare auf sozialen Plattformen sind alle zusätzlichen Angebote wie das Mieten von Wanderführern oder Pferden mit Begleitern nicht zentral organisiert. Es ist also nicht so, dass man das eine oder andere hier oder dort weniger leicht erhält oder bei dem einen oder anderen Angebot mehr oder weniger gedrängt würde, zusätzliche Angebote in Anspruch zu nehmen. Alles kann bei jeder Unterkunft gebucht werden, da ohnehin nur die dauerhaft in Ushguli lebenden Bewohner über Pferde und genügend Erfahrung in den Bergen für längere Touren verfügen. Durchgeführt werden diese Touren fast immer von den jüngeren Familienmitgliedern, die im Sommer dazukommen und über Englischkenntnisse verfügen.

Aufgestocktes Familiengästehaus „Miranda" mit abgetrenntem Gästebereich

Feste Unterkünfte in Jibiani mit Zeltplatz, im Hintergrund das Kloster Lamaria

Hotelbau in Chvibiani

ⓘ **Hintergrund zu Unterkünften und wirtschaftlichen Bedingungen der Gastgeber:** In der Regel erfolgen alle Buchungen von Übernachtungen in den Bergdörfern Swanetiens über **Buchungsplattformen im Internet**. Hierbei sollte man sich nicht fehlleiten lassen von den **Beurteilungen von Gästen**. Denn viele Touristen schätzen aufgrund nur oberflächlicher Informationen über die wirtschaftlichen Gegebenheiten in Georgien die Rahmenbedingungen einer Privatunterkunft falsch ein, da sie denken, dass die dort verlangten Preise realen Preisen entsprächen. Manche, die negative Kommentare verfassen, sehen sich wohl in erster Linie als zahlende Kunden, die davon ausgehen, einen bestimmten Standard an Service fordern zu können. Die Übernachtungspreise in Ushguli sind allerdings, ebenso wie in den anderen Bergdörfern, wegen des hohen Konkurrenzdrucks dauerhaft zu niedrig. Denn die Urlauber erwarten dieselben Preise, die sie im georgischen Flachland oder zentral gelegenen Regionen erhalten, obwohl die **Lebenshaltungskosten in entfernt gelegenen Regionen** wegen der höheren Transportkosten für alles Material **deutlich höher** sind. So verfügen die Gastgeber in Ushguli selten über die Möglichkeit, in Komfortstandards zu investieren, die andernorts zu niedrigeren Preisen verfügbar sind. Einen Privatkredit in Georgien für eine für westliche Verhältnisse niedrige Summe wie 1.000 USD aufzunehmen, ist riskant, weil der Zinssatz zwischen 20 und 25 Prozent pro Jahr liegt bei einer Laufzeit von drei bis vier Jahren. Die Gastgeber arbeiten wegen der prekären wirtschaftlichen Umstände in der Regel rund um die Uhr, sind dabei überaus gastfreundlich und bemühen sich sehr um die Personen, die bei ihnen wohnen. Es lässt sich gewiss für fast jeden Geschmack in Ushguli eine Unter-

kunft finden, sofern man keine vollen westlichen Urlaubsstandards erwartet.

Nur eine Regel sollte man unbedingt befolgen: Da die **Buchung in der Regel über Internetplattformen** erfolgt, sollte man sie, sofern man die Reservierung nicht wahrnimmt, immer über die entsprechende Plattform **rechtzeitig stornieren. In Ushguli gibt es für die Einwohner weder eine stabile Strom- noch Internetversorgung. Sie können von Ushguli aus ihre Accounts weder von ihren Englischkenntnissen noch von den digitalen logistischen Voraussetzungen her umfassend betreuen. Das hat die Folge, dass die Anbieter für jede nicht stornierte Buchung die Servicegebühr von um die 15 Prozent an den jeweiligen Plattformbetreiber zahlen müssen, so dass sich ihre Einnahmen zusätzlich reduzieren**. Denn auf die üblichen Kreditkartengarantien haben sie keinen Zugriff. Weitere Schwierigkeiten bereiten den Anbietern die auf den meisten der genutzten Plattform integrierten **Logarithmen, die durch Preisvergleich die Preise nach unten drücken**. Hier ist man besser beraten, großzügig zu sein, denn im Vergleich zu europäischen Reisezielen sind die **Übernachtungskosten in Georgien** doch **sehr niedrig**. Zu guter Letzt bringt man am besten auch seine eigene georgische Sim-Karte mit, da vor Ort das **WLAN für die Anbieter der Unterkünfte nicht kostenlos** ist. Ist ihr Datenvolumen verbraucht, müssen sie nach Mestia fahren, um es aufzuladen, weil es in der Regel keine Möglichkeit gibt, dies online zu tun. So senken Touristen, die den angebotenen „kostenlosen" Zugang ausgiebig nutzen, die Einnahmen für Übernachtungen und Mahlzeiten oft drastisch. Reist man mit eigener georgischer Sim-Karte, hat man immer eigenes Internet zu Preisen, die beispielsweise im Vergleich mit Deutschland, erfreulich niedrig sind.

Doppelturm der Familie Charkviani in Chvibiani (vgl. Zeichnung S. 154)

Ein Nachmittag für Ushguli und seine Umgebung

Einen Blick auf Ushguli und den Gletscher werfen – Der Weg zum Shkhara (6–8 Std.)

Während der Hochsaison stehen immer genügend Fahrer mit Fahrzeugen an der Brücke, so dass man beliebig einsteigen kann für die Rückfahrt.

Verlässt man am Morgen zwischen acht und zehn Uhr Mestia in einem der kleinen allradgetriebenen Busse, in denen bis zu sechs Personen Platz finden, gelangt man binnen zweieinhalb Stunden nach Ushguli inklusive kleiner Zwischenstopps, wie z. B. am sogenannten Liebesturm nach der Dorfgemeinschaft Iprari. Somit stehen für Ushguli sechs bis acht Stunden zur Verfügung, um am Abend zwischen sechs und acht Uhr wieder zurück in Mestia zu sein. Die meisten Besucher verwenden diese Zeit darauf, den 8 km langen Weg zum Shkhara zurückzulegen, und durchqueren dabei zweimal die Dörfer Chvibiani und Jibiani. Die für den Weg zum Gletscher nötige Zeitspanne von ungefähr sechs Stunden (16 km hin und zurück) kann durch das Mieten von Pferden deutlich verkürzt werden.

Die Busse von Mestia halten an der Brücke, die den UNESCO-Ortsteil Chazhashi von den oberhalb liegenden Ortsteilen Chvibiani und Jibiani trennt. Man überquert die Brücke und geht dann ungefähr 50 m, dem Fahrweg folgend, bergan und biegt nach links auf einen kleinen Fußweg ein, der linker Hand an einem großen Holzbau vorbeiführt, der Café-Bar „Enguri“. Dort ruhen sich viele Besucher von ihrem Tagesausflug aus, ehe sie den Rückweg nach Mestia antreten. Von nun geht man stetig bergan und durchquert dabei die sich durch An- und Umbauten rasch verändernden Ortsteile Chvibiani und Jibiani. Einige baulich herausragende Gebäude am Weg sind zunächst der zur Familie Charkviani und zum Gästehaus „Chvibiani" gehörende Doppelturm, das in Reihenbauweise errichtete Gästehaus „Solomon", das an seiner Westseite noch den mittelalterlichen Wehrturm aufweist, und das Gästehaus „Zhareda", das erste moderne Gebäude Ushgulis, das 1939 von Grund auf neu errichtet wurde.

→ Kapitel 6: Ushguli erleben – Die Architektur Swanetiens am Beispiel Ushgulis

Nachdem man im Anschluss daran einen von mittelalterlichen Türmen, Wohnhäusern und Ställen geschlossen bebauten Bereich Jibianis durchquert hat, folgt man dem Weg weiter bergan und kommt schließlich am Ethnografischen Privatmuseum der Familie Tscharkseliani vorbei, das zum Gästehaus „Qaldea" gehört. Es ist durch ein Schild gekennzeichnet und sollte – entweder auf dem Hin- oder dem Rückweg – unbedingt besichtigt werden, da es eines von bislang nur zwei Museumshäusern in Swanetien ist. Der Ethnologe Meulut Tscharkseliani hat darin viele originale Gegenstände aus Ushguli gesammelt, die einen eindrucksvollen Blick in die Vergangenheit gestatten. Außerdem ist er als Kunsthandwerker tätig und fertigt beeindruckende Nachbauten von Ältestenstühlen oder rituellen Trinkgefäßen aus Holz an. Gegen einen geringen Eintrittspreis kann das Familienmuseum besichtigt werden.

→ Kapitel 3: Das architektonische (Welt-)Erbe Swanetiens

Der Einstieg in die Route zum Shkhara beginnt an einer dem heiligen Georg geweihten kleinen Kirche, die an dem oberhalb von Jibiani quer verlaufenden Fahrweg liegt. Nimmt man den

Einstieg in die Wanderroute zum Shkhara am oberen Rand von Jibiani

→ Kapitel 6: Ushguli erleben – Religiöse Stätten in Ushguli

kleinen Anstieg zu dieser Kirche, eröffnet sich ein schöner Blick auf den Gipfel des Shkhara im Norden und das Kloster Lamaria, welches entweder auf dem Hin- oder dem Rückweg besichtigt werden kann.

Von hier aus ist der Weg kaum zu verfehlen, weil es immer in Richtung Shkhara geht und dabei zwangsläufig die Brücke zu überqueren ist, die über den Enguri führt. Fortan folgt man dessen Wasserlauf auf mehr oder weniger breiten Pisten, die wegen der gestiegenen Zahl der von Mestia kommenden Wanderer und Tagesausflügler leicht zu erkennen sind. Unterhalb des letzten Anstiegs zum Gletscher wurde ein kleines Camp auf ungefähr 2.290 m Höhe errichtet, wo während der Hochsaison ab der Mittagszeit sogar Getränke verkauft werden.

Bis dorthin sind mehrere Wasserläufe zu queren, von denen nur der breiteste Nebenarm umgangen werden kann. An einer weniger breiten Stelle des Nebenarmes kann der gut erkennbare Pfad über ein von den Einheimischen immer wieder erneuertes Brett überschritten werden kann. Nichtsdestotrotz gibt es, je nach Jahreszeit und vorangegangenen Wetterverhältnissen, keine Garantie dafür, dass solche Hilfen vorhanden sind. Umso

Wasserlauf des Enguri mit links davon laufendem Weg, im Hintergrund Gipfel und Gletscher des Shkhara

Blick auf den Shkhara mit dem zu durchquerenden Waldstück im Vordergrund

wichtiger sind festes Schuhwerk und Wechselkleidung für den Fall, dass man ausrutscht und ins Wasser gleitet.

Nach zwei bis drei Stunden gelangt man schließlich in ein kleines Niederwaldstück, durch das ein von Steinblöcken gesäumter Pfad führt, der stellenweise beschwerlich zu gehen ist. Man sollte weder auf dem Hin- noch dem Rückweg der vielleicht naheliegenden Eingebung folgen, diesen am östlichen Rand umgehen zu wollen, da er unmittelbar an das Schotterfeld des Enguri anschließt, das deutlich schwerer zu begehen ist. Nach dem Einstieg in den Pfad des niederstämmigen Waldes ist es noch etwa eine Stunde bis zum Gletscher. Das beeindruckend schöne Gletschertor lädt zu einer ausgiebigen Pause auf einem der vielen großen Steinblöcke ein. Man sollte wegen der

Keinesfalls sollte man die Intensität der Sonne unterschatzen und an ausreichend Sonnenschutz denken. Hin- und Rückweg, geht man bis zum Gletscher, können für ungeübte Wanderer gut acht Stunden mit Pausen in Anspruch nehmen.

Herbstlicher Blick auf die Schutz- und Gasthütte des kleinen Camps mit davorliegenden Flächen zum Zelten

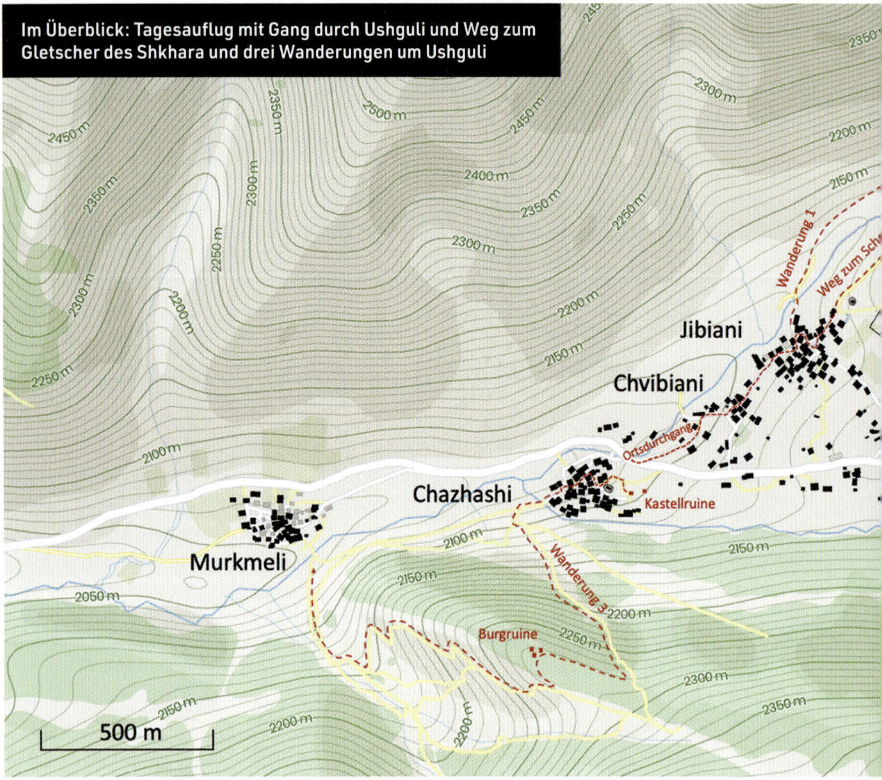

Im Überblick: Tagesausflug mit Gang durch Ushguli und Weg zum Gletscher des Shkhara und drei Wanderungen um Ushguli

Steinschlaggefahr aber keinesfalls zu nahe gehen, da das Gletscherfeld hier sehr steil abfällt. Für den Rückweg bieten sich keine alternativen Pfade, die weniger beschwerlich begangen werden können. Entsprechend ist eher darauf zu achten, zügig zu gehen, damit man in Ushguli noch kleine Besichtigungen oder in einem der Cafés eine ausgiebigere Erholungspause anschließen kann.

Ausblicke auf Ushguli

Drei Anstiege mit verschiedenen Blickwinkeln nehmen – Die Schiefersteinbrüche Ushgulis und die verfallene mittelalterliche Schutzburg erkunden (je 3–4 Std.)

Übernachtet man in Ushguli, eröffnet sich auf mehreren halbtägigen Wanderausflügen die Möglichkeit, von drei Standorten aus beeindruckende Ausblicke auf die Dorfgemeinschaft und ihre Umgebung zu nehmen. Von diesen Orten aus kann man zum einen etwas besser die militärstrategische Bedeutung Ushgulis für die georgischen Königreiche nachvollziehen. Zum anderen lässt sich ein Überblick gewinnen über die Arbeitsprozesse in der traditionellen Landwirtschaft und darüber, wel-

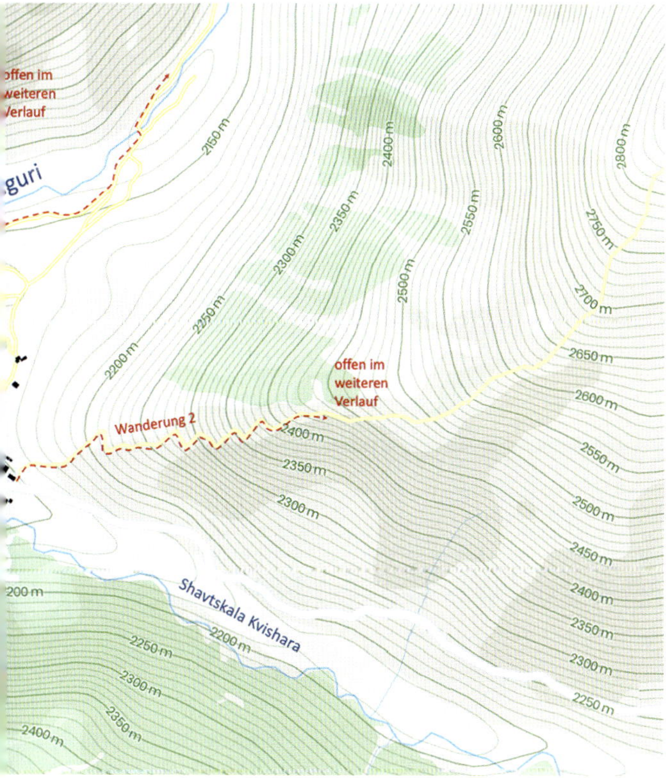

che schweren Arbeiten nötig waren, um die fast vollständig aus Schieferplatten unterschiedlicher Größe geschichteten Gebäude zu errichten.

Wanderung 1: Die westlichen Schiefersteinbrüche

Die Ortsteile Chvibiani und Jibiani sind durch den Enguri von der gegenüber gelegenen Bergflanke getrennt, auf der sich die den einzelnen Dörfern nahen sonnenexponierten Viehweiden und Ackerflächen befinden. Wegen der günstigen Lage sind dort im Zuge der vermutlich seit dem Anfang der Besiedelung im 6. Jahrhundert erfolgten schrittweisen Rodung des Baumbestandes Äcker angelegt worden, auf der temperaturbeständige Gerste kultiviert wurde. Seit der Sowjetzeit wurde dort kein Getreide mehr angebaut, man wechselte über zu speziellen, für die Höhe geeigneten Kartoffelsorten, die bis heute noch innerhalb der Dörfer verwendet werden. An den Kartoffelfeldern in Hausnähe ist gut erkennbar, welche der Gebäude noch ganzjährig bewohnt sind. Der Enguri kann an einer Stelle am Rande des Dorfes Chvibiani über eine Steinbrücke, am Rande des Dorfes Jibiani auf einer Holzbrücke überschritten werden, über die bis

SICHERHEITSHINWEIS: Für alle Wanderungen um Ushguli sind festes Schuhwerk, Trittsicherheit, Übersicht und Wandererfahrung in den Bergen Voraussetzung, da die Wege nicht oder kaum markiert sind.

heute das Vieh frühmorgens auf die Weiden getrieben wird. Die Wanderung zu den westlichen Schiefersteinbrüchen führt uns über eine dieser Brücken und dann, den Viehpfaden folgend, über die Weideflächen in einem weiten Bogen bergan. Die offenen Kanten sind bereits von unten gut ersichtlich. Möchte man bis zu den Stellen gelangen, an denen der Schiefer fast senkrecht aufgestellt ansteht, muss man den ganzen Bergrücken erklimmen und sich weiter nördlich halten.

Der im Internet frei verfügbare Film „Salz für Swanetien" (1930) nach dem Drehbuch von Sergej Tretjakow und Michail Kalatozow zeigt in einer Passage, wie noch in den 1930er Jahren die Schieferplatten gewonnen wurden, mit denen man die Dächer deckte, und wie diese auf den traditionellen swanischen Holzschlitten nach Ushguli geschleppt wurden. Die Orientierung auf den Bergrücken ist nicht einfach, doch mit etwas Glück kann man die von den Kufen der Schlitten ins Gestein gefurchten Transportrinnen finden. Auf dem Rückweg sollte man sehr genau darauf achten, die Westflanke in weiten und sanften Bögen bergab zu gehen, weil man leicht von oben in die eingekerbten und stark zerklüfteten Rinnen gerät, in denen das Gestein ohne Bodenbedeckung offen ansteht. Besser nähert man sich diesen Stellen vorsichtig von unten, um sie aus siche-

→ Kapitel 2: Kurze Geschichte Swanetiens – Swanetien in der Sowjetzeit

rem Abstand zu betrachten. Von dort gewannen die Bewohner der Dörfer die Bruchsteine, aus denen, neben der Schichtung der Platten, die Mauern der Gebäude errichtet wurden. Man sollte sich bei allen Wanderungen auf diesen Höhen in Swanetien bewusst machen, dass die Wege keinerlei Schatten bieten, und deshalb vor allem im Sommer auf ausreichend Sonnenschutz und Wasser achten.

Wanderung 2: Die östlichen Schiefersteinbrüche

Die Wanderung zu den östlichen Schiefersteinbrüchen beginnt an einem Abzweig von der Passstraße in Richtung Lentekhi (Unterswanetien) zum Zagar-Pass gleich oberhalb der letzten Gebäude eines neu gegründeten Ortsteils von Ushguli, der an den Orientierungstafeln verzeichnet ist, die an der zwischen Chvibiani und Chazhashi über den Enguri führenden Brücke stehen. Bei diesem handelt es sich aber um kein eigenständiges Dorf im Sinne der alten, traditionellen Dorfgemeinschaften Swanetiens. Wir folgen dem Abzweig auf einer Höhe von etwa 2.150 m und erklimmen den Bergrücken auf einem gut erkennbaren Pfad, der uns binnen zweier Tage bis nach Russland führen könnte – selbstverständlich ist dieser Weg in Grenznähe versperrt, er wird von den in Ushguli stationierten Mitgliedern des Grenzschutzes überwacht. Die östliche Flanke des Enguri-Tals verfügt wegen der kälteren Lage noch über Waldflächen, die ähnlich degradiert sind wie die südlich von Chazhashi und Murkmeli liegenden Waldflächen. D. h., wir finden dort vor allem Sukkulenten wie Birken und krüppelige Nadelgewächse, die sich nur begrenzt für eine dauerhafte Befeuerung der Öfen eignen. Deswegen wird schon seit langem Brennholz in Form von ganzen Stämmen nach Ushguli geliefert, damit die Bewohner der Dörfer über den Winter kommen. Unser Weg führt uns aber nie in diese Waldflächen hinein und man sollte keinesfalls einen Abstieg durch diese versuchen, da die oberhalb der Weiden liegenden Waldflächen auf deutlich stärker zerklüftetem Untergrund liegen. Besser wird derselbe Weg zurück gewählt, nachdem man sich auf den oben anstehenden Bereichen nach Stellen, an denen Schiefer abgebaut wurde, umgesehen hat. Bis zum höchsten Punkt auf etwa 3.050 m sind 900 Höhenmeter zu überwinden. Der Weg bietet keinerlei Schatten, weshalb besonders im Sommer ausreichend Sonnenschutz und Wasser unverzichtbar sind. Vom Gipfel aus ist der Blick unverstellt in Richtung Norden auf die schneebedeckte Kette, die die Grenze nach Russland bildet, und nach Osten zum Zagar-Pass auf 2.623 m Höhe.

Als Nieder- oder Hauwald bezeichnet man einen fortwährend durch Stockausschlag zur Brennholzgewinnung licht gehaltenen Wald mit geringen Stammhöhen.

Blick zurück auf Chazhashi vor dem Einstieg in den von Niederwald bewachsenen, südlich gelegenen Hang

Wanderung 3: Vom Standort des ehemaligen Kastells zum Turm der Königin Tamar

Ushguli war während der Zeit des Hochmittelalters durch ein Kastell und eine Burg geschützt und gehörte so zum seit der Zeit von Dawit dem Erneuerer errichteten System von Festungsanlagen zur Sicherung der Nordgrenze des Königreichs Georgien. Erklimmt man den Hügel oberhalb der zwischen Chazhashi und Jibiani liegenden Brücke und blickt direkt auf Chazhashi hinunter, steht man genau an der Stelle, an der sich bis zum Beginn des 20. Jahrhunderts noch das aus vier Türmen bestehende Kastell befand. Heute sind davon noch ein Turm und Reste der Festungsmauer und von weiteren Gebäuden erhalten.

Vom Standort des ehemaligen Kastells aus kann man an der von einer niedrigen Einfriedung umgebenen Kirche Chazhashis nach unten ins Dorf steigen und sich einen Weg in Richtung Murkmeli durch die Gassen suchen. Da Chazhashi seit langem Museumsdorf ist, sind die Einwohner Besuch gewohnt, dennoch sollte man sich immer bewusst machen, dass man sich nahe an privaten Räumen bewegt.

→ Kapitel 2: Kurze Geschichte Swanetiens – Die Einbindung Swanetiens in die Grenzsicherung und das georgische Militärsystem unter Dawit dem Erneuerer

Die Wanderung zur Burgruine beginnt unterhalb von Chazhashi. Hat man einen kleinen Zulauf zum Enguri überschritten, geht es, beginnend auf etwa 2.100 m Höhe einen gut erkennbaren Pfad entlang, der in leichten Serpentinen hangaufwärts in das südlich von Ushguli liegende, die Bergflanke bedeckende Waldstück führt. Gut die Hälfte des Weges führt steil bergan über einen in einer Rinne liegenden Pfad, der stellenweise schwer zu erklimmen ist. Ist die Kante des Hanges überwunden, steht man auf einer kleinen Hochfläche, auf der der Bewuchs lichter ist. Hier hält man sich nach rechts und folgt dem Pfad weiter, bis man zur Ruine der Festungsanlage gelangt. Der noch erhaltene große Turm wird der in der Volksdichtung verehrten Königin Tamar zugeschrieben, die dort ihren Sommersitz gehabt haben soll – historisch belegen lässt sich dies allerdings nicht. Da die ehemalige Anlage nicht denkmalgemäß überwacht wird, ist höchste Vorsicht geboten, wenn man sich den erhaltenen Mauer- und Gebäudeteilen nähert. Welche Schäden durch den vorgegangenen Winter und die fortschreitende biologische und physikalische Erosion verursacht wurden, ist nicht vorhersehbar. Genießen lässt sich aber in jedem Fall der Blick aus ungefähr 2.300 m Höhe in die Umgebung. Von hier aus ließ sich früher sowohl das gesamte obere Enguri-Tal aus Richtung des Gletschers und den anliegenden Pässen als auch der Weg von Mestia und den danach folgenden Dörfern kontrollieren. Den Weg bergab nahmen die dort stationierten Truppen des georgischen Heeres vermutlich über die sanft abfallenden Bergflanke oberhalb von Murkmeli.

Verfallender Turm der Burgruine oberhalb von Ushguli

Über das Murkmeli zugewandte Seitental erfolgt entsprechend auch unser Abstieg, so dass man sich Murkmeli schließlich von der Enguri-Seite von Süden her nähert. Anschließend geht es, falls die Ortschaft nicht besichtigt wird, entlang des Hanges wieder zurück nach Chazhashi und man überschreitet an derselben Stelle wie auf dem Hinweg den seitlichen Enguri-Zufluss.

Ansicht Murkmelis vom südlich des Enguri verlaufenden Pfad in Richtung Chazhashi

Die Architektur Swanetiens am Beispiel Ushgulis

Den gebauten Raum der vier Dörfer erkunden – Weg durch Chvibiani, Jibiani, Chazhashi und Murkmeli (2–3 Std.)

Oberhalb der Brücke, die Chazhashi von Chvibiani und Jibiani trennt, biegt man nach ungefähr 50 m nach links auf den kleinen Fußweg ein, von dem aus linker Hand der große Holzbau der Café-Bar „Enguri" zu sehen ist. Nach ungefähr 100 m kann man auf der linken Seite ein Gebäude (1) in Augenschein nehmen, welches im Zuge der ersten sowjetischen Bauphase der späten 1950er Jahre errichtet wurde. Es stellt eine an zwei Seiten um einen bestehenden mittelalterlichen Bau herum angebrachte Erweiterung dar (Typ C: seitlicher Erweiterungsbau der 1950er Jahre). Ziel der sowjetischen Überformung war es, gegen die traditionellen Lebensverhältnisse vorzugehen, die als mangelhaft und zurückgeblieben bewertet wurden. In der Architektur bedeutete dies, dass die nur mit Schießscharten und anderen schmalen Öffnungen ausgestatteten Gebäude zunächst

→ Kapitel 2: Kurze Geschichte Swanetiens – Die Sowjetisierung Swanetiens

ⓘ **Entwicklung des Hausbaus in Swanetien in der Sowjetzeit:** Die **traditionelle Architektur der Bergdörfer** Swanetiens sah **Steinbauten** vor, die einen starken **Festungscharakter** hatten, d. h. sie waren nach außen hin verschlossen. Die verschiedenen Bauten wurden zudem oftmals so angelegt, dass sie aneinander anlehnen und durch verschließbare, nach Innen gerichtete Verbindungselemente den Verteidigungscharakter verstärken. Liegen zumindest zwei Gebäude, bestehend aus Turm und Chot mit Machubi und Darbazi aneinander, spricht man von einer swanischen Festung. Im Dorf **Chazhashi** ist die **traditionelle Bauweise noch bei vielen Gebäuden vollständig erhalten**, weshalb die UNESCO-Kommission dem Dorf den Welterbestatus zuerkannte. Allerdings finden sich auch in Chazhashi einige **Neubauten**, die dort, zuvorderst **mit dem Ziel der Verbesserung der Lebensverhältnisse seit den 1950er Jahren, in der Sowjetzeit** schrittweise errichtet wurden. Das **wichtigste Element der Architektur der Sowjetzeit** sind die **Balkonanbauten**, deren Errichtung mit einer **Erhöhung der Gebäude** verbunden war, in denen die Menschen lebten. Durch den Ausbau des ersten Geschoßes wurden Mensch und Tier getrennt: Die **Wohnräume wanderten in den ersten Stock**. Wo die Tiere noch im selben Gebäude untergebracht blieben, wurde das Erdgeschoß zu einem reinen Stall. Bereits der traditionelle Hausbau kannte bauliche Erweiterungen in Reihe, d. h. ein neuer Gebäudeteil wurde an die bestehenden Gebäude angebaut. Entsprechend war **Typ A („Reihenanbau 1950er bis 1970er Jahre")** die einfachste Variante des Neubaus in der Sowjetzeit: Man setzte schlicht einen Balkon vor das letzte bestehende Gebäudeelement – eine Bauweise, die an einigen Gebäuden in Ushguli bis heute praktiziert wird. Das erste, im Jahr 1939 in Uschguli vollständig neu errichtete Gebäude ist **Typ B**. Von diesem kann man als **„Prototyp für Neubauten der Sowjetzeit"** sprechen, weil er in der Dimension und Großzügigkeit der Anlage alles an bisheriger reiner Wohnarchitektur übertraf. In diesem Sinne können alle weiteren Neubauten der Sowjetzeit gewissermaßen als kleinere oder bescheidenere Varianten gelten. **Typ C schließt** als **„Seitlicher Erweiterungsanbau der 1950er Jahre"** an bestehende Türme an zwei Seiten an, wofür die Türme oft in der Höhe reduziert wurden und die so gewonnenen Steine für den Anbau verwendet werden konnten.

Blick vom Standort des ehemaligen Kastells auf Chvibiani und Jibiani: Auswahl idealtypischer Gebäude im Ortsrundgang (Gebäude 1–7)

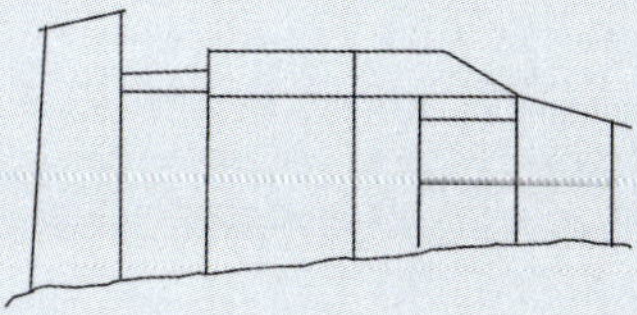

Typ A „Reihenanbau 1950er bis 1970er Jahre" (schematische Darstellung, Schnitt)

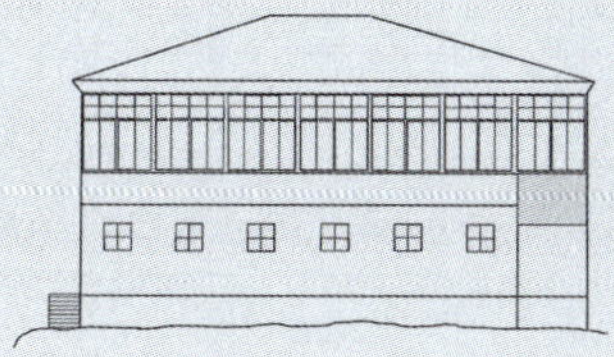

Typ B „Prototyp für Neubauten der Sowjetzeit" (Vorderansicht)

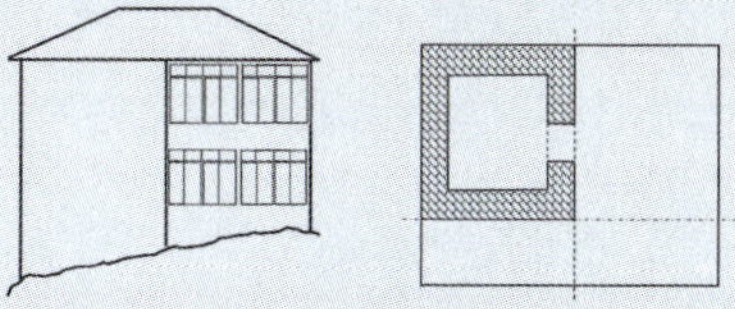

Typ C „Seitlicher Erweiterungsanbau der 1950er Jahre" (Seitansicht und Grundfläche)

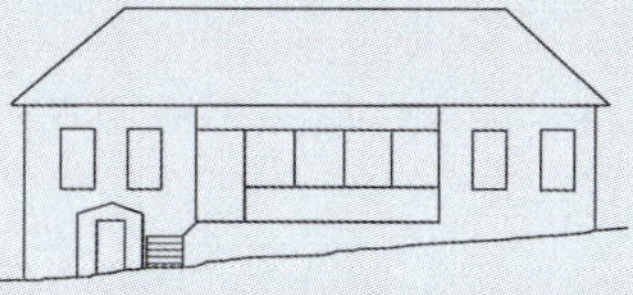

Typ D „Neubau der 1970er Jahre" (Vorderansicht)

Mit den 1970er Jahren kamen in der Hochzeit der Sowjetunion einige mit großzügigeren Grundflächen ausgestattete reine Wohnbauten auf **(Typ D „Neubau der 1970er Jahre")**, die den Familien deutlich mehr Raum gaben und bei denen auch die vorgebauten Balkonen größer ausfielen, die wegen ihrer Ausstattung mit mehrteiligen Fenstern wie Wintergärten wirken. In Ushguli finden sich mehrere eingeschossige Wohnhäuser dieser Art, in Adishi gab es mehrere mehrgeschossige, von denen allerdings die meisten während der Winterkatastrophe 1986/87 zerstört wurden. Beeindruckend schöne Wohnhäuser aus dieser Zeit kann man u. a. in Tsvirmi finden.

Bauliche Struktur Ushgulis nach Zeitphasen mit ausgewählten, gekennzeichneten Gebäuden für einen Ortsrundgang (1–10)

Beispiele für Typen von Gebäuden in Ushguli

1. Neubau aus der Sowjetzeit mit zweiseitigen Veranden
2. Doppelturm/Turmhaus (Familie Dawit Charkviani)
3. In Reihenbauweise seit dem Mittelalter erweitertes Anwesen (Gästehaus Solomon)
4. Erster Neubau aus der Sowjetzeit mit Repräsentativfunktion, Baujahr 1949 (Gästehaus Zhareda)
5. In der Sowjetzeit umbautes Turmhaus (Familie Samir Ratiani)
6. Ethnographisches Museum in vollständig erhaltenem Machubi (Familie Meulut Tscharkseliani)
7. Klosteranlage Lamaria (1990–2020)
8. Neubau aus der Sowjetzeit im russischen Datschenstil (Familie Roland Dschelidze)
9. Swanische Festungsanlage mit Ikonenmuseum
10. Standort des ehemaligen Kastells (12. Jh.)

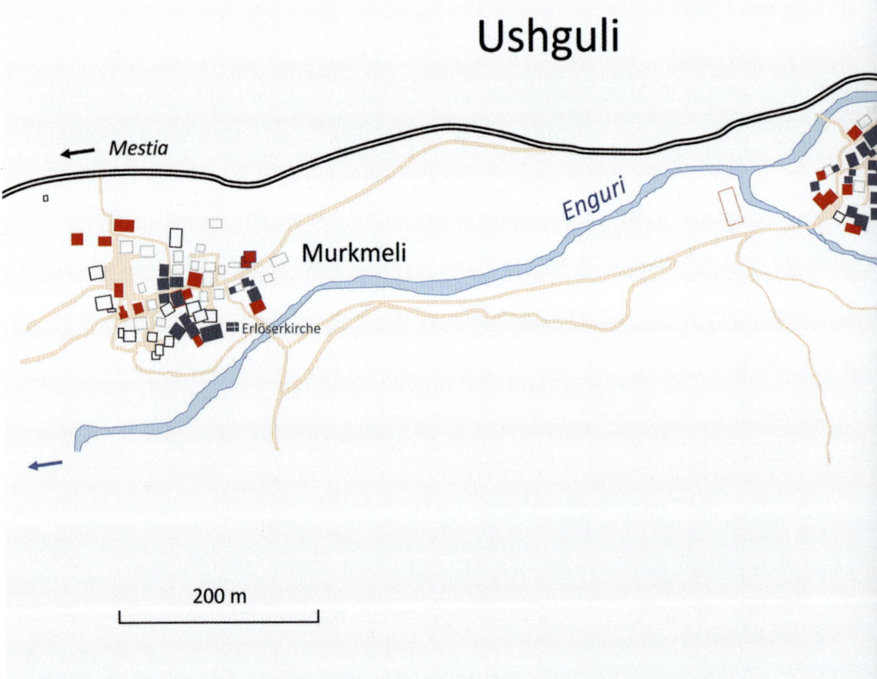

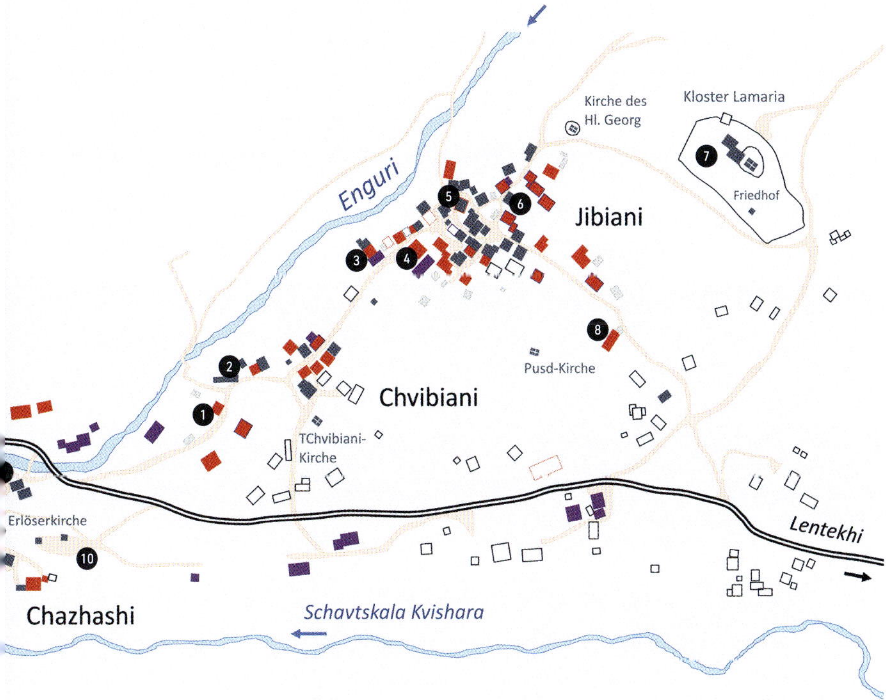

Alter und Bauphasen von Gebäuden in Ushguli

- Mittelalterlicher Bau, Turm, Chot usw. (7. Jh.–12. Jh.)
- Ruine eines mittelalterlichen Gebäudes
- Anbau/Neubau aus der Sowjetzeit (1949–1975)
- Ruine eines Gebäudes aus der Sowjetzeit
- Umbauter mittelalterlicher Gebäudekern (Sowjetzeit)
- Neubau (ab 1990)
- Neu umbauter Gebäudekern aus der Sowjetzeit
- Nicht gekennzeichnetes Gebäude

Die Rückseite des Gebäudes (1) zeigt in der linken Hälfte Fundament und Mauern eines mittelalterlichen Turmes, der in der Höhe reduziert und seitwärts erweitert wurde

Mit der Sowjetzeit begann eine bauliche Öffnung der traditionellen Gebäude.

Das Wohn- und Stallgebäude neben dem Turm wird auf Swanisch Chot genannt, das Erdgeschoss Machubi, das Obergeschoss Darbazi. Oft wird auch das gesamte Gebäude nach seiner wichtigsten Einheit als *Machubi* bezeichnet.

mit Balkonen über zwei Stockwerke erweitert wurden. Später versah man die Balkone mit Fensterelementen, um zusätzlichen geschützten Wohnraum zu gewinnen. Ob eine Gebäudeerweiterung vorliegt oder ob es sich um einen vollständigen Neubau aus der Sowjetzeit handelt, lässt sich recht gut an den Außenmauern nachvollziehen. Im Falle einer Erweiterung lassen sich noch die alten Turmmauern und das für eine stärkere Gebäudelast ausgelegte Fundament erkennen.

Nach dem Wohnhaus folgt linker Hand ein Doppelturm (2), der in den beiden, aneinander lehnenden Gebäudeteilen nach Einschätzung der UNESCO-Kommission ICOMOS so nur in Ushguli vorkommt. Jeder der Türme für sich würde bereits als Turmhaus gelten. Im Dorf Chazhashi, für das er idealtypisch beschrieben ist, findet man heute noch drei von diesen Türmen. Der Doppelturm in Chvibiani stellt eine Sonderform dar. Hier können im Gegensatz zum traditionellen Wohnhaus *Chot* mit *Machubi* und *Darbazi* Mensch und Tier getrennt voneinander untergebracht werden. Der Eingang bei diesem Gebäude liegt aus Schutzgründen erhöht. Der Doppelturm gehört der Familie Dawid Charkviani, welche das Gästehaus „Chvibiani" betreibt.

→ Kapitel 3: Das architektonische (Welt-)Erbe Swanetiens – Gebäudetypen

Der Weg führt nun weiter bergan, an mehreren Gebäuden vorbei, die teils in der Sowjetzeit mit den bekannten Balkon-

Turmhaus (2) mit tieferliegendem Stall für das Vieh und weiteren Stockwerken mit Lager- und Wohnräumen (Südansicht und Schnitt des rechten Turmhauses)

anbauten neu errichtet oder an traditionelle Gebäude mittelalterlicher Bauart angebaut wurden. Diese Umbaumaßnahmen wurden überwiegend mit dem Steinmaterial, das aus abgebrochenen Türmen stammt, umgesetzt. Die ältesten erhaltenen Fotografien Ushgulis, die vom Anfang des 20. Jahrhunderts stammen dürften, zeigen, dass sowohl Chvibiani als auch Jibiani eine eher lockere Bebauung aufwiesen.

Reproduktion der Aufnahme der Dörfer Chvibiani und Jibiani um 1900 (unbekannter Autor, Fotografie aus dem Archiv des Georgischen Nationalmuseums)

Die Grenze zwischen den beiden Dörfern wird markiert durch eine landwirtschaftlich genutzte freie Fläche, auf der ein schmaler und hoher Turm steht, der vermutlich Aussichts- und Wachfunktion hatte, da seine Grundmaße zu klein sind, um Vieh und Menschen in größerer Zahl im Winter Schutz zu bieten. Gegenüber der Freifläche liegt das Gästehaus „Solomon" (3). Architektonisch ist es ein Beispiel für die schrittweise bauliche Erweiterung eines zweiteiligen swanischen Festungsbaus aus dem 9. bis 11. Jahrhundert (Typ A „Reihenanbau 1950er bis 1970er Jahre"). Es liegt an der oberen Kante des östlichen Steilufers des Enguri-Oberlaufs. Hier wirkt die unterhalb des Gebäudekomplexes steil abfallende Wand als natürlicher Lawinenschutz. Dennoch kam es im Winter 1986/87 auch auf dieser Seite zu Lawinenschäden, von denen die am linken Wegrand gelegene, mehr oder weniger zerstörte Häuserreihe oberhalb des Gästehauses „Solomon" kündet. Der ganz links liegende, älteste Gebäudeteil des heutigen Gästehauses „Solomon" bestand aus einem Turm mit Wehrerkern und Giebeldach und einem an den Turm von zwei Seiten her anschließenden zweigeschossigen Wohn- und Stallgebäude, bei dem sich der Eingang zu Turm und *Machubi* im Untergeschoss befand. Das Obergeschoss, der *Darbazi*, war aufgrund der Hanglage wohl direkt durch ein Tor von der gegenüberliegenden Seite her zugänglich, so dass Heu und Vorräte von oben her

Gästehaus „Solomon" mit den ältesten Gebäudeelementen auf der linken Seite

Das heutige Gästehaus „Zhareda" wurde 1939 als Repräsentationsbau der Sowjetzeit errichtet

eingelagert werden konnten – in Ushguli kann man eine Reihe von *Darbazis* finden, die ebenso angelegt sind.

Architektonisch stellt das bergan auf der rechten Seite des Weges folgende Gästehaus „Zhareda" (4) den Prototyp des neuen sowjetischen Familienhauses (Typ B) in der Dorfgemeinschaft Ushguli dar. Es entstand 1939 auf freiem Gelände als Neubau im unteren Bereich des Ortsteils Jibiani. Alle Bauten in den 1940er Jahren und später folgten dessen Grundstruktur. Kein Gebäude danach wurde allerdings derart großzügig angelegt, so dass davon auszugehen ist, dass das Bauunternehmen exemplarischen Charakter hatte und dass der Bauherr aus ideologischen Gründen massive Unterstützung von der Zentralverwaltung erhielt. So wurde das heutige Gästehaus „Zhareda" auch zum Vorbild für die spätere touristische In-Wert-Setzung von Wohnhäusern. Denn es war bis in die späten 1990er Jahre das einzige Gästehaus in Ushguli.

Die Holzdecke mit Sowjetstern kündet von der Begeisterung des Bauherrn über den Beginn einer neuen Zeit in Ushguli

→ Kapitel 2: Kurze Geschichte Swanetiens – Swanetien in der Sowjetzeit

In der Zeit der Sowjetunion übernachteten alle offiziellen internationalen Gäste Georgiens, die auch Swanetien besuchten, im heutigen Gästehaus „Zhareda". Im Rahmen der Unternehmungen Stalins zur Sozialisierung peripherer Regionen und zur Wandlung ethnisch-regionaler hin zu sowjetischen Identitäten stellte Ushguli, auch wegen seiner besonderen historischen Bedeutung innerhalb Georgiens, einen ausgewählten Entwicklungspunkt dar. Entsprechend verwundert es nicht, dass der Bau des ersten privaten Wohnhauses unterstützt wurde. Eines Wohnhauses, das im Erdgeschoss private Familienräume vorsah, im ersten Stock aber einen quasi-öffentlichen repräsentativen Schauraum, an den seitlich insgesamt vier Zimmer angeschlossen sind, die jeweils Platz für vier bis sechs Betten boten. Der Neubau muss einen gewaltigen Umbruch für die Bewohner Ushgulis bedeutet haben, die aus einer Architektur kamen, welche aus Gründen der Verteidigung und wegen der herrschenden klimatischen Gegebenheiten eine fast fensterlose Bauweise vorsah. Denn inmitten der Ortschaft war fortan, für alle schon von weithin erkennbar, ein zweigeschossiges Wohngebäude platziert, das einen fast überdimensionierten Balkon hatte, der zudem auf der gesamten Fläche des ersten Stockes nach Süden hin voll verglast wurde und im Erdgeschoss Raum für das Stel-

Der Schauraum im ersten Stock ist Teil des Familienmuseums, das Stücke aus der vorsowjetischen und sowjetischen Zeit ausstellt

len langer Bänke und Tische zur Bewirtung von Gästen bot. Da eine große Zahl an in der Sowjetzeit wichtigen Politikern, Wissenschaftlern, Bergsteigern und Künstlern im Rahmen ihrer Georgienreisen auch Ushguli besuchte, finden sich viele Zeugnisse von diesen Aufenthalten in Bildern und Gegenständen in einer Art Schauraum im ersten Stock des Hauses, der als Museum hergerichtet ist und gegen einen geringen Eintrittspreis besichtigt werden kann.

Anschließend führt der Weg weiter bergan durch das Dorf Jibiani, das in diesem Abschnitt noch eine fast geschlossene mittelalterliche Bebauung zeigt. Hier findet sich, nachdem man dem Weg zwischen zwei mächtigen Türmen gefolgt ist, das private Wohnhaus der Familie Samir Ratiani (5), welches nur von außen betrachtet werden kann. Der Familie gehört auch der bereits beschriebene Wach- oder Aussichtsturm auf der freien Fläche unterhalb des Gästehauses „Zhareda", gegenüber dem Gästehaus „Solomon".

Einziger sowjetischer Erweiterungsbau eines dreigeschossigen Turmhauses in Ushguli – Privathaus der Familie Samir Ratiani

Architektonisch ist das dreistöckige Wohnhaus wiederum ein Beispiel einer zweiseitigen baulichen Erweiterung eines swanischen Wohnturms aus dem 9. bis 11. Jahrhundert (Typ 3 „Seitlicher Erweiterungsanbau der 1950er Jahre"). Eine auf 1910 datierte Fotografie vom Titelblatt eines Kalenders des *Georgian National Museum* weist das Ursprungsgebäude aus als reines Wohngebäude, dessen Grundriss kleiner ist als der eines *Chot* mit *Machubi* und *Darbazi*. Es kann davon ausgegangen werden, dass innerhalb des Gebäudes keine Tiere im Winter gehalten wurden – denn nebenan befinden sich zwei mächtige *Machubis* mit den Resten eines weiteren Turmes, die ebenfalls zum Familienanwesen gehören. Das Wohngebäude hatte in seiner ursprünglichen Form auch Verteidigungseinrichtungen in Form von Wehrerkern oder Pechnasen im dritten Stockwerk und einen Kaminaufsatz, der für eine weitere Koch- und Heizstelle im Gebäude spricht. Damit weist das in den leicht geneigten Hang gebaute Gebäude wohl auf eine eher wohlhabende Familie hin.

Hat man das Wohnhaus der Familie Samir Ratiani linker Hand umgangen, folgt man zunächst hangparallel dem Fußweg und nimmt dann den zweiten Abzweig nach links, der direkt zum Ethnografischen Haus-Museum der Familie Meulut Tscharkseliani (6) führt. Neben dem *Svaneti Museum of History and Ethnography* und dem *Machubi* der Familie Margiani in Mestia ist dies derzeit der einzige Ort, an dem man einen vollständig restaurierten Innenausbau eines *Machubi* in Swanetien besichtigen kann.

→ Kapitel 2: Kurze Geschichte Swanetiens – Der Zusammenbruch der Sowjetunion, die Desintegration Georgiens und die Folgen für Swanetien in den Jahren 1990 bis 2010

FILMTIPP: „Am Rand der Zeit – Männerwelten im Kaukasus" (2000) von Stefan Tolz

LESETIPP: Stefan Applis (2020): „Fridon Nizharadze – Painter of the traumas of Svaneti and the world", Georgia Today. http://gtarchive.georgiatoday.ge/news/22693/Fridon-Nizharadze---Painter-of-the-Traumas-of-Svaneti-&-the-World

Von dort aus geht es weiter bergan vorbei am Gästehaus „Riho", dem ersten, Anfang 2000 errichteten neuen Gästehaus der Familie Dschelidze, das aus dem Film „Am Rande der Zeit – Männerwelten im Kaukasus" (2001) des deutschen Regisseurs Stefan Tolz bekannt ist. Der Familienvater Roland Dschelidze ist einer der eindrucksvollen Protagonisten des Dokumentarfilms, in dem die schwierige Situation Ushgulis Ende der 1990er und Anfang der 2000er Jahre gezeigt wird. Rechter Hand folgt, ehe man an der Kirche des heiligen Georg vorbei zum Kloster Lamaria gelangt, das Gästehaus „Gamarjoba", in dem der berühmte Maler und Intellektuelle Ushgulis Fridon Nizharadse (1939–2020) lebte und eine kleine Galerie zur Besichtigung seiner Bilder eingerichtet ist.

Das Kloster Lamaria (7) ist ein bedeutender historischer Standort, der sich in der deutschsprachigen Literatur am besten durch die Arbeit von Brigitta Schrade verstehen lässt. Sie zieht in der Zusammenschau aller vorliegenden Dokumente und Kunstgegenstände, die im Kloster Lamaria verwahrt werden, die Schlussfolgerung, dass das aus einer Kirche, einem Wachturm, Nebengebäude und einer Umfassungsmauer bestehende Kloster als kirchlich-weltlicher Sitz gedient haben muss. Verschiedene Gegenstände aus dem 13. bis 14. Jahrhundert wie Geschirr und Schmuckbeutelchen weisen darauf hin, dass das Kloster als eine Art Stift für Frauen adeliger Herkunft gedient haben könnte, was zudem durch Textdokumente aus den folgenden Jahrhunderten belegt werden kann. Die entfernte und sichere Lage sowie die reichliche Ausstattung mit Land in der Umgebung machten das Kloster zu einem Rückzugsort in den Krisenzeiten des georgischen Königtums.

Reproduktion der Fotografie aus einem Kalender des *National Museum of Georgia*, der Pfeil zeigt das Turmhaus der Familie Ratiani um 1910 (Fotografie aus dem Archiv des Georgischen Nationalmuseums)

6

Von der Anhöhe aus, auf der das Kloster steht, können die Dächer Ushgulis gut überblickt werden, um an diesen das Alter der Gebäude nachzuvollziehen. Hier wird auch deutlicher, wie stark beschädigt die alten Steinbauten in Chvibiani und Jibiani sind im Gegensatz zu Chazhashi, wo Restaurierungsarbeiten wegen des Weltkulturerbestatus durch den georgischen Staat finanziert wurden. Neben den Schieferdächern, die den Baubestand aus dem 9. bis 12. Jahrhundert markieren, sind auch matte Blechdächer zu sehen, die anzeigen, welche Gebäude in der Sowjetzeit und später errichtet wurden. Die Dächer mit Holzschindeln weisen auf die Neubauten aus den 40er und 50er Jahren hin. Diese Dachdeckung findet sich bei vielen alten verlassenen und in Folge verfallenden Gebäuden in ganz Oberswanetien.

Das Kloster Lamaria thront wie eine Trutzburg über Ushguli

Unter den blechgedeckten Gebäuden stellen die Neubauten des Typ 4 („Neubau der 1970er Jahre). Weiterentwicklungen

LESETIPP: Brigitta Schrade (2021): „Das christliche Swanetien. Beiträge zur Geschichte und Kunst der byzantinischen ‚Peripherie' zwischen Jerusalem und Konstantinopel", Reichert-Verlag.

Die niederländische Stiftung *Stichting Horizont* finanzierte seit 1997 unter Leitung von Rolf und Brigitta Schrade aus Berlin die Arbeit georgischer Restauratoren in 14 Kirchen in Swanetien: https://www.horizonfoundation.nl.

Blick auf Ushguli vom Kloster Lamaria aus

der Gebäude aus der ersten Neubauphase der 1950er bis 1960er Jahre dar. In dieser Phase waren die neu errichteten Gebäude oder Gebäudeteile entweder an bestehende alte Gebäude wie Türme und *Machubis* angebaut worden oder sie ahmten deren Grundstruktur nach, indem im Erdgeschoss Raum für Tierhaltung und andere arbeitsbezogene Nutzungen vorgesehen wurde. In der zweiten Bauphase der 1970er Jahre entstanden dann einige großzügige, vorwiegend eingeschossige Gebäude mit reiner Wohnfunktion, die teilweise zur Lagerung der nur für die Menschen vorgesehenen Wintervorräte unterkellert wurden. Eines davon ist ein Wohnhaus der Familie Dschelidze (8). Mit diesem Gebäudetypus wurden die von Männern verrichteten Arbeiten wie die Tierversorgung und die Futterlagerung ebenso wie die Lagerung des hierzu nötigen Arbeitsgeräts endgültig vom Wohnen und den von für Frauen vorgesehenen Arbeitsräumen getrennt. Die fast reinen Wohngebäude sind großzügig angelegt mit einem deutlich geräumigeren terrassenartigen Flur, der mit einer Fensterfront vollständig verkleidet ist und die Hauptlichtquelle für die zum Flur hin ausgerichteten Räume darstellt. Das in den leicht abfallenden Hang gebaute Gebäude nutzt den Gefälleunterschied, so dass eine Unterkellerung als Lager möglich wird. Der Zugang zum Keller erfolgt über einen kleinen Anbau, so dass ein leichter Zugang auch im Winter möglich ist, wenn der Schnee die Gebäude zudeckt. Der neben dem Wohnhaus errichtete Unterstand dient als Holzlager und zum Spalten des Heiz- und Kochholzes.

Der weitere Weg führt nun in einem Bogen zurück in Richtung Chazhashi über die bis vor wenigen Jahren noch freien Flächen, die nun mehr und mehr verbaut werden mit Gästehäusern, von denen sich die im Sommer aus Kvemo Kartli zurückkehrenden Familien Einkünfte versprechen. Manches davon wird im wirtschaftlich wenig krisensicheren Georgien angesichts der hohen Zinsen und der damit verbundenen Verschuldungen, die die Familien riskieren, möglicherweise unvollendet bleiben oder in einen frühen Ruinenzustand übergehen. Auf halbem Weg kommt man rechter Hand an den Grundmauern des früheren Kolchosgebäudes vorbei, das einst aus den Steinen eingerissener Türme gebaut worden war, von dem die Mauern aber

Blick auf das Wohnhaus der Familie Dschelidze (Typ D) vom Kloster Lamaria aus

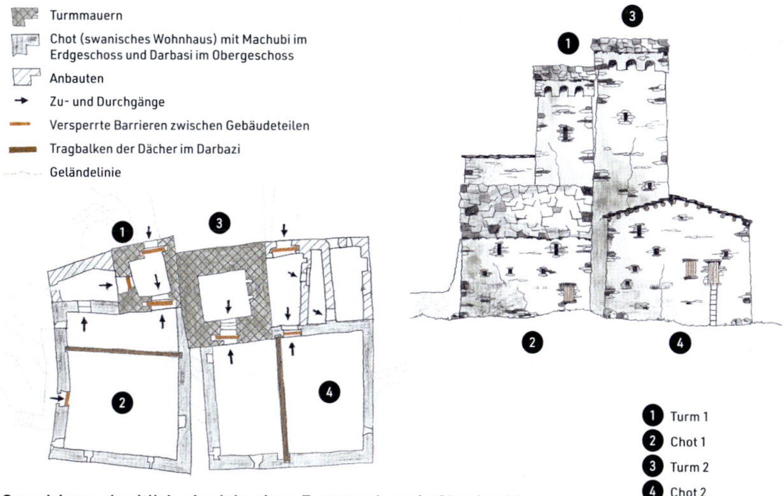

Grundriss und seitliche Ansicht eines Festungsbaus in Chazhashi (Grundlage: Architekturskizze aus dem ICOMOS-Gutachten der UNESCO)

ebenfalls längst verschwunden und in andere Gebäude übergegangen sind. Es empfiehlt sich, in diesem Bereich Ushgulis bei einem Rundgang eine kleine Pause in einem der Hotels oder Cafés einzulegen, ehe der Weg nach Chazhashi und vielleicht noch nach Murkmeli weiterführt.

Kurz vor Chazhashi und oberhalb der Brücke, die dort über den Enguri führt, wählt man einen kleinen Weg nach links oben, um an den Ort zu gelangen, an dem das ehemalige Kastell (10) stand, von dem heute noch ein Turm und ein weiteres Gebäude erhalten sind. Von hier aus kann man sich die besondere Lage Ushgulis noch einmal bewusst machen: Das Kloster (8) thront über der Dorfgemeinschaft an dessen höchstem Punkt und überragt alle vier Kirchen der Dörfer mit einem Schutzturm und seiner Kirche Lamaria. Im Kastell waren Truppen stationiert, die schnell eingreifen konnten, falls Angreifer über die Pässe, die von Ushguli aus kontrolliert wurden, vordrangen oder von Mestia aus vorrücken sollten – zugleich diente es als Rückzugsort. Jedes Dorf für sich birgt fast uneinnehmbare Festungen aus Wohn- und Nutzgebäuden und über allem wachte die Festung, in der Truppen des Königreichs stationiert waren.

→ Kapitel 2: Kurze Geschichte Swanetiens – Die Einbindung Swanetiens in die Grenzsicherung und das georgische Militärsystem unter Dawit dem Erneuerer

Von dem Chazhashi zugewandten Turm aus kann man an der Erlöserkirche vorbei hinuntersteigen in das Dorf, in dem sich einige sehr gut erhaltene mittelalterliche Gebäude und auch schöne Architekturbeispiele für die frühe Sowjetzeit finden lassen – zwei Gebäude zeichnen sich durch aufwendige Putz- und

Blick von Westen auf das mittelalterliche Chazhashi

Malerarbeiten und Holzarbeiten an den mehrgeschossigen offenen Außenbalkonen aus. Die Gassen Chazhashis sind eng. Auch wenn es den Eindruck eines Museumsdorfes macht, ist das Dorf bewohnt und es empfiehlt sich, gut darauf zu achten, dass man nicht unvermittelt in die privaten Räume der Bewohner vordringt. Empfehlenswert ist das Ikonenmuseum (9), das gleich am oberen Dorfeingang in einem mächtigen mehrgeschossigen Turmhaus untergebracht ist, welches sich mit zwei weiteren mächtigen Steinbauten zu einer swanischen Festung vereint. Dieser Festungskomplex ist im Gutachten der UNESCO-Kommission ICOMOS als beispielhaft für die Architektur Swanetiens beschrieben.

Es besteht nun die Möglichkeit, die Tour an dieser Stelle zu beenden oder durch Chazhashi hindurchzugehen und am

Blick auf Murkmeli im Herbst

Ende des Dorfes einen Nebenlauf des Enguri auf einer keinen Holzbrücke zu überqueren und den Weg in Richtung Murkmeli fortzusetzen.

Licht, Luft und Dunkelheit – Mittelalterlicher Festungsbau zwischen Wohnhäusern aus der Sowjetzeit

„Tradition und sowjetische Moderne" – an den Holzbalkonen finden sich sowohl traditionelle Verzierungen als auch Sowjetinsignien wie Hammer und Sichel und roter Stern

Dieselbe oben empfohlene Vorsicht im Umgang mit dem privaten Raum der Dorfbewohner ist für Murkmeli noch mehr als für Chazhashi angebracht. Murkmeli ist das ökonomisch schwächste Dorf der Talschaft Ushguli, weil es während der Winterkatastrophe 1987/86 am stärksten von Zerstörung und Abwanderung betroffen war und zu weit vom Zentrum liegt, um von den Einnahmen aus dem Touristenstrom nach Ushguli zu profitieren. Ob man nach Murkmeli geht, wo ein großer Teil der Bewohner unter prekären Verhältnissen lebt, wird man selbst entscheiden müssen. Auf jedem Fall sollte der eng besiedelte Bereich des Dorfes oberhalb des Hanges in Richtung Enguri gemieden werden, weil die Gassen dort unmittelbar durch die Vorplätze der Wohnhäuser führen. Gleichwohl gibt es auch in Murkmeli wenige Gästehäuser, die oberhalb des Ruinenzentrums des Dorfes liegen und sich für eine bessere Zukunft öffnen. Murkmeli hat neben besonderen Festungsbauten auch einige stark verfallende Beispiele früher Sowjetarchitektur zu bieten.

→ Kapitel 2: Kurze Geschichte Swanetiens – Die Winterkatastrophe 1986/87 und die Umsiedelung nach Kwemo Kartli

Religiöse Stätten in Ushguli

Das Kloster Lamaria, die Dorfkirchen und religiöse Schätze im Ikonenmuseum von Chazhashi

Das Kloster Lamaria ist der einzige sakrale Gebäudekomplex, der in Ushguli ohne Weiteres besichtigt werden kann. Innerhalb der Umfriedung des Klosters steht die der Mutter Gottes geweihte Kirche Lamaria. Die weiteren vier Kirchen (Erlöserkirche in Murkmeli, Kirche des heiligen Georg in Jibiani, Kirche der heiligen Barbara in Chvibiani und die Pusd-Kirche in Jibiani) sind verschlossen und werden nur im Jahresgang der religiösen Feste geöffnet. Im Internet kursieren dennoch manche Fotografien von den Innenräumen der Kirchen, da die Teilnehmer an den Festen seit einigen Jahren Aufnahmen auf verschiedenen sozialen Plattformen hochstellen. Außerdem öffnen die Kirchenwächter, die in der Regel selbst Gästehäuser betreiben, diese manchmal für Gäste, die danach fragen. Die Kirchen sind sorgsam verschlossen, weil sie Wandmalereien, Ikonen und weitere sakrale und weltliche Gegenstände von unschätzbarem Wert bewahren, die bis heute feste Bestandteile der swanischen religionsbezogenen Alltagskultur sind. Viele davon werden auf Wunsch der Dorfbewohner nicht in Museen ausgestellt, sondern verbleiben in den Kirchen. In Ushguli sind besonders wertvolle Schätze im ersten Wehrturm am Ortseingang, dem sogenannten Ikonenmuseum, aufbewahrt und können dort besichtigt werden.

Die Erlöserkirche in Murkmeli wurde im Projekt „Schatzkammer Swanetien" von *Stichting Horizont* durch georgische Wissenschaftler und Kunsthandwerker restauriert

Swanetien gilt als Schatzkammer Georgiens, weil die Herrscher der georgischen Tiefebene im wechselvollen Verlauf der Geschichte der Königreiche die höchstgelegene Gebirgsregion seit dem 9. Jahrhundert Zug um Zug als Zufluchtsstätte vor den Eroberungszügen benachbarter Völker nutzten und die Region auch aus militärstrategischen Gründen an die zentrale Gewalt anbanden. Da die Region nie von fremden Eroberern besetzt wurde, weist sie einen erstaunlich lückenlosen Bestand an christlichen und nichtchristlichen georgischen Kulturgütern auf.

→ Kapitel 2: Kurze Geschichte Swanetiens – Kirchen, Klöster, Kirchenmalerei und sakrale Objekte – die Anbindung Swanetiens an das Land, in dem die Kartweler leben

→ Kapitel 2: Kurze Geschichte Swanetiens – Der Zusammenbruch der Sowjetunion, die Desintegration Georgiens und die Folgen für Swanetien in den Jahren 1990 bis 2010

Mit dem Zusammenbruch der Sowjetunion, dem wirtschaftlichen Niedergang Georgiens und der politischen Desintegration waren auch die Kulturgüter in bisher nie gekanntem Umfang gefährdet. Um einen Verfall der Kirchen zu verhindern und dem Raub von Ikonen, zu dem es in einigen Fällen kam, vorzubeugen, finanzierte die niederländische Stiftung Stichting Horizont seit 1997 die Arbeit georgischer Restauratoren in 14 Kirchen in Swanetien. Im Kloster Lamaria und in der Erlöserkirche in Murkmeli wurden Wandmalereien aus dem 10. bis 12. Jahrhundert restauriert, letztere enthalten Darstellungen der Taufe und der Kreuzigung Jesu.

Das über ganz Swanetien gesponnene System aus Kirchen und Klöstern findet sich idealtypisch auch in Ushguli: Die Hauptkirche der Talschaft ist größer und reicher ausgestattet und an ein Kloster angeschlossen. Sie ist mit den anderen Kirchen z. B. innerhalb von Prozessionsritualen verbunden. Ihr Schutzheiliger gilt meist für den gesamten Dorfverband. Daneben gibt es kleinere Kirchen, die anderen Schutzheiligen geweiht sind.

Eine herausgehobene Bedeutung kommt dem heiligen Georg zu, den man als Militärheiligen auch für die auf der Jagd genutzten Waffen um seinen Segen bittet. Die Erzengel etwa sind den volkstümlichen Vorstellungen von Engeln, die die Bergkämme und Gipfel bewachen, vergleichbar. So waren und sind die Wege der religiösen Swanen im Alltagsleben begleitet von Kirchen, und auch nichtsakrale Objekte wie Wegsteine oder Bäume, die für den Außenstehenden nicht als solche erkennbar sind, können Gedenk- oder Bittstellen sein während des Verrichtens der Feld- oder der Hausarbeit. Zur jeweiligen Kirche gehören auch Flächen, die nicht bebaut werden dürfen, wie Waldflächen zur Holzgewinnung oder Ackerflächen, auf denen früher nur das Getreide für das bei vielen religiösen Riten verendete Opferbrot angebaut werden durfte. Der swanische Kalender kennt in seinem Jahresgang mehr als 150 religiöse Festtage und strukturiert so für viele Swanen auch heute noch das Leben.

→ Kapitel 7: *Off the beaten track* – Die Dorfgemeinschaft Latali und ihre Umgebung erkunden – Spaziergang 1: Volksreligiosität und Christentum, Traditionelle Frauen- und Männerräume

In der Sowjetzeit verfielen viele der religionsbezogenen Sitten aus ideologischen Gründen, und vorchristliche Praktiken wie Tieropfer oder das Anrufen von Berggöttern nahmen zu, weil Religion immer schon stark in der Alltagskultur verankert gewesen war. Bereits nach dem Niedergang des georgischen Königreichs waren die Swanen immer wieder von der offiziellen Kirche abgetrennt gewesen und volksreligiöse Praktiken gewannen die Oberhand, vor allem dann, wenn keine offizielle Priesterausbildung möglich war. In diesem Sinne repräsentierten die

Rund um die Pusd-Kirche an der Grenze zwischen Chvibiani und Jibiani gelten die Bäume den Dorfbewohnern als heilig und dürfen nicht gefällt werden

Klöster und Hauptkirchen durch alle Zeiten hindurch immer auch den Zugriff der Amtskirche auf die religionsbezogene Kultur der Dorfbewohner.

Fragt man heute Bewohner Ushgulis nach der Bedeutung des Klosters für die Talschaft hört man immer wieder, dass die Priester eher stören würden, als dass sie hilfreich wären. Als religiös verstehe man sich unbedingt, das Feiern der Feste führe die Dorfgemeinschaft auch immer wieder zusammen, mit der georgisch-orthodoxen Kirche habe das aber wenig zu tun. Es ist sogar eher die Ansicht verbreitet, die Kirche kümmere sich nicht um das Volk und investiere nur in den Bau neuer Kirchen. In der stark patriarchalen traditionellen Ordnung der Region wurden volksreligiöse Feste wie das Lipanali-Fest, bei dem sich die Familien den Seelen der Verstorbenen zuwenden, indem sie ein Festmahl für sie bereiten, immer schon zu Hause unter Leitung des Familienältesten vollzogen und nicht in den Kirchen. Es gibt viele Beispiel dafür, weshalb religiöse Swanen nur bedingt die Ordnung einer Amtskirche benötigen, um ein traditionelles religiöses Leben zu praktizieren.

LESETIPP: Nino Okinaschwili: „Gab es eine Eidgenossenschaft im Hohen Kaukasus? Untersuchungen zur Schwureinung anhand svanischer Gedenkaufzeichnungen." In: Yuri Besmerty/Otto Oexle (Hg.) (2001): „Das Individuum und die Seinen", Vandenhoeck & Ruprecht, Göttingen, S. 127–151.

So war durch alle Zeiten hindurch die Orientierung an einer bestimmten amtskirchlichen Sichtweise auf die Lebensführung der Menschen in den Dörfern sicher immer schwächer ausgeprägt als die Organisation der Dörfer als Schwurgemeinschaften oder Eidgenossenschaften, innerhalb derer die traditionellen Rechtspraktiken vollzogen wurden. Damit wurde zugleich allerdings auch die Anbindung an religionsbezogene Praktiken gestärkt, da Ikonenschwüre zur Bestätigung von Rechtsurteilen der Ältestenräte und Mediatoren eingesetzt wurden. Man schrieb die Beschlüsse an Kirchenwände oder ritzte sie in Kreuze ein, so dass sie für alle sichtbar dokumentiert waren. So verwalteten sich die Talschaften seit dem Mittelalter als Schwurgemeinschaften selbst in einem, so Brigitta Schrade, militärisch-demokratischen System, das seitens der Kirche stabilisiert wurde.

Trotzdem die Kirchen Ushgulis also nur teilweise restauriert und zu besichtigen sind, kann man sich als Besucher bewusst machen, dass der gesamte Raum, in dem man sich aufhält, stark religionsbezogen strukturiert ist.

Bekannte Fälle von Ikonenraub in Ushguli und Kala aus der Sowjetzeit: In der wissenschaftlichen Literatur sind zwei exemplarische Fälle von Ikonenraub aus den 1920er und 1930er Jahren von Ethnologen dokumentiert und gedeutet worden. Diese Fälle sagen zum einen viel darüber aus, dass die **Durchdringung der swanischen Gesellschaft durch staatliches sowjetisches Recht** generell gering war, da es bei beiden Fällen zur Tötung von Personen kam, ohne dass diese Tötungen vor einem staatlichen Gericht verhandelt worden wären. Die regionalen Mediatorengerichte lösten die Fälle selbst. Zum anderen heben sie **die Bedeutung der Ikonen für das traditionelle Rechtsverständnis** hervor, da die Ikonen notwendig waren für den Vollzug der Rechtsakte: Die Beteiligten schworen nämlich auf die Ikonen, dass sie die Rechtsbeschlüsse einhalten werden. Da bei einem Missbrauch des Ikonenschwurs die angenommene Bestrafung durch das der Ikone inkorporierte Wesen (Heiliger oder Gottheit) so schlimm wäre, dass die Folgen niemand wünschen könne, gehen alle Beteiligten davon aus, dass man **durch den Ikonenschwur Wahrheit bezeugen und Rechtssicherheit herstellen** könne.

Im ersten Fall unternahmen ein Mann mit Namen Devetgeri und sein Onkel, beide von jenseits der Grenze aus Kabardino-Balkarien, den Versuch, Ikonen aus der Kirche der heiligen Barbara (Ushguli) und der Kirche des heiligen Kvirike (Kala) zu stehlen. Devetgeri war erfolgreich und entkam, der Onkel aber wurde gefasst. Ein Unterhändler der Swanen wurde daraufhin entsandt mit der Drohung, dass der Onkel getötet werden würde, falls Devetgeri die geraubten Gegenstände nicht zurückbrächte. Devetgeri brachte alles zurück außer eine Perle, die er bereits der Frau, die er heiraten wollte, geschenkt hatte. Wegen des fehlenden Gegenstandes wurde er an den Mauern der Barbarakirche getötet. Um Fälle von Blutrache zu vermeiden, kamen an der Grenze Mediatoren sowohl aus Ushguli als auch aus dem betroffenen Dorf Kabardino-Balkariens zusammen und stellten fest, dass das Dorf Ushguli für die Tötung des Diebes bestraft werden müsse. Hierfür wurde eine Blutschuld von 200 Schafen erhoben, die um 100 Schafe wegen des Ikonenraubs reduziert wurde. Hier wurde durch die Tötung des Mannes nach traditionellem Recht ein Rechtsverhältnis zwischen zwei Dorfgemeinschaften hergestellt, was die Einsetzung eines Mediatorengerichts ermöglichte, um weitere Tötungen zu verhindern, die nach traditionellem Rechtsverständnis im Rahmen von Akten der Blutrache legitim gewesen wären. Dass damit republikübergreifende schwere Straftaten verbunden waren und die traditionellen Rechtsinstanzen nicht für Kapitalverbrechen zuständig waren, störte keinen der Beteiligten. Der Fall wurde einvernehmlich außerhalb des staatlichen Rechts geregelt.

In einem zweiten Fall war unter Ikonenräubern in der Kirche des heiligen Kvirike (Kala) ein Mann, der selbst aus Kala stammte. Ein Mediatorengericht verurteilte alle nicht aus der nahen Region stammenden Männer zum Tod durch Steinigung, die Familie des Täters aus Kala wurde aus dem Dorf verbannt und allen Mitgliedern der Abstammungslinie wurde auf Lebzeiten verboten, wieder die Kirche zu betreten. Erst Anfang der 2000er Jahre wurde der Bann aufgelöst, wiederum in einem Verfahren, in dem Vertreter aller offiziell in Kala gemeldeten Familien beteiligt waren. Hierzu mussten Mitglieder der verbannten Familie alle ehemaligen Einwohnerfamilien dort aufsuchen, wo sie mittlerweile in Georgien lebten, und deren Zustimmung erbitten.

Mit dem Fortbestand der Sowjetunion und der Verstärkung des Zugriffs auf traditionelle Weisen der Lebensführung nahm die Bedeutung von Ältestenräten selbstverständlich ab. Sie wurden aber nie ganz aufgegeben und traten mit der Desintegration des georgischen Staates vor allem in den 1990er Jahren wieder auf, um Konflikte außerhalb der staatlichen Gesetze zu regeln.

LESETIPP: Lavrenti Janiashvili (2012): „Traditional Law in Soviet Times", Caucasus Analytical Digest 42, S. 5–7. Online verfügbar unter: http://www.laender-analysen.de/cad/pdf/CAD-42.pdf

7 *Off the beaten track* – Oberswanetien abseits der Trampelpfade entdecken

Archäologisches Feld unterhalb des Dorfes Lakhushdi

Swanetien ist mehr als Ushguli und Mestia. Die meisten Besucher haben im Rahmen Ihrer Georgienreise nur wenige Tage für den Aufenthalt in einer der kulturell und geografisch interessantesten Regionen des Landes und können hierbei meist nur Oberswanetien besuchen. Georgien befindet sich seit mittlerweile drei Jahrzehnten immer wieder in dramatisch verlaufenden Phasen des Umbruchs. **In Swanetien gibt ein Rückbezug auf traditionelle Arten der Lebensführung vielen Menschen Halt** und ernährt sie in engen Familienverbänden. **Die Moderne bahnt sich auch dort ihre Wege**. Bruchlinien des Alten und des Neuen lassen sich „abseits der touristischen Trampelpfade" erkunden.

Traditioneller Holzanbau an swanischer Festung in Lakhushdi

Abzweige zum Dammbauprojekt zwischen Nenskra und Nakra in Khaishi

ⓘ **Tradition und Moderne:** Einerseits hat die Region intensive Modernisierungsphasen hinter sich, die mit der Sowjetzeit begannen und den Raum grundlegend umstrukturierten, was Landwirtschaft und Architektur angeht. Auch auf das Verständnis der Geschlechterrollen hat sich dies teils erheblich ausgewirkt, weil für Frauen der Zugang zur Bildung erzwungen wurde und es infolgedessen bis heute eine große Zahl an hoch qualifizierten Frauen in der Region gibt. Die Arbeitslosigkeit ist freilich, vor allem für Berufe mit Studienabschlüssen, hoch. Dass das Leben in den Dörfern bis heute stark konservativen Vorstellungen folgt, liegt vor allem daran, dass nahezu alle Swanen intensive Landwirtschaft in Handarbeit leisten müssen, um sich selbst versorgen zu können. Modernisierungsangebote scheitern deshalb vor allem daran, dass der Staat bis heute nicht in der Lage ist, die Menschen von der landwirtschaftlichen Selbstversorgung zu entlasten.

Organisation: Die in diesem Kapitel beschriebenen Orte sind am besten mit einem privaten Fahrzeug zu erreichen. Entweder man leiht ein Auto oder man lässt sich von der Unterkunft gegen ein geringes Entgelt zum Ausgangspunkt einer Tour oder eines Rundgangs fahren und von dort wieder abholen. Bei den nahe an Mestia gelegenen Dorfgemeinschaften Lenjeri und Latali kann dies völlig problemlos organisiert werden. Es besteht auch die Möglichkeit, per Anhalter unterwegs zu sein wie die Einheimischen, die dem Fahrer ein paar Lari für das Mitnehmen geben. Die weiter von den Zentren entfernt gelegenen Orte lassen sich am besten erkunden, wenn man vor Ort eine Unterkunft nimmt und sich etwas Zeit für die Umgebung gibt.

Die Dorfgemeinschaft Lenjeri erkunden

Rundwanderweg: Soziale Hintergründe traditioneller Landwirtschaft in Oberswanetien, Ausblick auf die touristische Zukunft der Region, die Kirchen von Nesguni und Lashtkhveri und der Amirani-Mythos (2–3 Std.)

Von Mestia aus sind es etwa zehn Minuten mit dem Auto bis zur Dorfgemeinschaft Lenjeri. Der Einstieg in die zwei bis drei Stunden dauernde Rundwanderung befindet sich am Ende einer Haarnadelkurve auf der rechten Seite des Dorfes Nesguni.

Man geht dort bergan bis zu der aus dem 9. bis 10. Jahrhundert stammenden Erlöserkirche von Nesguni, einem der ersten Kirchenbauten im spät christianisierten Swanetien. Der im Vergleich große, vor allem hohe Kirchenbau wurde wohl sofort nach seiner Errichtung ausgemalt mit Darstellungen von Aposteln, die, typisch für diese frühe Zeitperiode, eher schematisch und flächig ausfallen mit einheitlichen, wenig ausgestalteten Kleidungsstücken und einfachen Gesichtern mit weit offenen Augen. Die Kirche ist, wie andere swanische Kirchen, verschlossen und kann nur durch den Kirchenwächter geöffnet werden, was eventuell durch die Unterkunft organisiert werden kann. An der Außenseite sind noch stark verwitterte Reste von Fresken erkennbar. Im 12. Jahrhundert gestaltete man den Innenraum weiter aus mit den für diese Zeit für Swanetien typischen Reiterdarstellungen. Die Kirche wurde im Rahmen des von Rolf und Brigitta Schrade organisierten Programmes von Stichting Horizont restauriert. Besonders hervorzuheben ist neben mehreren Ikonen und Kreuzen die Restaurierung des aus dem 11. Jahrhundert stammenden Voraltarkreuzes, das auf einem Steinsockel vor dem Altar platziert ist.

→ Kapitel 2: Kurze Geschichte Swanetiens – Kirchen, Klöster, Kirchenmalerei und sakrale Objekte – die Anbindung Swanetiens an das Land, in dem die Kartweler leben

Die niederländische Stiftung *Stichting Horizont* finanzierte seit 1997 unter Leitung von Rolf und Brigitta Schrade aus Berlin die Arbeit georgischer Restauratoren in 14 Kirchen in Swanetien: https://www.horizonfoundation.nl

Der Weg führt nun weiter parallel zum Fluss Puskheri durch das Dorf in nördlicher Richtung. Nach wenigen Minuten, am Ende des Dorfes, geht es, nachdem man eine dichte Ansammlung von Gebäuden hinter sich gelassen hat, am letzten Haus der Ortschaft nach links und man wählt einen der Pfade, die bergan führen. Knapp unterhalb des kurzen Waldstückes wird in Richtung Mestia sichtbar, was möglicherweise die nahe touristische Zukunft der Region sein kann: Eine Reihe von als Hotelbauten geplanten, großen Gebäuden und motelartigen Unterkünften bedeckt den vor der Haarnadelkurve liegenden Hang, der in seiner Bebauung stark an vom Tourismus geprägte Regionen in den europäischen Alpen erinnert. Oberhalb des Waldes trifft man im Anschluss an ein kurzes Stück Weide auf den Fahrweg, der von Nesguni aus weiter in die Berge führt. Diesem Weg folgt man nun bergab in Richtung des Dorfes Lemsia. Im weiteren Verlauf eröffnen sich schöne Blicke auf die einzelnen Dörfer, die zur Dorfgemeinschaft Lenjeri gehören: Nesguni,

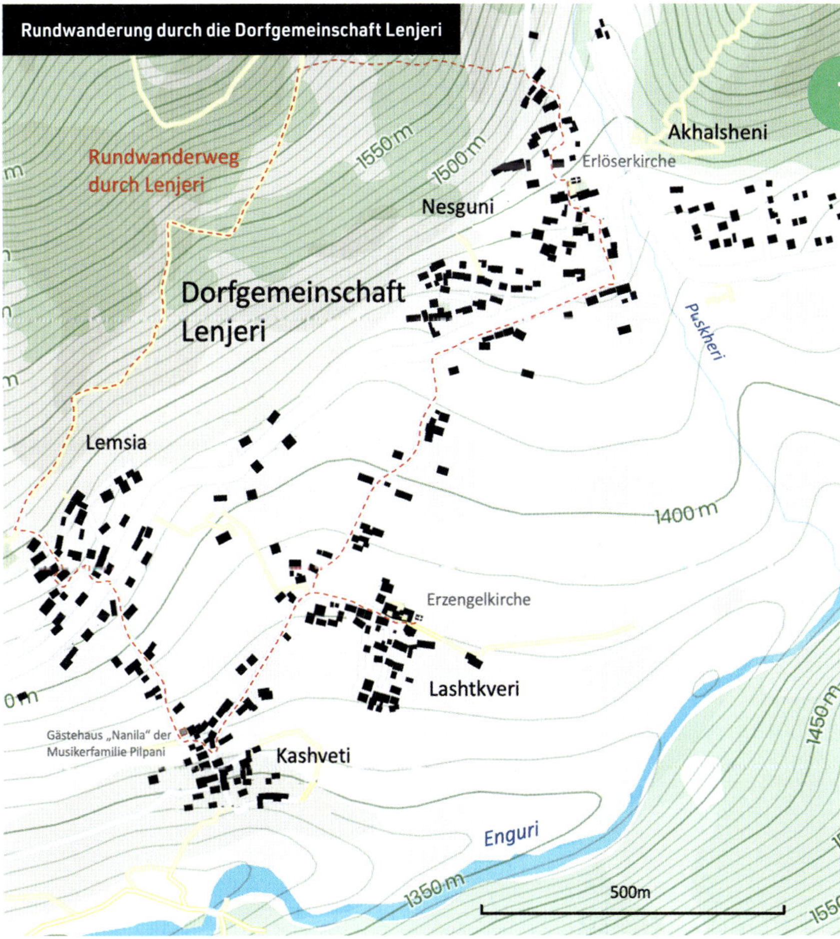

Rundwanderung durch die Dorfgemeinschaft Lenjeri

Lemsia, Kashveti, Lashtkveri, Kaeri, Soli, Kheshkili. Die landwirtschaftliche Fläche, die die Dörfer umgibt, ist stark zersplittert, d. h., viele kleinparzellierte Felder greifen ineinander. Jedes der Dörfer beheimatete früher und beheimatet auch heute noch nur wenige Abstammungsgemeinschaften – in Lemsia ist der meistverbreitete Familienname Schukvani, in Kashveti stellen die Pilpanis die meisten Haushalte. Bei einer Erhebung zur Verbreitung der swanischen Sprache von 1999 stellte man fest, dass in Nesguni bei auf 50 verheiratete Partnerschaften nur drei Ehefrauen nicht aus Swanetien stammten, im Dorf Lashtkveri war es bei 30 eingetragenen verheirateten Paaren nur eine Partnerin. In einem swanischen Dorf bewegt man sich also immer auch im privaten Raum, da die Dorfbewohner streng abstammungsbezogen siedeln, also in der Regel nicht mehr als zwei oder drei

Blick von Westen auf die Dorfgemeinschaft Lenjeri und die sie umgebenden landwirtschaftlichen Nutzflächen

ⓘ **Erbrecht und Bodenverteilung in Swanetien:** Einer der Hauptgründe für **die Dauerhaftigkeit traditioneller sozialer Vorstellungen unter Swanen** wird im swanischen **Abstammungs- oder Herkunftsverständnis** gesehen (***gvari* als männliche Abstammungslinien des Vaters**), das direkt an das Recht an Eigentum von Boden gebunden ist. Daraus folgen Verfahren, die das Aushandeln von Besitzverhältnissen zwischen Familienlinien regeln, die wiederum aus Heiratsverhältnissen hervorgehen (**Aufteilung der *gvari* in Bruderschaften, *samkhub* oder *lamkhub* als Verzweigungen der männlichen Abstammungslinie**, deren Mitglieder allesamt als Brüder angesehen werden). **Als *temi* werden einerseits die Familienäste desselben Nachnamens bezeichnet, andererseits alle Flächen einer Ortschaft als territoriale Einheit**. Die familiären Abstammungslinien sind somit der gesamten Kulturlandschaft Swanetiens eingeschrieben, weswegen es selbst dem restriktiven Sowjetsystem nicht möglich war, die Kollektivierung in letzter Instanz so umzusetzen, dass sich der Umgang der Menschen mit dem Land, welches sie bewirtschafteten von den althergebrachten Eigentumsvorstellungen löste.

Allerdings führte das traditionelle Erbrecht schon immer zu einer starken **Zersplitterung der Flächen**. Bereits **in der Zeit der Sowjetunion** mussten deshalb viele Swanen von der **Möglichkeit sowjetinterner Arbeitsmigration** Gebrauch machen. Eine andere Möglichkeit, der Bindung an den Boden zu entkommen, bestand für Swanen im **Bildungsaufstieg**, der sie in anerkannte akademische Berufe führte. Auch in Swanetien wurde der Boden seit 1993 aus landwirtschaftlichen Produktionsgemeinschaften wie Kolchose oder Sowchose zunächst nach dem Prinzip der **Belegschaftsprivatisierung** aufgeteilt, d. h., jedes Belegschaftsmitglied erhielt gleich viel Bodenanteil. Mit Beginn der staatlichen Desintegration als Folge des Zusammenbruchs der Sowjetunion waren aber schon große Flächen über Mediatorengerichte und sogenannte professionelle „Erinnerer" unter den Familien, die ihre Ansprüche vor diesen inoffiziellen Gerichten geltend machen konnten, verteilt worden. In Dorfgemeinschaften wie Lenjeri oder Latali erfolgte diese Rückverteilung im Gegensatz zum Verwaltungszentrum Mestia eher konfliktfrei, weil dort weniger Flächenkonkurrenz bestand. Mit der Zunahme der Nachfrage nach Nutzung von Flächen für den Tourismus nehmen Konflikte im Zusammenhang mit nicht geklärten Besitzverhältnissen allerdings zu.

LESETIPP: Jan Koehler (1999): „Parallele und integrierte Rechtsysteme in einer postsowjetischen Peripherie: Swanetien im Hohen Kaukasus", in: E. Alber and J. Eckert (Hg.): „Settling of Land Conflicts by Mediation. Schlichtung von Landkonflikten – ein Workshop", Berlin, Institut für Ethnologie, Deutsche Gesellschaft für technische Zusammenarbeit (GTZ), CD-ROM.

Familien angehören. Zuzug von außen wie z. B. im deutschen ländlichen Raum ist eine seltene Ausnahme.

Der Weg führt schließlich nach Lemsia hinein und durch das Dorf bis zur Hauptstraße. Man überquert diese und folgt dem Weg an Häuserreihen entlang hinab in das Dorf Kashveti, in welchem seit vielen Generationen die Pilpani, eine der bekanntesten Musikerfamilien in Georgien, die Mehrheit der Einwohner stellen. Der Ahnherr der Familie hieß – ebenso wie eine Reihe seiner musikalischen Nachkommen – Islam Pilpani. Die Familie stellt das auch bei internationalen, polyphonen Volksmusikfestivals renommierte Ensemble Riho, das nach dem mehrstimmigen Gesangsstück „Riho" benannt ist. Das swanische Wort bedeutet „Sonnenaufgang", der Liedtext lautet: „Sonnenaufgang – Du betest zu Gott an der Mauer von Lamaria in Ushguli. Sonnenaufgang – Sie kämpften gegen die Feinde. Sonnenaufgang – Deine jungen Männer sind alle gegangen." Das inhaltlich für Außenstehende eher schwer verständliche Lied erinnert an ein Ereignis in der Geschichte Ushgulis, bei dem die jungen Männer der Dorfgemeinschaft nach Norden über die Berge in den Kampf gegen ein Dorf in Kabardino-Balkarien zogen – nur einer der jungen Männer kehrte zurück. Angesprochen auf den traurigen Inhalt werden allerdings die meisten männlichen Swanen versichern, dass das Lied keinesfalls ein Klagelied sei, da in ihm vielmehr Tapferkeit und Heldentum der Verstorbenen gerühmt würden.

Wenn auch die Inhalte swanischer Volkslieder oft fragwürdige Rollenbilder vermitteln, ein Zug, den sie wohl mit den meisten Volksliedtraditionen weltweit teilen, so muss doch die Leistung anerkannt werden, dass sich diese sehr alten und schönen Liedgesänge erhalten haben. Selbst vorchristliches rituelles Liedgut, von dem es keine Aufnahmen gibt, wird noch vorgetragen und

→ Kapitel 2: Kurze Geschichte Swanetiens – Der Zusammenbruch der Sowjetunion, die Desintegration Georgiens und die Folgen für Swanetien in den Jahren 1990 bis 2010

→ Kapitel 6: Ushguli erleben – Religiöse Stätten in Ushguli

WANDERTIPP: Swanische polyphone Musik ist frei im Internet verfügbar – Islam Pilpanis Ensemble Riho ließe sich also während der Rundwanderung hören.

Familie bei der Feldarbeit auf kleinen Parzellen

Umfriedetes Anwesen der Familie der Schlüsselwächter der Erzengelkirche von Lashtkveri

Erzengelkirche von Lashtkveri (14.–15. Jh.)

unterrichtet. Die Musik erlebt sogar seit einigen Jahren einen Aufschwung, weil der zunehmende Tourismus auch mehr Möglichkeiten der Vermarktung swanischer Volksmusik mit sich bringt. Die Familie Pilpani bedient heute durch internationale Musikseminare in ihrem Gästehaus „Nanila" und eine Musikschule diesen Bedarf. 2001 wurde der georgische mehrstimmige Gesang als Obergruppe der verschiedenen regionalen polyphonen Traditionen in die UNESCO-Liste der „Meisterwerke des mündlichen und immateriellen Erbes der Menschheit" aufgenommen.

Am ersten Abzweig im Ort wendet man sich nach links wieder bergan, um in das Dorf Lashtkveri zu gelangen. An der folgenden Kreuzung geht es nach rechts, den Fahrweg entlang bis zur Erzengelkirche. In der Ortschaft finden sich, ebenso wie in Kashveti, einige Beispiele für von hohen Mauern umgebene und mit Toren verschlossene Familienanwesen, wie sie in den Dörfern oberhalb von Mestia in Richtung Ushguli nicht vorkommen.

Maximus der Bekenner (580–662) ist eine wichtige Figur im Zusammenhang mit den Kämpfen um einen dogmatischen Konsens im Christentum seiner Zeit, die unter dem Eindruck der Bedrohung durch vordringende Araber- und Perserreiche mit dem Ziel einer Vereinigung der Christen geführt wurden.

Die Erzengelkirche enthält im Inneren Fresken aus dem 14. bis 15. Jahrhundert, die neben Ausschnitten aus der Geschichte Jesu auch seltene Darstellungen von in der orthodoxen Kirche verehrten Eremiten, d. h. Menschen, die weit ab von der Welt ein gottgeweihtes Leben suchen, enthalten. Im Schrein der Kirche findet sich ein Bildnis des griechischen Mönchs und Theologen Maximos Homologetes, der in der römisch-katholischen und der orthodoxen Kirche als Heiliger unter dem Namen „Maximus der Bekenner" verehrt wird – es ist in ganz Georgien das einzige Abbild des Heiligen.

Die Erzengelkirche ist eine der wenigen Kirchen Swanetiens, wo man, um einen Eindruck vom Reichtum der mittelalterlichen Kunst der Region zu gewinnen, nicht darauf angewiesen ist, Zutritt zum Inneren der Gebäude zu erhalten. An den Außenwänden der Kirchen sind, geschützt von dem weit überhängenden Dach, sehr schöne Fresken erhalten, die wohl ebenfalls zur malerischen Erstausstattung der Kirche zählen. Beim Be-

Ausschnitt aus den Wandfresken der Erzengelkirche von Lashtkveri

trachten der Fresken darf man eintauchen in die für Swanetien so bedeutsame nichtchristliche Welt des Mythos. Die Fresken zeigen Szenen aus dem Epos „Die Geschichte von Amiran, dem Sohn Darejans". Amirani oder Amiran war der Sohn Dalis (Dael) und ging aus einer Verbindung zwischen der in der kaukasischen Mythologie wichtigen Göttin der Jagd und einem Sterblichen hervor, dem Jäger Sulkalmah. Der swanischen Version des Mythos nach tötete Darejan, die Ehefrau des Jägers, die Göttin, indem sie ihr im Schlaf die Haare schnitt, nachdem sie von der Affäre ihres Mannes erfahren hatte. Der Jäger entnahm dem Leib der Göttin daraufhin Amiran, den Sohn der beiden. Dieser wuchs fortan in der Familie des Jägers neben deren leiblichen Söhnen auf, mit denen er zahlreiche Kämpfe gegen böse Geister ausfocht. Amiran durchreiste die indische, persische und kaukasische Mythenwelt, bestand viele Abenteuer, bei denen er mehrfach starb, als Halbgott aber ins Leben zurückkehrte, etliche Meeresungeheuer, Riesen und Drachen besiegte und die Menschen lehrte, wie sie Metall aus dem Gestein der Berge gewinnen können.

Das Epos geht auf das frühe bis mittlere 11. Jahrhundert zurück und umfasst 12 Episoden von Ritterkämpfen. Diese wer-

Szenen aus dem Versepos „Die Geschichte von Amiran, dem Sohn Darejans" an der Nordseite der Erzengelkirche von Lashtkveri

den, einer Anmerkung in einem Werk des wichtigsten georgischen Dichters des Mittelalters, Shota Rustaveli (1160–1220), folgend, Moses von Khoni zugeschrieben. Der Dichter soll zeitgleich mit Rustaveli am Hof der Königin Tamar (Regierungszeit 1184–1213) gedient haben.

Der Weg zum Ausgangspunkt der Rundwanderung führt zunächst zurück zur Kreuzung mit dem Fahrweg in Richtung Nesguni, wo man sich nach rechts bergan wendet. Auf dem Fahrweg zur Hauptstraße kann man noch einmal den Blick über die landwirtschaftlichen Nutzflächen schweifen lassen. Besonders auf der weiten und gut überschaubaren Fläche zwischen Nesguni und Lashtkveri fällt auf, wie intensiv die vielen kleinen Flächen genutzt werden. Man kann sich so ein weiteres Mal bewusst machen, wie stark die Ernährung der Bevölkerung in der Region von der Selbstversorgung abhängt. Die Land- und Viehwirtschaft ist wegen des geringen Mechanisierungsgrades arbeitsaufwendig, was allerdings den Vorteil mit sich bringt, dass die Bevölkerung über die notwendigen Kenntnisse und Fähigkeiten verfügt, sich in Krisenzeiten selbst zu ernähren. Andererseits sind einer marktorientierten Produktion enge Grenzen gesetzt. So schafft der Tourismus zumindest für einen Teil der Bevölkerung Möglichkeiten, durch einen Zuverdienst Rücklagen zu schaffen und für Zukunftsinvestitionen zu planen.

→ Kapitel 2: Kurze Geschichte Swanetiens – Die Entdeckung Swanetiens durch den Tourismus seit 2010

Der Prometheus-Mythos im Kaukasus: In der Forschung ist letztlich nicht geklärt, wie viel des **Amiran-Darejan-Mythos** aus alten griechischen und indischen Quellen stammt. Man geht jedoch davon aus, dass die **Entstehung der Legende** in das **3. bis 2. Jahrtausend vor unserer Zeitrechnung** fällt, in den Beginn der Bronzezeit. Manche Forscher vermuten sogar, dass der aus dem Kaukasus stammende Mythos die griechischen Mythenerzählungen bis hin zu Jason und den Argonauten beeinflusst hat, zumal die Götterwelt Homers Prometheus nicht kennt und die älteste überlieferte Version des Mythos sich in den Werken Hesiods findet, die im späten 8. Jahrhundert vor unserer Zeitrechnung entstanden sind.

Amiran wird zugeschrieben, dem Menschen die **Kunst der Metallgewinnung und -verarbeitung** übermittelt zu haben. Dafür bestraften ihn die Götter, indem sie ihn **im Kaukasus an einen Felsen schmiedeten**. In manchen Textvarianten wird er lebend begraben, worauf sich eine Höhle über ihm bildet, in anderen frisst ein Adler, ebenso wie im griechischen Prometheus-Mythos, an seiner Leber und die Wunde heilt über Nacht wieder aus. Volkserzählungen von Titanen, die an Berghänge oder Gipfel gekettet sind, sind im Kaukasus weit verbreitet. Im benachbarten **Kabardino-Balkarien** gibt es die **Geschichte eines Titanen, der an den Elbrus gekettet ist** und bisweilen von Menschen gesehen wird – niemand aber kann ihn zweimal erblicken. Von Zeit zu Zeit erwacht er aus einem einer Ohnmacht ähnlichen Zustand und fragt seine Wächter, ob das Leben von Menschen und Tieren auf Erden noch weiter seinen Weg geht. Antworten die Wächter mit „Ja", verfällt er in wütendes und verzweifeltes Schreien und Klagen. Dies führt in den Bergen zu Gewitterstürmen und erinnert die Menschen an dessen Leiden.

LESETIPP: Heinz Fähnrich (2009): „In den Bergen der Götter. Alte Glaubensvorstellungen, Überlieferungen und Bräuche bei den Georgiern des Kaukasus", Reichert-Verlag.

Westansicht der Jonahkirche in Lenashi

Die Dorfgemeinschaft Latali und ihre Umgebung erkunden

Die Dorfgemeinschaft Latali umfasst insgesamt 14 Dörfer, darunter Lenashi, Matskhvarishi, Lakhushdi und Kvanshianiari und kleinere Formen der Vergemeinschaftung wie Nachbarschaften und Einsiedlerhöfe wie Skobuldi und Pechuari. In Latali sind ungefähr 1.500 Einwohner gemeldet, doch leben nur wenige Hundert davon das ganze Jahr in der Dorfgemeinschaft. Mehr als die Hälfte ist nach Tbilisi oder in andere Regionen Georgiens gezogen, da dort der Zugang zu Bildung besser ist oder mehr Verdienstmöglichkeiten gegeben sind. Latali ist durch die Arbeit der Direktorin des *Svaneti Museum of History and Ethnography* Nino Tserdiani und des kanadischen Professors für Kaukasusforschung Kevin Tuite der am besten erforschte Raum in Swanetien, was die traditionelle Alltagskultur Swanetiens und die Auswirkung der Religion auf die Gestaltung des ländlichen Raumes angeht. Zudem besitzt Latali einige der bedeutendsten Kirchenbauten Swanetiens. Somit lässt sich vieles, was für Swanetien typisch ist, in Latali im Rahmen einiger Rundgänge erkunden. Die hierzu vorgeschlagenen Kirchen (Jonahkirche in Lenashi, Erlöserkirche und Erzengelkirche in Matskhvarishi) liegen in unmittelbarer Nachbarschaft, nur ein paar Gehminuten voneinander entfernt.

Viele Besucher Swanetiens stellt die große Zahl an alten und kleinen Kirchen, die für mitteleuropäische Augen eher Kapellen gleichen, vor offene Fragen. Jede Dorfgemeinschaft besteht aus mehreren Dörfern, von denen wiederum jedes mindestens eine kleine Kirche hat, die in direkter Nachbarschaft zueinander liegen. Dies hat zum einen historische Gründe, die mit den Unternehmungen des georgischen Adels und der orthodoxen Kirche zusammenhängen, von der georgischen Tiefebene aus durch Kirchenstiftungen auf die Region zuzugreifen und diese in einer Verbindung von militärischer und religiöser Organisation zu kontrollieren. Ferner geht es darauf zurück, dass Swanetien die Funktion einer Schatzkammer Georgiens hatte für die Zeiten, in denen das georgische Königtum durch das Vordringen von Persern, Mongolen und Osmanen bedroht war. Man schaffte religiöse und weltliche Kunstgegenstände und Handschriften dorthin und verbarg sie vor dem Zugriff der Eroberer in Kirchen und Klöstern. Infolgedessen entwickelte sich Swanetien selbst zu einem Zentrum künstlerischer und kunsthandwerklicher Tätigkeit, ehe es später wieder an Bedeutung verlor.

Spaziergang 1: Volksreligiosität und Christentum, Traditionelle Frauen- und Männerräume (1–2 Std.)

→ Kapitel 2: Kurze Geschichte Swanetiens – Die Einbindung Swanetiens in die Grenzsicherung und das georgische Militärsystem unter Dawit dem Erneuerer

Des Weiteren existierten neben dem öffentlichen religiösen Raum in Form der Kirchen, in denen heute der offizielle orthodoxe Ritus vollzogen wird, schon immer parallele nicht institutionalisierte, volksreligiöse Glaubensformen. Dies sind zum einen Kernelemente vorchristlicher Riten wie Opferrituale und für Hochgebirgsregionen übliche Vorstellungen von Gottheiten oder anderen übernatürlichen Wesen. Zum anderen finden sich vielfältige Formen der Anpassung vorchristlicher Riten an die mit der Christianisierung verbundene Erwartung, dass offizielle christliche Riten ersatzlos übernommen werden sollten, wie z. B. christliche Feste oder die Übernahme der Heiligen Kommunion als einzige Form eines Opferritus.

Die Kirchen Swanetiens stehen also für zweierlei: Einerseits repräsentieren sie Räume eines offiziellen Christentums, das, wie überall in der Welt, trotz des vorgegebenen Ordnungsrahmens von den Gläubigen unterschiedlich gelebt und interpretiert wird. Andererseits werden die dort verehrten Heiligen innerhalb von mit Opfergaben verbundenen volksreligiösen Ritualen um Schutz und Segen angerufen, die eindeutig außerhalb der offiziellen amtskirchlichen Lehre stehen. Diese Praktiken sind wiederum sehr viel tiefer verankert in den lokalen Lebens- und Glaubensvorstellungen als die offizielle orthodoxe Lehre. Die angebeteten Heiligen sind entsprechend nicht an bestimmte Kirchenbauten gebunden. Eine Dorfgemeinschaft

In Swanetien konkurrieren offizielles und inoffizielles Christentum um die Deutung des religiösen Raumes.

kann durchaus zwei dem wichtigen Volksheiligen Georg oder der Gottesmutter Maria geweihte Kirchen besitzen. Und es gibt auch jenseits der Kirchenbauten Ort oder Räume, an denen an die Anwesenheit eines Heiligen oder Erzengels geglaubt wird. Dies können bestimmte Steinformationen, Büsche oder Bäume oder auch Ruinenflächen ehemaliger Kirchen sein.

Die zwischen dem 12. und 14. Jahrhundert aus gleichmäßig großen Kalksteinblöcken errichtete, dem Propheten Jonah geweihte Kirche im Dorf Lenashi ist schon von ihrer Namensgebung her außergewöhnlich für Georgien, da keine andere Kirche dem Propheten Jonah geweiht ist. Das für Swanetien typische kleine, aus einer Halle bestehende Kirchenschiff ist an drei Seiten von einem von Säulen gesäumten Wandelgang umgeben. Nur die nach Osten ausgerichtet Seite, an der sich das Heiligste mit Altar und Schrein befinden, ist frei. Von Innen schließt daran eine Apsis an, durch die über eine schmale Fensteröffnung Licht ins Innere der Kirche geleitet wird. Die Fassade ist mit regelmäßigen, aus dem Kalkstein herausgearbeiteten Bögen zurückhaltend dekoriert. Die Fresken im Inneren der Kirche sind leider allesamt stark beschädigt, sie enthalten Abbildungen von Jesus, dem Kreuz von Golgatha, der Könige David und Salomon, der Heiligen Peter und Paul, der Kirchenväter und des Propheten Jonah mit dem Wal. Ferner findet sich die Abbildung eines nicht bezeichneten Königs aus der Geschichte Georgiens, vermutlich Konstantins I. von Imeretien. Die ehemals in der Kirche bewahrten Ikonen, u.a. von Jonah und dem heiligen Georg, Handschriften und andere sakrale Objekte können im *Svaneti Museum of History and Ethnography* in Mestia besichtigt werden.

Auf dem Weg von der Jonahkirche in Lenashi in Richtung der Erlöserkirche von Matskhvarishi hat man von der Hauptstraße aus einen schönen Ausblick auf die Erzengelkirche von Matskhvarishi . Die auf einer Anhöhe gelegene, zwischen dem

Ostansicht der Jonahkirche in Lenashi

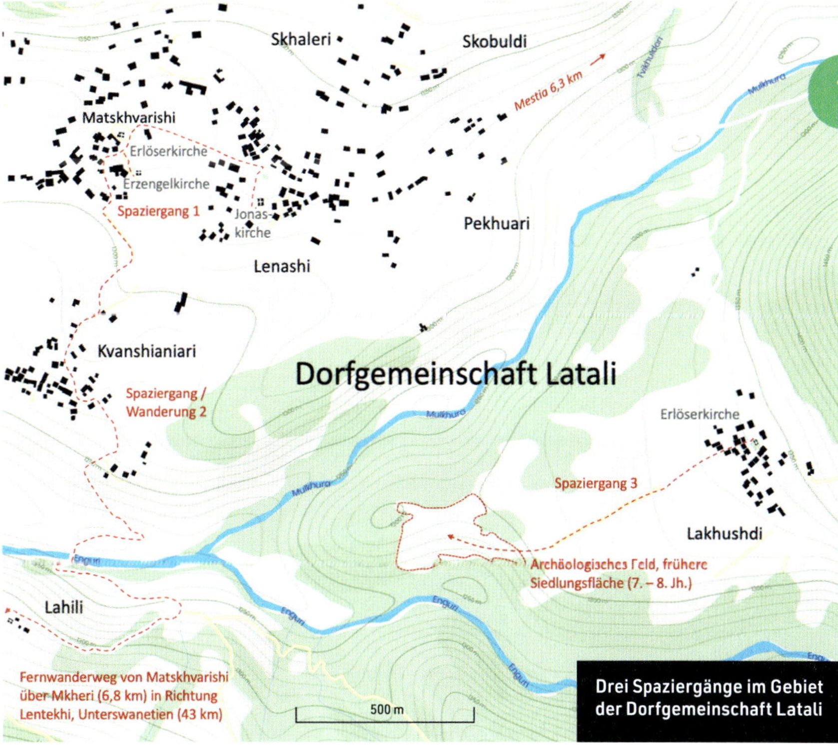

Drei Spaziergänge im Gebiet der Dorfgemeinschaft Latali

11. bis 14. Jahrhundert errichtete Kirche besteht aus einem hohen Hauptschiff mit einer halbrunden, mit fünf Bögen dekorierten, nach Osten ausgerichteten Apsis. In der im Inneren reich ausgemalten Kirche ließ sich die Arbeit von insgesamt drei Malern finden: Einerseits folgen sie den ikonografischen Vorgaben der byzantinischen Malerei aus der Kaiserzeit der Palaiologen, andererseits stehen die Malereien eher älteren Stilrichtungen nahe und können eher als provinziell, d. h. weniger ausgefeilt und künstlerisch anspruchsvoll in der Ausführung bezeichnet werden. Dies wiederum weist auf die Herkunft der Maler aus lokalen Schulen der Malerei hin, die sich jenseits der wichtigen künstlerischen Zentren entwickelten. Entsprechend schwierig ist die zeitliche Einordnung, die unter verschiedenen Wissenschaftlern zwischen drei bis vier Jahrhunderten schwankt. Weiterhin finden sich an Wänden und Säulen noch Inschriften von Pilgern, die aus dem 17. bis 19. Jahrhundert stammen.

Mit dem an der Südseite befindlichen Anbau und der damit verbundenen räumlichen Gliederung nach Männer- und Frauenraum stellt die Erzengelkirche ein Musterbeispiel für den Kirchenbau in Swanetien dar, der an der patriarchalen tra-

LESETIPP: Ketevan Gongadze: „About the Masters of Painting of Matskhvarishi Taringzeli Church", http://www.spekali.tsu.ge/index.php/en/article/viewArticle/12/130

Volksreligion und Christentum in Swanetien: Die Religionsausübung in Swanetien zeigt eine Reihe von Praktiken, die parallel zu den von der georgischen Orthodoxie vollzogenen Formen der Religionsausübung vorhanden sind und in den meisten Fällen die Religiosität der Gläubigen stärker prägen als der offizielle Ritus. Die wichtigsten in Swanetien bis heute praktizierten volksreligiösen Rituale sind **Opferriten**, bei denen, mit abnehmender Bedeutung oder Wichtigkeit, geweihte **Opfertiere** (Stier als wichtigstes Opfertier), spezielles **Opferbrot**, **Alkohol** in Form von Schnaps oder Wein, **Kerzen** und **Geld** der **„größten Gottheit"** oder anderen göttlichen oder heiligen Wesen wie **Schutzpatronen** dargebracht werden. Man bittet hierbei um Hilfe, Wohlstand, Gesundheit o. Ä. Im Ablauf vergleichbare Opferrituale sind mit dem **Gedenken an die Seelen der Toten** oder **Ikonenschwüren** verbunden. Bei all diesen Ritualen werden im Zusammenhang mit dem Darreichen der Opfergaben Sprechakte (z. B. „Du, dem aller Ruhm zukommt!", „Möge Ruhm mit dir sein!") vollzogen, die an die unsichtbaren Wesen gerichtet sind. Die Adressaten lassen sich in drei Gruppen aufteilen: **übernatürliche göttliche oder heilige Wesen, Seelen der Verstorbenen** und **Dämonen oder Teufel**, die innerhalb von Flüchen vorkommen, um Böses auf andere zu richten – in diesem Falle bittet man die Adressierten um Schonung. Die Zahl der verehrten Wesen ist überschaubar infolge der **speziellen historischen Überlagerungssituation**, d. h. dem **Ringen um religiöse Deutungshoheit durch die offizielle Kirche** und den damit verbundenen Gegenbewegungen: Es sind dies **Jesus der Erlöser**, die **Heiligen**, die **Jungfrau Maria** und die **Erzengel**. Die Orte, an denen die Rituale vollzogen werden, können Kirchen sein, in denen Ikonen oder Schreine stehen, mit denen z. B. die Schutzheiligen verbunden werden. Es kann sich hierbei aber auch um andere als geweiht empfundene Orte oder Räume handeln wie Baum- und Steingruppen, besondere Tiere (z. B. Steinböcke) oder auch Quellen. **Die meisten volksreligiösen Praktiken wurden früher und werden heute außerhalb der amtskirchlichen Kontrolle ausgeübt, vor allem im privaten häuslichen Raum**, so dass religiöse Swanen die erst vor wenigen Jahren neu gebauten großen Kirchen, wie z. B. in Mestia oder Tsvirmi, die wiederum auch Ausdruck des Zugriffs der Amtskirche auf die Volksreligiosität sind, nicht benötigen, um ihren Glauben zu praktizieren.

LESETIPP: Nino Tserediani, Kevin Tuite und Paata Bukhrashvili: „Women as Bread-Bakers and Ritual Makers", in: Tsypylma Darieva, Florian Mühlried und KevinTuite (2018): „Sacred Places, Emerging Spaces. Religious Pluralism in the Post-Soviet Caucasus", Berghahn: New York, Oxford. Kapitel online verfügbar unter: http://www.mapageweb.umontreal.ca/tuitekj/publications/TSEREDIANI%20TUITE%20BUKHRASHVILI-Women%20as%20Bread-Bakers%20and%20Ritual-Makers.pdf

ditionellen Sozialstruktur ausgerichtet ist. Nach dem Niedergang des georgischen Königtums verlor die orthodoxe Kirche mehr und mehr die Kontrolle über die religiösen Praktiken in Swanetien, so dass die Kirchenräume in den Bereich der volksreligiösen oder volkschristlichen Praktiken einbezogen wurden. Besonders die Anbauten repräsentieren die Anpassung der rituellen Formen an traditionelle Vorstellungen, wie sie im Kaukasus nicht nur in Swanetien zu finden sind. Zentral hierbei ist die strenge Trennung von Männer- und Frauenräumen innerhalb der patriarchalen Ordnung, die sich nicht nur auf den öffentlichen religiösen Raum bezieht, d. h. den Kirchenraum und die den Kirchen angeschlossenen Räume. Sie betrifft auch auf

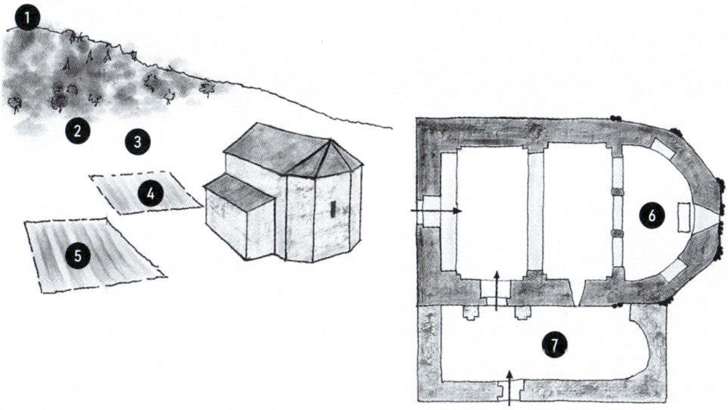

1. Wald
2. Weide
3. Geweihtes, der Kirche zugehöriges Land
4. Äcker
5. Getreidefeld für rituelles Brot
6. Heiligtum, heiliger Bereich mit Altar und Schrein, ritueller Raum der Männer
7. Ritueller Raum der Frauen, Vorbereitung der rituellen Brote oder Mahlzeiten

Links: Schematische Darstellung der religionsbezogenen Raumgliederung, rechts: Grundriss der Erzengelkirche in Matskhvarishi

die außerhalb der Kirchen liegenden, den Kirchen zugerechneten Flächen, von denen bis in die 1960er Jahre hinein einige Feldflachen speziellen alten Getreidesorten fur die Herstellung ritueller Brote vorbehalten waren. Die Anbauten der Kirchen haben oft eine eigene kleine Apsis, in der die Frauen beteten. Ferner boten und bieten sie Raum für kleine mobile Holzöfen, auf denen von den Frauen die für die verschiedenen religiösen Rituale benötigten Brote gebacken werden. Ist mit einer Anbetungs- oder Bittfeier das Schlachten eines Opfertieres wie eines Stieres verbunden, kann auf dem Herd ein Kessel aufgesetzt werden, in dem das Fleisch des Opfertieres gekocht wird. Unter den Landflächen, die zu den Kirchen gehören, sind Feldflächen, die ausschließlich dem Anbau besonderer Getreidearten dienen. Sie wurden von denjenigen Frauen bearbeitet, die das Brot

Nordostansicht der Erzengelkirche in Matskhvarishi

ⓘ **Männer- und Frauenräume bei volksreligiösen Festen in Swanetien:** Feste werden in Swanetien von Gruppen verschiedener Größe veranstaltet. So sind manche nur **einzelnen Familien** oder **Abstammungslinien** vorbehalten, andere wiederum betreffen nur **Dörfer**, andere ganze **Dorfgemeinschaften**. Wieder andere werden nur in der engen **Nachbarschaft** veranstaltet. Erst seit wenigen Jahren haben auch Touristen Zugang zu größeren Veranstaltungen und die georgische Kirche versucht mehr und mehr, diesen durch Gottesdienste einen offiziellen orthodoxen Charakter zu verleihen – durch beide Entwicklungen wandeln die sonst **stark exklusiven religionsbezogenen Feiern** ihren Charakter. All diese Feiern können in dem Sinne als **öffentliche Feste** bezeichnet werden, als sie **von ausgewählten Männern geleitet** werden, die die Gebete und Bitten vortragen und die Opfergaben anbieten. Ebenso wie der heiligste Bereich des Kirchenraumes können auch äußere öffentliche Räume durch die von Männern durchgeführten Praktiken zu Räumen des Heiligen werden, **offizielle Priester sind für swanische Volksfeste nicht vonnöten**. Der geschichtliche Hintergrund dazu ist der Folgende: Gegen Ende des Hochmittelalters hatten Männer aus den Ortschaften, welche nicht im Sinne einer offiziellen Kirchenlehre ausgebildet waren, die Nachfolge der Priester angetreten, die mit dem Niedergang des georgischen Königtums und dem Rückgang des Einflusses der Kirche die Gebirgsregion verließen. Auch in der Zeit der Sowjetunion, die offiziell atheistisch war, wurden religionsbezogene Praktiken im privaten Raum weitergeführt von Männern wie von Frauen, manche davon nach Geschlecht getrennt. Ebenso wie der Frauenraum der Kirche an der Seite angebracht ist, finden die **von Frauen angeführten volksreligiösen Festlichkeiten** abseits der öffentlichen Männergesellschaft statt. Zu bestimmten Zeiten im Jahreslauf ziehen die älteren Frauen von Latali in einer Art **Prozession von Kirche zu Kirche** und bieten den Schutzpatronen Opferbrote, Kerzen und Schnaps an, wobei es **für jeden der Schutzpatrone der Dorfgemeinschaft** zusätzlich bestimmte **Wochentage des Gedenkens und der Opferfeiern** gibt: Die Woche beginnt mit Montag, dem Tag des Erzengels, und es folgen Jesus der Erlöser (Dienstag), der Prophet Jonah (Mittwoch), die Jungfrau Maria (Donnerstag), der Evangelist (Freitag) und der heilige Georg am Samstag; für das Gedenken an den alle überragenden Großen Gott am Sonntag ist keine bestimmte Kirche oder Schrein vorgesehen, an ihn gerichtete Opfer werden zu Hause oder an der Erlöserkirche vollzogen. Üblicherweise vollziehen die Frauen, die in dieselbe Abstammungslinie oder Bruderschaft eingeheiratet haben, gemeinsam die volksreligiösen Riten. Den Innenraum der Kirchen, das Heiligste, zu betreten, ist ihnen dabei nach traditioneller Vorstellung untersagt, die Opferrituale werden von außen an der Ostseite der Kirchen vollzogen. Mit der offiziellen Wiedereröffnung aller regionalen Kirchen durch die georgische Amtskirche seit dem Ende der Sowjetunion wurde diese Beschränkung beendet. Im gelebten religiösen Alltag sind **Männer** jedoch nach wie vor **von den Frauenfeiern ausgeschlossen**, außer es fehlt an einer weiblichen Person, die zum Vollzug des volkschristlichen Ritus notwendig wäre. Neben den Kirchenräumen gibt es eine **Vielzahl von nur für Frauen vorgesehene und für Außenstehende nicht erkennbare heilige Orte**, die durch eine Besonderheit irgendeiner Art nur für die eingeweihten Frauen erkennbar sind: wie ein **bestimmter Baum oder Busch**, der z. B. mit der Anwesenheit eines Erzengels in Verbindung gebracht wird und zurückhaltend mit Perlen geschmückt ist, oder angenommene **Ruinensteine einer früheren Kirche**. Jeder dieser heiligen oder geweihten Orte ist für ein bestimmtes Anliegen vorgesehen wie die Heilung von bestimmten Krankheiten, die Aufrechterhaltung der Milchproduktion oder das Gedeihen der Feldfrüchte. Die Ethnologin Nino Tserediani hat innerhalb ihrer Forschung für Latali 72 solche Orte aufgezeichnet, wodurch sich das Bild einer **traditionellen religiösen Welt der Frauen** zeichnet, die sich deutlich **differenzierter als die öffentliche religiöse (Männer-)Welt** zeigt.

→ **Kapitel 2, S. 30: Typisierte Darstellung der religionsbezogenen Gliederung der Dorfgemeinschaften nach Männer- und Frauenräumen**

buken. Diese Tätigkeiten stellen Fortführungen und Umformungen der durch die orthodoxe Kirche eingeführten heiligen Kommunion dar.

Südansicht der Erlöserkirche in Matskhvarishi mit Blick auf Wandelgang und neu errichteten Glockenturm im Vordergrund

7

Im weiteren Verlauf der Hauptstraße gelangt man nach wenigen Minuten an die Erlöserkirche von Matskhvarishi. Von dort aus zweigt der Fernwanderweg ab, über den man über das Swanetische Gebirge nach Lentekhi, den Verwaltungssitz Unterswanetiens, gelangen kann. Diese Tour gilt als eine der schwersten in Swanetien, weil sie auch bei guter Kondition und Erfahrung im Hochgebirge drei Tage in Anspruch nimmt. Zudem ist, je nach Jahreszeit und Wetterlage, spezielle Bergausrüstung vonnöten, etwa zum Überqueren von Schneefeldern. Im Rahmen eines Tagesausfluges nach Latali kann man aber ein Stück des Fernwanderwegs gehen – mit viel Ambition bis zur Kirche von Mkheri, eine Strecke, auf der über 6,8 km Länge ungefähr 1.000 Höhenmeter zu überwinden sind.

Erlöserkirche in Matskhvarishi mit Wandertafel über die kurze Tour nach Mkheri und den Langwanderweg nach Lentekhi

Die Erlöserkirche besteht aus einem einzelnen, aus Kalksteinblöcken errichtetem Hauptschiff mit einer schmalen Fensteröffnung in der nach Osten ausgerichteten Apsis. Der aus Swanetien stammende Meister Mikael Maghlakeli schuf dort 1140 eine Malerei, die zeigt, wie Demetre I. durch den Erzengel Gabriel zum Zeichen seiner kirchlichen und weltlichen Macht gekrönt wird. Damit wird die enge Verbindung zwischen Swanetien und Zentralgeorgien und der Einbezug des swanetischen Adels in die georgische Politik bezeugt. Demetre I. (1093–1158) führte im Anschluss an seinen Vater Dawit IV. die Förderung von Kirche und Kunst innerhalb seiner von 1125 bis 1156 dauernden Regentschaft fort.

An der Südseite lehnt ein später errichteter Wandelgang an, den man über zwei offene Bögen betreten kann. Dort richtet sich der Blick auf die wohl aus dem 10. Jahrhundert stammende, kunstvoll mit einfachen Zeichnungen verzierte Holztür, die christliche und vorchristliche Symbole enthält. Der mit einem Tonnengewölbe versehene Wandelgang endet wiederum in einer Apsis mit einem kleinen Altar und stellt somit eine Variation des am Beispiel der Erzengelkirche beschriebenen Frauenraums dar.

Spaziergang/ Wanderung 2: Ein Stück auf einem der schwersten Wanderwege Swanetiens gehen
(ab 2 Std. einfach)

Man richtet sich nun nach Süden, immer der rot-weißen Ausschilderung des Fernwanderweges in Richtung Lentekhi folgend. So wird zunächst das Dorf Kvanschianiari erreicht, das man quert und weiter nach Süden hin bergab verlässt.

Auf diesem Weg kann man den Blick über die landwirtschaftlichen Flächen schweifen lassen: Bis in die 1960er Jahre hinein wurden in Swanetien noch verschiedene Getreidearten angebaut, d. h., die Menschen verfügten über alles Wissen und alle Fähigkeiten, die mühseligen, von Hand durchgeführten Produktionsschritte zu verrichten: Saatgutgewinnung und Aussaat, Feldpfleg, Ernte, Dreschen und Mahlen des Korns. In der Sowjetzeit ersetzten Mehllieferungen aus anderen Sowjetrepubliken den regionalen Getreideanbau und die damit verbundenen Fertigkeiten verfielen. Stattdessen wurden Kartoffeln und Mais verbreitet und die Viehhaltung intensiviert.

Einzig für den rituellen Gebrauch wurde noch der spezielle, aus besonders hochwertigen Sorten bestehende Weizen auf den hierfür vorgesehenen Feldern kultiviert. Diese im oben ausgeführten Sinne geweihten oder heiligen Orte sind nur für die Einheimischen erkennbar. Gleiches gilt für die zahlreichen Wegzeichen, die auf die Verbundenheit von bestimmten Schutzpatronen mit einem Ort oder einem Raum hinweisen. Dem Besucher von außen bleiben sie unsichtbar und doch strukturieren sie den Raum, den man durchwandert, und geben ihm einen besonderen Sinn, der der Landschaft eingeschrieben ist. Bei 72 heiligen Orten allein in Latali kann man sich gut vorstellen, auf welch vielfältige Weisen sich religiösen Menschen im Alltag Weltliches und Außerweltliches miteinander verbindet.

Nach etwa 1,7 km vom Ausgangspunkt an der Hauptstraße quert man den Enguri an der tiefsten Stelle der kurzen Wanderung auf etwa 1.200 m Höhe. Von dort an geht es immer bergauf, zunächst über eine kurze Strecke hangparallel in das Dorf Lahili hinein. Man kann von hier aus auf die jenseits des Enguri liegenden Dörfer Latalis sehen, kurz pausieren und wieder den Rückweg antreten. Oder man nimmt innerhalb eines Tagesausflugs noch weitere Stunden bergan auf sich und wendet sich an dem im Dorf liegenden Abzweigung zu der dem heiligen Georg geweihten Kirche nach links und folgt dann immer weiter dem gut beschilderten Fahrweg respektive Pfad steil bergan. Es ist zu beachten, dass dieser nicht befestigt und bei feuchten Bodenverhältnissen entsprechend schwer zu begehen ist. Er ist jedoch durchgehend gut markiert mit rot-weißen Streifen. Je nach Kondition nimmt der Weg bis zur Kirche von Mkheri 5 bis

FILMTIPP: Der im Internet frei verfügbare Film „Salz für Swanetien" (1930 von Michail Kalatozow zeigt in seinen ethnografischen Szenen, wie noch in den 1930er Jahren Getreide angebaut, Korn gedroschen und Mehl hergestellt wurde.

7

7 Stunden in Anspruch, der größte Teil davon führt durch den Wald. Der Weg endet auf einer Hochweide an der dort stehenden Kirche. Jedes Jahr Ende Juli, am letzten Montag vor dem Fest zu Ehren des heiligen Kvirike, wird dort das Mkheri-Fest veranstaltet. Hierbei kommt den bereits erwähnten mobilen Holzöfen besondere Bedeutung zu, die von den Frauen sowohl zum Backen des rituellen Brotes als auch zum Kochen des Opferfleisches verwendet werden. Die Männer bereiten lediglich Herz und Leber des Stieres auf über ein Feuer gehaltenen Spießen zu. So wird die Hochweide Schauplatz der Feier der Dorfgemeinschaft Latali mit Stieropfer, Gebetsritualen, Gesängen und Rundtänzen. Gemeinsam wird nach dem Vollzug mehrerer Bitt- und Gedenkrituale der geopferte Stier verspeist.

Vom Standort der Kirche aus hat man in Richtung Norden einen fantastischen Blick auf die Kette des Großen Kaukasus mit den Gipfeln Ushba und Tetnuldi und nach Süden auf die Gipfel des Swanetischen Gebirges.

Spaziergang 3: Lakhushdi – Das Dorf der Sängerinnen und Sänger besuchen, ein Blick in die Vergangenheit – unerforschte archäologische Felder begehen (1–2 Std.)

Lakhushdi ist in Swanetien als „das singende Dorf" bekannt, weil dort von allen Einwohnerinnen und Einwohnern der georgisch-swanetische polyphone Gesang praktiziert wird. Herz der Gemeinde sind die Schwestern Ana und Madona Chamgeliani, die als Solistinnen Chöre auch aus anderen Ländern, in denen polyphoner Gesang von Bedeutung ist, auf Gesangsfestivals weltweit begleiten. Im Internet kann man Beispiele ihrer Musik hören. Seit 2001 ist der Gesang auf die UNESCO-Liste der „Meisterwerke des mündlichen und immateriellen Erbes der Menschheit" aufgenommen. Er zählt somit zu den kostbarsten kulturellen Schöpfungen der Menschheit. Lakhushdi wurde bekannt durch die Musikethnologin Nana Mzhavanadze, die ihre Ausbildung am Konservatorium von Tbilisi erhielt und sich dort auf traditionelle weltliche und geistliche Gesänge spezialisierte – wobei das Aufführen letzterer zu Sowjetzeiten verboten war. Als Sängerin wurde sie mit dem Frauenvokalensemble Sathanao aus Tbilisi international bekannt.

Man erreicht Lakhushdi über eine steile Abfahrt am Ortsausgang von Lenashi in Richtung Mestia. Der Fahrweg dorthin ist nicht befestigt und wegen der tiefen Ausspülungen in der Piste nur mit Fahrzeugen mit hohem Achsstand zu bewältigen. In Lakhushdi gibt es zwei Gästehäuser, das „Ecohouse Svaneti" und das Gästehaus der Familie „Chamgeliani", in dem ein Großteil der Teilnehmerinnen und Teilnehmer an den internationalen Gesangsworkshops übernachtet, die von der Familie

LESETIPP: „Die georgische Musik", https://www.georgia-insight.eu/georgien/kultur/musik

VERANSTALTUNGEN: Aktuelle Veranstaltungen findet man auf der Facebook-Seite der Schwestern Chamgeliani

veranstaltet werden. Die während der georgischen Sommerferien betriebene Musikschule ist seit mittlerweile zehn Jahren etabliert. Während der Workshops wohnen die Gäste in den Häusern der Dorfbewohner und nehmen an den volksreligiösen und weltlichen Feiern der Region wie dem Erntedankfest teil. Sie partizipieren an Gesangseinlagen, Gemeinschaftsgebeten und Rundtänzen und werden so in die Gemeinschaft des singenden Dorfes aufgenommen.

Bei einem Dorfrundgang in Lakhushdi kann man gewissermaßen das Idealbild einer swanischen Siedlung sehen, in der noch intensive Landwirtschaft für den Eigenbedarf betrieben und ein geringer Überschuss für den Marktverkauf erwirtschaftet wird, ohne dass sich das Siedlungsbild allzu auffällig verändert. Der gesamte Raum scheint genutzt, man sieht kaum verlassene und verfallende Gebäude, auch die aus dem Mittelalter stammende Architektur mit sechs Türmen, fünf *Machubis* und vier Kirchen wird gepflegt und erhalten, Gleiches gilt für die kunstvollen Holzanbauten aus der Sowjetzeit. Zum einen, weil man noch Bedarf dafür hat und die Gebäudeteile als Wohnräume, Ställe und Speicher dienen, zum anderen vielleicht deswegen, weil die Gemeinde sich im Rahmen der Musikprojekte intensiv mit ihrem kulturellen Erbe auseinandersetzt. Denn jede Besuchergruppe, die sich für die Gesangs- und Tanzkunst des

Blick auf Lakhushdi von Südwesten mit intensiv genutzter landwirtschaftlicher Fläche im Vordergrund

Sozialer Hintergrund der Musikprojekte: In Lakhushdi leben ganzjährig nur etwa 17 Familien unter den herausfordernden Bedingungen, die mit einer Bergbauernwirtschaft verbunden sind. Um eine weitere Abwanderung zu verhindern, kam es, initiiert durch die **Musikethnologin Nana Mzhavanadze**, zu einer Zusammenarbeit mit der **schottischen Nichtregierungsorganisation „Ecologia Youth Trust"**, die eine erste internationale Teilnehmergruppe nach Lakhushdi brachte. Ziel der Dorfbewohner ist es, durch die Einnahmen aus den Musikworkshops und den Übernachtungen einen wirtschaftlichen Rahmen zu schaffen, der es ihnen ermöglicht, ihren Kindern die Bedeutung ihres kulturellen Erbes zu vermitteln und sie zu motivieren, sich für ein Leben in Lakhushdi zu entscheiden. Besonders betroffen von der angespannten wirtschaftlichen Situation in Georgien sind Familien mit körperlich oder geistig beeinträchtigten Kindern vor Ort. Die von „Ecologia Youth Trust" finanzierte Initiative ermöglichte es, dass durch die Einnahmen aus den Musikprojekten mittlerweile alle Häuser mit guten Sanitäreinrichtungen ausgestattet sind, was sowohl den Hausbewohnern als auch den Gästen zugute kommt. Ferner gibt es zwei Chöre, in denen die Alten des Dorfes und die Kinder singen, und in der Dorfgemeinschaft konnten gemeinsame Absprachen etabliert werden hinsichtlich eines **nachhaltigen sozialen und ökologischen Managements des Dorfes**. Mit all dem wird das **Gemeinschaftsgefühl gestärkt** und das besondere kulturelle Erbe der Region und des singenden Dorfes weitergetragen. Denn die aus den Übernachtungen und der Lehrtätigkeit der Sängerinnen und Sänger eingenommenen Gelder wandern in einen gemeinsamen Topf, der auf Swanisch „Lidbashi" genannt wird, d. h. „Geschenk Gottes". **Madona Chamgeliani**, die hauptberuflich als Führerin im Georgischen Nationalmuseum in Tbilisi arbeitet, formuliert es folgendermaßen: „Wenn man etwas Gutes von Gott empfangen hat, soll man anderen etwas Gutes tun: Wir geben Musik."

Hauseingang mit Balkonüberbau in Lakhushdi

Einwohner Lakhushdis beim Bearbeiten des Kartoffelackers

Mächtiger swanischer Festungsturm mit in großer Höhe angebrachter Eingangstür in Lakhushdi

Dorfes interessiert, kommt immer auch mit einer Fülle von Fragen über das Leben, das die Menschen in Lakhushdi führen.

Der das Dorf in Richtung Westen verlassende, leicht abfallende Weg führt an Gemüsegärten, Obstwiesen und liebevoll gepflegten Blumenbeeten entlang und schließlich über offene Weiden, auf denen die Pferde und Kühe des Dorfes grasen, auf das archäologische Feld einer früheren Siedlung. Da sich der Pfad auf den Weiden verliert, muss man sich im weiteren Verlauf suchend vorantasten und gelangt schließlich auf den sanft abfallenden Rücken der Flanke, die vom Zusammenfluss von Mulkhura und Enguri begrenzt ist. Dort finden sich die Grundmauern einer wohl auf das 7. Jahrhundert zurückgehenden Siedlung, die ihre Wurzeln wiederum in der Bronzezeit haben soll. Aus deren Steinmaterial ist das heutige Lakhushdi hervorgegangen.

→ Kapitel 3: Das architektonische (Welt-)Erbe Swanetiens

Das Siedlungsfeld ist bis heute nicht archäologisch untersucht worden. Man kann über die Ebene spazieren und sich fragen, welche Gebäude dort gestanden haben mögen. Aus den Resten der Grundmauern können, wenn man sich etwas mit swanischer Architektur auseinandergesetzt hat, leicht Kirchen, Türme und Grundrisse von *Machubis* unterschieden werden. Die swanische Architektur ist bis heute nicht tiefgehend untersucht. So hat man keine Erkenntnisse darüber, wie die oft gewaltig großen Steine, die teilweise nicht aus dem Gestein der umliegenden Formationen stammen, an den Bauort transportiert wurden, noch darüber, mit welchen Hilfsmitteln man sie aufeinanderschichtete. Unklar ist auch, ob und wie die hierzu nötigen statischen Berechnungen angestellt wurden. Für die Bewohner Swanetiens, deren Familienlinien eng mit den von ihnen bewohnten Gebäuden verbunden sind, sind diese offenen Fragen Anlass, sich über die Leistungen ihrer Vorfahren zu wundern. Diese Verwunderung drückt sich in einer Reihe von Redewendungen aus wie „Von Gott geschaffen, von Gott gemacht. Und doch von Menschenhand erbaut!"

Steinfeld unterhalb von Lakhushdi

Für schwere Lastwagen planierte Zufahrt nach Chuberi von der Hauptstraße A 7 (Zugdidi–Mestia) aus

Bautafel für das Nenskra-Nakra-Projekt

Der Kampf der Dörfer gegen die Wasserkraft und die drohende Zerstörung des vertrauten Lebens

In ganz Georgien ist die Nahrungsmittelversorgung der Bevölkerung stark von deren Möglichkeiten zur Eigenleistung abhängig. Der Staat kann aus verschiedenen Gründen nur in geringem Umfang Sozialersatzleistungen erbringen. So sind besonders diejenigen Bevölkerungsgruppen, die nicht über eigene Landressourcen, d. h. Grundstücke, auf denen sie eine kleine Garten- oder Landwirtschaft betreiben können, von Armut bedroht. Man muss zusätzlich berücksichtigen, dass nur wenige Menschen in Georgien über ein regelmäßiges Einkommen aus einer festen Anstellung verfügen, 2020 traf dies gerade auf 50 Prozent der arbeitsfähigen Bevölkerung zu. Weit mehr als die Hälfte der Bevölkerung muss wegen fehlender oder niedriger Einkommen die eigene Land- oder Hoffläche bebauen und für die Fleischproduktion nutzen. Infrastrukturprojekte wie Wasserkraftwerke, die den Verbrauch großer Landflächen fordern, gefährden in Georgien deshalb die Lebensgrundlage der Anrainer ganz unmittelbar. Allein für Swanetien sind insgesamt 35 Wasserkraftprojekte geplant oder im Bau, die deshalb für die Bevölkerung mehr als Bedrohung denn als Modernisierungsprojekt wahrgenommen werden.

Auf dem Weg von Zugdidi nach Mestia gelangt man nach dem Dorf Khaishi an eine der größeren Brücken über den Enguri. In Khaishi machen fast alle Fahrzeuge, die die Strecke zurücklegen, in einem der Straßencafés eine Pause. Dort führt der Weg linker Hand hinauf zur Dorfgemeinschaft Chuberi, deren Einwohner seit 2017 einen Kampf gegen das größte der Wasserkraftprojekte führen, die in Swanetien in den kommenden Jahren umgesetzt werden sollen oder bereits umgesetzt wurden. Solch ein Kampf wird von den Menschen vieler Dörfer und Dorfgemeinschaften sowohl in Ober- als auch in Unterswane-

Wanderung von Chuberi nach Nakra (2 Tage)

LESETIPPS: Seit 2021 gibt es Arbeitsmigration von Erntehelfern aus Georgien nach Deutschland, oft verbessert sich so deren Situation aber nur unwesentlich: Girogi Lomsaze (2021): „Germany's New Gastarbeiters: Georgians", Eurasia net. https://eurasianet.org/germanys-new-gastarbeiters-georgians Claudia Henzler (2021): „Erdbeeren und Leid", Süddeutsche Zeitung. https://www.sueddeutsche.de/wirtschaft/erntehelfer-georgien-saisonarbeit-1.5334968

Gegen die mit dem Dammbau verbundene Zerstörung des Kultur- und Naturraums setzen sich viele Nichtregierungsorganisationen auch aus Deutschland ein, zusammengefasst auf Twitter unter #StopNenskra.

tien geführt, das Nenskra-Nakra-Projekt ist aber wegen seiner Dimensionen und der umfangreichen Unterstützung der Anwohner durch Nichtregierungsorganisationen eines der weltweit bekanntesten Dammbauprojekte. Die Umsetzung eines weiteren großen Dammbauprojektes in Kudoni, einer Ortschaft unterhalb von Khaishi, würde dazu führen, dass selbst Khaishi in einem Stausee verschwinden müsste.

Für die Bewohner der Dörfer im Nenskra-Tal bedeutet ein Staudamm zunächst eine Reduzierung des Wasserflusses um 90 bis 95 Prozent, was sich direkt auf die Landwirtschaft und die Wasserversorgung der Bevölkerung auswirkt. Ohnehin ist seit einigen Jahren als Folge des Klimawandels ein deutlicher Rückgang an Niederschlägen in Swanetien zu verzeichnen. Da die Zuflüsse zum Nenskra nicht ausreichen, um einen derart großen Staudamm zu füllen, muss ein durchgehend unterirdischer Tunnel mit einem Querschnitt von 4,5 m durch das Gebirge gebohrt werden, um das Wasser aus dem parallel verlaufenden Nakra-Tal in den Stausee überzuleiten. Damit kommt es zu denselben negativen Auswirkungen auch für die Bewohner der Dorfgemeinschaft Nakra – so könnten die in beiden Tälern noch vorhandenen traditionellen Mühlen nicht mehr betrieben werden, was eine Einschränkung für die Familien, die noch Getreide anbauen und Mehl vor Ort mahlen, darstellt. Verschärft wird die soziale Problematik im Nenskra-Tal noch dadurch, dass dort mehrere Familien leben, die aus dem in Abchasien liegenden benachbarten Kodori-Korridor seit Anfang der 1990er Jahre hatten fliehen müssen und sich über Jahre hinweg mühevoll ein neues Leben aufbauten. Vor allem haben die Anwohner Angst vor einem unvermittelten Bruch des Dammes, da die Bauarbeiten in einer seismisch instabilen Region erfolgen – etliche werden also

ⓘ **An-/Abreise und Übernachtung:** Von Mestia über Zugdidi mit der Marschrutka kommend kann man sich nach Khaishi am Abzweig der über den Enguri führenden Brücke mit Blick auf eine abfallende Felswand absetzen lassen und in Richtung der **Dorfgemeinschaft Chuberi** gehen. Im Dorf **Kvemo Marghi** befindet sich die **Wandertafel**, die den Start der **Route nach Nakra** markiert. Mehrere **Übernachtungsmöglichkeiten in kleinen Gästehäusern gibt es sowohl in Chuberi als auch in der Dorfgemeinschaft Nakra** am Ende der Wanderung. Auf der zwischen dem Nenskra- und dem Nakra-Tal liegenden Route muss man **im Zelt übernachten**, benötigt also die entsprechende Erfahrung und Ausrüstung für Übernachtungen in den Bergen. Das nur 6 km lange Wegstück von Nakra bis zur Hauptstraße in Richtung Mestia oder Zugdidi kann zu Fuß oder per Anhalter zurückgelegt werden. An der Hauptstraße bieten sich im Verlauf des Tages ständig Möglichkeiten, mit einer Marschrutka die Reise fortzusetzen.

zwangsweise die Abwanderung einem Verbleib auf ihren Familienanwesen vorziehen. Vonseiten der georgischen Regierung lagen im Zeitraum zwischen 2017 und 2020 noch keine Vorschläge für Umsiedelungen und Flächenkompensationen vor.

Wandertafel in Kvemo Marghi am begradigten und eingegrenzten Flusslauf des Nenskra.

7

Eigentlich hatten die beiden Talschaften gehofft, auf absehbare Zeit vom wachsenden Tourismus in Swanetien zu profitieren, liegen sie doch in einem der am besten erhaltenen und damit wertvollsten Naturräume des Kaukasus, der allein über 20 endemische Pflanzenarten bewahrt und in dem noch der Kaukasische Steinbock neben Luchs, Wolf und Braunbär in stabilen Populationen vorkommen. Deswegen war die Region seit 2016 ein Kandidat Georgiens für die Aufnahme als Schutzgebiet nach dem Übereinkommen über die Erhaltung der europäischen wildlebenden Pflanzen und Tiere und ihrer natürlichen Lebensräume (Berner Konvention). Umso erschütterter war man in den zuständigen Stellen darüber, als Georgien 2017 plötzlich das geplante Schutzgebiet drastisch reduzierte, um das Nenskra-Nakra-Projekt realisieren zu können. In beiden Tälern sind die Folgen der Vorarbeiten bereits festzustellen an den für Lkws verbreiterten Zufahrten und den Arbeiten zur Flussbegradigung an den Unterläufen von Nenskra und Nakra. Die Bauarbeiten an dem Wehr im Nakra-Tal und dem Staudamm in Nenskra-Tal standen 2019 und 2020 still, weil sich die ausführenden georgischen Firmen zurückzogen, während die Projektkosten immer weiter stiegen – entsprechend herrscht neue Hoffnung unter der Bevölkerung. Die vorgeschlagene Wanderung führt durch das ehemals geplante Schutzgebiet, so dass man innerhalb der vorgeschlagenen zwei Tage Gelegenheit hat, sich selbst ein Bild von den Gegebenheiten vor Ort zu machen.

Die durchgehend gut in weiß-roten Streifen markierte mittelschwere Wanderroute beginnt in Kvemo Marghi und führt zunächst durch die Ortschaft oder unterhalb der Ortschaft vorbei über einen Seitenfluss des Nenskra hinweg bergan. Man geht sodann am Dorf Zemo Marghi vorbei und folgt danach immer dem Flusslauf des Marghi auf dem parallel entlangführenden Weg, der sich nach einiger Zeit mit dem Marghi in Richtung Osten wendet. Der einer Piste gleichende Weg ist, da er als Wirtschaftsweg auch von Fahrzeugen befahren wird, generell nicht schwer zu finden. Da am ersten Tag einer zweitägigen

SICHERHEITSHINWEIS: Genaue GPS-Daten mit Wegbeschreibung lassen sich als GPX- oder KML-File herunterladen über https://www.caucasus-trekking.com/treks/chuberinakra

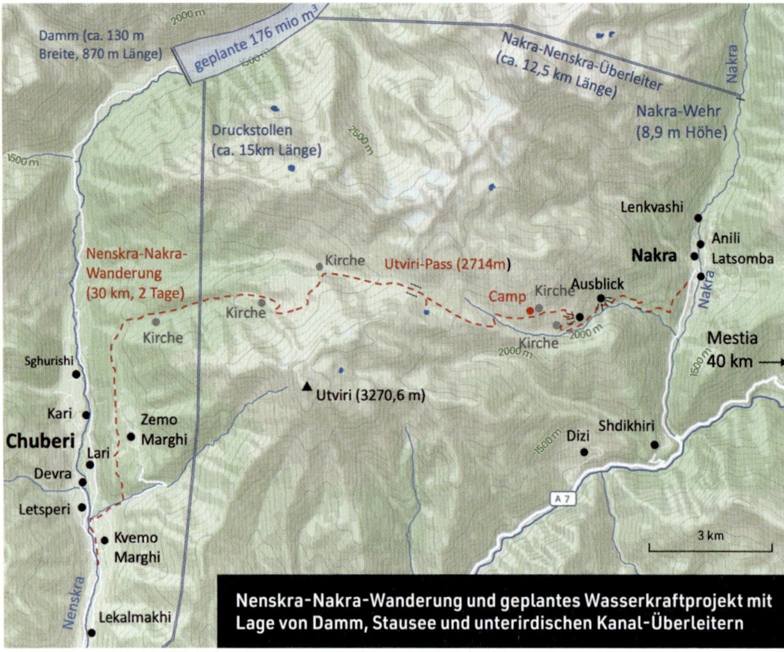

Nenskra-Nakra-Wanderung und geplantes Wasserkraftprojekt mit Lage von Damm, Stausee und unterirdischen Kanal-Überleitern

Wanderung (21 km Länge) empfohlen wird, auch den Utviri-Pass zu überschreiten, sind gut 1.700 Höhenmeter zu überwinden. Der Weg ist also, auch wenn er als mittelschwierig eingestuft wird, durchaus fordernd. Es wird dringend empfohlen, da sich oberhalb von 2.000 m Höhe mehrere Pisten aus verschiedenen Richtungen kreuzen, durchweg mit GPS zu gehen, zumal auf dieser Höhe durchaus auch in den Monaten Juni und Juli noch Schnee liegen kann. Unterwegs finden sich immer wieder Hütten von Schafhirten, dort, wo deren Sommerweiden liegen. Die Hütten sind, je nach Zustand, nicht immer für Übernachtungen geeignet, man kann aber daneben sein Zelt aufschlagen. Nach dem Pass besteht die Möglichkeit, zu einem kleinen See abzuzweigen, wodurch sich die Wanderung allerdings um etwa 7 km verlängert. Nach dem Utviri-Pass ändert sich die Wegmarkierung hin zu gelben Stangen. Geht es hinunter in das Tal des Utviri-Flusses, dem im Laufe des Abstieges gefolgt wird, muss man achtgeben, den Pfad nicht zu verlieren, weil er in diesem Bereich oft überwuchert ist. Bald kommen eine Reihe von Übernachtungsplätzen in den Blick, u. a. ein als „Camp“ ausgewiesener Platz. Der weitere Abstieg nach Nakra erfolgt am zweiten Tag über 9 km hinweg auf einem gut erkennbaren Pfad. Dort bietet es sich an, in einem der zahlreichen Gästehäuser zu übernachten, ehe man z. B. am nächsten Morgen, hat man kein eigenes Fahrzeug oder kann nicht abgeholt werden, den Weg zur Hauptstraße antritt, um von dort mit einer der zahlreichen Marschrutkas in die gewünschte Richtung zu fahren.

Umstrittene Staudammprojekte in Swanetien und anderen Hochgebirgsregionen Georgiens: Das Wasserkraftprojekt in den Tälern von Nenskra und Nakra wird von der **Europäischen Bank für Wiederaufbau und Entwicklung** (ENWE) gefördert und damit von mehreren Staaten der EU als Anteilseigner. Ziel der Bank ist es, seit dem Zusammenbruch der Sowjetunion und dem Ostblock als Wirtschaftsgemeinschaft Transformationsprozesse in Mittel- und Osteuropa hin zu einer Stabilisierung von Wirtschaft und Demokratie in den betreffenden Ländern zu begleiten. Der wirtschaftliche und in Folge auch soziale Nutzen des **Nenskra-Nakra-Hydroenergie-Projektes**, das in der Lage sein **soll, 14 Prozent des Strombedarfs des Landes** zu decken, ist eigentlich offensichtlich. Entsprechend läge die Förderung des Nenskra-Nakra-Projektes durch eine europäische Institution eigentlich nahe. Warum aber gibt es dann so viel Widerstand dagegen? Neben den direkten **ökologischen und sozialen Folgen** (Veränderung des regionalen Klimas, Zerstörung von schützenswertem Naturraum, Beeinträchtigung des sozialen Gefüges von menschlichen Lebensgemeinschaften und Benachteiligung durch Verschlechterung von deren Erwerbsmöglichkeiten) sind es vor allem **wirtschaftliche Gründe**, die **gegen das Nenskra-Nakra-Projekt und** viele **andere Hydroenergie-Projekte** in Swanetien und in anderen Hochgebirgsregionen Georgiens (u. a. Pankisi-Tal im Nordosten des Landes) sprechen. Keines der Projekte wird im Technologiebereich von einem georgischen Unternehmen begleitet, letztere konzentrieren sich auf zwar einfache, aber oft für folgenschwere Fehler verantwortliche Bautätigkeiten wie Betonarbeiten. Der Baubereich ist zudem in Georgien stark anfällig für Korruption, weshalb sich bei vielen Projekten der letzten Jahre die Arbeitspläne auf den Baustellen verschoben und die Kosten auf georgischer Seite anwuchsen. Bei den Technologiepartnern handelt es sich durchgehend um Firmen aus Ländern, die selbst einen erheblichen Strombedarf haben, u. a. die Türkei, und deshalb in vielen Fällen den größten Anteil der Stromproduktion für sich beanspruchen in dem Sinne, als dass sie den produzierten Strom über lange Zeiträume zu vertraglich festen Preisen kaufen können, die deutlich unter dem Marktwert liegen. Der georgische Staat trägt somit unabhängig von seiner eigenen wirtschaftlichen Situation immer die Differenz, ohne aus dem Geschäft Gewinn erwirtschaften zu können, weil viele Regionen Georgiens de facto zahlungsunfähig sind, was Strom- und Wasserversorgung angeht. Im Falle des Nenskra-Nakra-Projektes verpflichtet sich der Staat, 100 Prozent allen Stroms von dem südkoreanischen Betreiber K 1 über 36 Jahre zu kaufen, wobei die Stromkosten vorab vertraglich festgelegt sind und über den verhandelten Zeitraum steigen. Erst nach 36 Jahren wird das Kraftwerk Eigentum Georgiens. Damit steht der Staat auch ein für die Risiken der zur Verfügung stehenden Wasserleistung. Sollte das Kraftwerk also in Jahren, in denen weniger Niederschläge auftreten, weniger als die vertraglich festgelegten 1,1 Milliarden Kilowattstunden liefern, ersetzt der georgische Staat den damit verbundenen Verdienstausfall des südkoreanischen Betreibers. Selbst Weltbank und Internationaler Währungsfonds kamen im Laufe der langjährigen Recherchen und Klagen von Einheimischen und Nichtregierungsorganisationen zu dem Schluss, dass sich das Nenskra-Nakra-Projekt nicht rechnen werde und sogar zu einer Erhöhung der Strompreise im Land führen könne. So spricht viel für die vielerorts erhobenen Korruptionsvorwürfe gegen Regierungsangehörige und ihnen nahestehende Firmen, die von dem Projekt profitieren. Es stellt sich also weniger die Frage danach, ob traditionelle Lebensvorstellungen moderne Entwicklungen behindern, als die nach einer fairen Beteiligung der Betroffenen vor Ort an Modernisierungsprojekten.

8 Unterswanetien erkunden

Blick auf Lentekhi, den Verwaltungssitz Unterswanetiens im Tskhenitskali-Tal

Unterswanetien erscheint selten auf dem Plan von Georgienreisenden. Seine **artenreiche Gebirgslandschaft** und seine grünen Täler ziehen derzeit vor allem Wissenschaftler und Jäger an. Touristisch ist die Region nicht erschlossen und bietet sich deshalb besonders für abenteuerlustige Entdecker an, die am **Erleben unberührter Natur** interessiert sind.
Die meisten der dauerhaft in Swanetien lebenden Gebirgsbewohner betreiben eine einfache **Bergbauernwirtschaft zur Selbstversorgung** und arbeiten in der Holzwirtschaft.

Stalin-Denkmal im Straßendorf Sasashi

Für die Region Unterswanetien typischer Holzscheunenbau

Reisezeit: Die Hauptreisezeit beginnt mit dem Monat Mai und reicht bis in den Oktober hinein. In höheren Lagen muss noch im Juni mit Schnee gerechnet werden. Die maximalen Schneehöhen sind in Unterswanetien im Durchschnitt höher als in Oberswanetien, da die Täler von Süden her offener sind für das Einfließen warmer und feuchter Luftströme. Damit verbunden ist ein höheres Lawinenrisiko und eine höhere Anfälligkeit für niederschlagsbedingte Hangrutsche. Demgemäß ist der Zagar-Pass zwischen Ober- und Unterswanetien, oberhalb von Ushguli, noch im Frühjahr bis in den Sommer hinein häufig nicht befahrbar.

Aufenthalt: Die meisten Besucher durchqueren Unterswanetien in Verbindung mit einem Besuch Oberswanetiens. Im Rahmen des Projektes „Transcaucasian Trail" wurde auch eine Route vom früheren Alpin-Camp Zeskho, das sich im vom Koruldashi-Tal nach Osten hin abzweigenden Zeskho-Tal befindet, gelegt. Auf dieser Route gelangt man innerhalb von drei bis vier Tagen auf einem anspruchsvollen, kaum begangenen Trail nach Racha. Eine Tourenbeschreibung findet sich unter: https://www.caucasus-trekking.com/treks/svanetiracha

Hintergrund: Der Zugang zum Kulturraum Swanetien ist für Reisende generell wegen der Sprachbarrieren und der dort wegen der stagnierenden wirtschaftlichen Entwicklung vorherrschenden prekären Lebensbedingungen nicht einfach. In Unterswanetien darf man aber umso mehr auf die Freundlichkeit der Einwohner zählen, die Gästehäuser betreiben und den Besuchern jede Hilfe zukommen lassen, um ein individuelles Entdecken der Region möglich zu machen. Ebenso wie Oberswanetien benötigt Unterswanetien eine touristische Entwicklung der Region, auch um eine nachhaltige Nutzung des Naturraumes zu garantieren.

Von Ushguli nach Lentekhi – ein geografischer Überblick zum Natur- und Kulturraum

Anreise nach Unterswanetien

Die historische Region Swanetien stimmt nicht mit der heutigen Verwaltungsgliederung überein.

→ Kapitel 2: Kurze Geschichte Swanetiens

Niederswanetien liegt im Nordwesten Georgiens zwischen Swanetischem Gebirge und Lechkhumi-Gebirge im Tal der Flüsse Tskhenitskali und seiner Zuflüsse Koruldashi und Zeshko. Die historische Region Swanetien wurde bereits im Hochmittelalter in Ober- und Unterswanetien untergliedert.

In Unterswanetien gab es keine freien Dorfgemeinschaften oder Talschaften, da die Menschen der Region in vormoderner Zeit stets in einer lehnsherrschaftlichen Ordnung lebten. Entsprechend finden sich in Unterswanetien nur vereinzelt Türme, die Architektur der für Oberswanetien typischen und touristisch attraktiven Wehrdörfer ist dort nicht entwickelt.

Von Ushguli aus führen zwei Wanderrouten nach Unterswanetien. Die erste geht vom Dorf Murkmeli in südlicher Richtung hoch zum Latpari-Pass und von dort hinab nach Unterswanetien bis zum Dorf Chvelpi. Hierbei nimmt man von Murkmeli aus den durchgehend gut erkennbaren Pfad bergan bis über die Waldgrenze und folgt diesem bis zum Gorvashi-Pass auf 2.972 m Höhe. Der Großteil des Weges erstreckt sich über alpine Wiesen und Matten, man bewegt sich auf einem

Anreise nach Unterswanetien: Die Anreise nach Oberswanetien erfolgt fast immer über Kutaisi, die zweitgrößte Stadt Georgiens und von dort aus mit dem Bus vom Busbahnhof in Kutaisi (am McDonald's, 57 Z.-Chavchavadze-Straße, neben dem Zugbahnhof Kutaisi II gelegen) aus über Zugdidi nach Mestia. Nach Lentekhi, in das Verwaltungszentrum Unterswanetiens, gelangt man ebenfalls von dort aus mit regelmäßig verkehrenden Marschrutkas. Von Lentekhi kann man mit Bussen – allerdings nicht regelmäßig und häufig – auch noch das weiter nördlich gelegene Mele erreichen.
Bis nach Ushguli in Oberswanetien verkehren keine Marschrutkas, da die Piste ab Mele allenfalls zwischen Juni und Oktober mit geländegängigen Fahrzeugen befahrbar ist und dies auch nur unter deutlichen Mühen. Dennoch legen auf Anfrage Fahrer die Strecke zurück, was in der Regel über die Gästehäuser Unterswanetiens organisiert werden kann oder sogar von selbst angeboten wird. Für die gesamte Strecke von Kutaisi bis Ushguli mit einem Fahrer, die ungefähr zehn Stunden in Anspruch nimmt, muss man mit mindestens 200 USD rechnen, demselben Preis, den auch die sechseinhalbstündige Fahrt von Kutaisi nach Mestia im Mietwagen mit eigenem Fahrer kostet. Mietwagenverleiher schließen in der Regel die Strecke von Lentekhi nach Ushguli und in umgekehrter Richtung aus und überprüfen die Vertragstreue der Touristen über GPS-Tracker.
Die Tour von Lentekhi nach Oberswanetien oder in Gegenrichtung nach Unterswanetien hinein ist deshalb hauptsächlich für Fernwanderer, Radwanderer oder Motorradfahrer interessant.

Wege von Ushguli nach Unterswanetien

sehr alten, von Hirten und Schafherden benutzten Pfad, der die kürzeste Verbindung zwischen dem obersten Teil des sogenannten „Freien Swanetiens" und Unterswanetien ist. Hat man den Pass überschritten und ist dem Pfad weiter auf der Höhe des Grates des Swanetischen Gebirges gefolgt, wird man bald vom höchsten Punkt auf 2.975 m Höhe hinabsehen auf den Latpari-Pass (2.834 m), der an dem dort kreuzenden zweispurigen Fahrweg von Unter- nach Oberswanetien zu erkennen ist. Zuvor kann man den ersten Tag an einem See beschließen, um erst am folgenden Morgen zum Latpari-Pass zu gelangen und von dort an, immer dem zweispurigen Fahrweg folgend, bis Chvelpi abzusteigen. In Chvelpi kann man in einem der beiden Gästehäuser im Ort übernachten und am nächsten Tag einen Wagen nach Lentekhi nehmen oder sich zur nächsten Marschrutka-Haltestelle bringen lassen.

Wege nach Unterswanetien: Von Ushguli über den Latpari-Pass nach Chvelpi (1-2 Tage, 23,5 km): https://www.caucasus-trekking.com/treks/uschguli-to-chvelpi-by-latpari-pass; https://www.dangerousroads.org/eastern-europe/georgia/8263-latpari-pass.html

Blick auf den Zagar-Pass

Wege nach Unterswanetien: Von Ushguli über den Zagar-Pass nach Tsana

Der von Wanderern und Radfahrern häufiger genutzte Weg führt von Ushguli aus über den Zagar-Pass nach Unterswanetien. Man folgt dabei durchgehend dem Fahrweg, zuerst bis zum Dorf Tsana, wo man übernachten kann, um am nächsten Tag bis zum Dorf Mele zu gehen. Von dort aus ist es möglich, mit der Marschrutka nach Lentekhi zu fahren und von dort nach einer Übernachtung nach Kutaisi zu gelangen. Diese Strecke kann am ersten Tag etwas erleichtert werden, wenn man sich Pferde und einen Pferdeführer bis zum Zagar-Pass mietet.

Mit dem Auto benötigt man bis zum Pass dennoch eine gute Stunde, für die insgesamt 72 km bis Lentekhi fünf bis sechs Stunden. Da es im Gebirge immer wieder zu gewitterartigen Regenfällen kommt, bilden sich dort, wo es zum Pass hin flacher wird, tiefe, nicht einsehbare Pfützen und Schlammfelder. In diesen bleiben die schweren, auch für den Stadtverkehr ausgelegten geländefähigen Allradler, die häufig an Touristen vermietet werden, leicht stecken. Stark motorisierte Fahrzeuge sind hier deutlich im Vorteil. Da das georgische Telefonnetz einen erheblichen Teil der Strecke bereits bis zu dem auf 2.600 m Höhe liegenden Pass und ein gutes Viertel der danach folgenden Abfahrt bis Lentekhi nicht abdeckt, sollte man erwägen, die Strecke mit einem einheimischen Fahrer zurückzulegen; am besten versucht man sie nicht mit eigenem Leihwagen zu bewältigen, insbesondere nicht, wenn die Verleihfirma diese Strecke ausgeschlossen hat.

Vor allem nach dem Pass finden sich viele Abschnitte, wo ein Aufsitzen des Fahrzeugs kaum vermeidbar ist, so dass Schäden an Ölwanne, Tank oder Achsen drohen. Diejenigen Touristen, die die Überquerung zu Fuß, mit dem Fahrrad oder dem

Motorrad angehen, haben zwar einen kräftezehrenderen Weg vor sich, sind aber deutlich sicherer unterwegs. Vom Pass führen lange und beschwerliche Serpentinen hinab ins Tal des Koruldashi, der dem darüber liegenden Koruldash-Gletscher entspringt. Man gelangt über die Zone der alpinen Matten hinab und hat bald freien Blick auf die Fels- und Gletscherzone. Auf dem weiteren Weg bis Lentekhi werden die für den Kaukasus typischen Waldstufen verschiedener Waldarten (Fichten-, Tannen-, Buchen-, Birken-, Hainbuchen- und orientalische Hainbuchenwälder) durchquert.

Abfahrt ins Koruldashi-Tal

Generell zeichnet sich das Relief durch große Schroffheit aus. Kurz unterhalb des Anfangs der Talsohle, nach der letzten Serpentine, liegt die verlassene Industriesiedlung Koruldashi. Dort wurde bis 1990 Arsenik im sogenannten Ailama-Koruldashi-Komplex abgebaut, was stellenweise zu problematischen Konzentrationen von Arsenik respektive Kontaminationen im Wasser und im Boden geführt hat. Legt man den Weg wandernd zurück, kann die erste Tagesetappe im Dorf Tsana beschlossen werden. Infolge der Winterkatastrophe 1986/87 siedelten die meisten Bewohner Tsanas nach Kvemo Kartli um,

Blick auf den Koruldash-Gletscher mit Gebäuden des verlassenen Arsenik-Abbaukomplexes in der Siedlung Koruldashi

Blick auf das Dorf Tsana im Koruldashi-Tal

weswegen das Dorf in der kalten Jahreshälfte weitgehend unbewohnt ist. Ab dem Frühjahr leben zeitweise Jäger hier, die im benachbarten Zeskho-Tal illegal Steinböcke und Bären jagen. Im Tsana-Guesthouse findet man eine gute Unterkunft und viele nützliche Tipps für weitere Ausflüge in die Umgebung bei der freundlichen Gastgeberfamilie – dort kann man auch Pferde leihen und der Hausherr unternimmt mit seinen Gästen Touren mit dem Jeep. Wer weiter möchte, kann in Tsana an einem kleinen Kiosk an der Straße Verpflegung für unterwegs kaufen. Entscheidet man sich für eine Übernachtung in Tsana, geht es erst am folgenden Morgen weiter auf dem Fahrweg in Richtung Süden.

→ Kapitel 7: *Off the beaten track* – Oberswanetien jenseits der Trampelpfade: Der Kampf der Dörfer gegen die Wasserkraft

Bald wird der Abzweig in das von Osten zulaufende Zeskho-Tal erreicht. Etwas unterhalb soll, nach Plänen der 2013 von der georgischen Regierung in Auftrag gegebenen Machbarkeitsstudie, das Kraftwerk von zwei geplanten Dämmen stehen. Einer davon wird das Tal nördlich des Dorfes Tsana, der andere das Tal auf Höhe der Siedlung Zeskho verschließen. Jeweils 2,5 km lange Tunnel durch den nordwestlichen und nördlichen Bergrücken sollen die Wasserkraft bündeln und dort auf die Turbinen leiten. Das Projekt ist wegen der hohen Biodiversität der

Abzweig ins Zeskho-Tal

Region stark umstritten. Vor allem im Herbst ist das Zeskho-Tal Heimat von Wölfen, Bären, dem Kaukasusotter, Luchsen und des Kaukasischen Steinbocks. Zudem darf man nicht vergessen, dass die Region erdbebengefährdet ist – hier gilt also derselbe Einwand wie gegen vergleichbare Wasserkraftprojekte in Oberswanetien.

→ Kapitel 1: Hinführung – Nach Swanetien reisen: Die ökologische Region Swanetien

Leider zieht der unter Schutz stehende Kaukasische Steinbock im Zeskho-Tal wegen der peripheren Lage und der Abwesenheit von dauerhaft bewohnten Siedlungen Jäger aus ganz Georgien und auch ausländische Jagdgesellschaften zur illegalen Jagd an. Neben dem Zeskho-Tal ist der Steinbock im Shkhara -Gebiet am stärksten bedroht. Außer dem Westkaukasischen gibt es auch Nachweise des Ostkaukasischen oder Dagestan-Steinbocks in der Region. Unter den Raubvögeln finden sich Populationen von Bussarden, Falken und Adlern, unter den seltenen Reptilien die nicht gifte Transkaukasische Kletternatter und die giftige Kaukasische Viper.

In Zeskho befindet sich wegen der Grenznähe zu Russland eine Militärstation, weswegen hier Passkontrollen möglich sind. Von dort aus gelangt man auf einem drei- bis viertägigen schwer zu begehenden, über weite Strecken überwachsenen und nicht durchgehend markierten Fernwanderweg, der Teil des Transkaukasus-Trails ist, nach Racha. Zeskho ist mit Ausnahme von derzeit einer Familie, die dort Subsistenzwirtschaft betreibt, nur während der Sommermonate besiedelt. In der Zeit der Sowjetunion gab es ein festes Camp für Alpinisten 2 km oberhalb von

Von Zeskho über das Tskhenitskali-Tal nach Gebi in der Region Racha (3-4 Tage, 43,2 km): genaue Tour-Beschreibung unter https://www.caucasus-trekking.com/treks/svanetiracha

Zeskho-Alpine-Camp, auf Facebook unter: https://www.facebook.com/pg/ZeskhoAlpcamp/about/ und info@zeskho.ge

ⓘ **Transcaucasian Trail (TCT):** Seit 2015 versucht das Projekt über die Verbindung von Wanderern, Kartografen und Umweltaktivisten ein Netzwerk aufzubauen, das Schritt für Schritt eine über 3.000 km lange Fernwanderstrecke teilweise neu erschließen soll, im Prinzip aber jahrhundertealten kultur- und grenzübergreifenden Wirtschaftswegen folgt. Im Rahmen des Projektes werden jedes Jahr Freiwilligentouren veranstaltet, um Wege zu befestigen oder seit langem nicht genutzte Strecken freizulegen. Das Projekt hat auch eine starke Verankerung in der Friedensarbeit, weil viele der Streckenabschnitte in Bereichen liegen, in denen Konflikte eingefroren sind, wie in Südossetien und nahe der Region Bergkarabach – insofern besteht auch ein starkes Ziel darin, Vermittlungsarbeit zu leisten, indem internationale Wanderer mit Wanderern und der lokalen Bevölkerung in Georgien, Armenien und Aserbeidschan zusammengebracht werden. Wegen der politischen Lage wird der Transcaucasian Trail also noch lange nicht durchgehend begehbar sein. Derzeit ist das vorgelagerte Ziel, bestehende georgische Wanderouten in Swanetien, Racha, Mtianeti, Khevsuretien, Tuschetien, im Lagodekhi-Nationalpark, im Borjomi-Nationalpark und im Dilijan-Nationalpark (Armenien) miteinander zu verbinden.

LESETIPP: https://transcaucasiantrail.org

Landwirtschaftliche Nutzung im Tskhenitskali-Tal

Zeskho, das im Sommer von der Siedlung aus versorgt wurde. 2005 wurde das Camp wiedereröffnet, so dass von dort aus organisierte Touren bis in die Gletscherzone begangen werden können.

Weiter talabwärts, dem Fahrweg folgend, trifft der Zulauf des Flusses Zeskho schließlich auf den Tskhenitskali und das Tal verbreitert sich, so dass sich die Feldflächen auf der Talsohle ausbreiten. Hier wie in den etwas höheren Lagen werden vor allem Kartoffeln, Mais als Viehfutter und Gartengemüse angebaut. Die nächste größere Siedlung ist das Straßendorf Mele. Dort endet, geht man zu Fuß, der zweite Tag der Strecke über den Zagar-Pass. Am östlichen Dorfeingang bietet das Gästehaus „Rati“ Unterkunft und Verpflegung in einem wunderschönen Garten an.

Ab Mele reiht sich zunächst Siedlung an Siedlung bis zum Dorf Sasashi. Man hat reichlich Zeit, die Architektur am Wegesrand zu betrachten, und wird vor allem auf die Unterschiede zu Oberswanetien aufmerksam. Neben den typischen Funktionsgebäuden aus der Sowjetzeit und viel an Sowjetinsignien an Toren und Häusern findet man einzelne bürgerliche Villen für die Sommerzeit, die sich wohlhabende Familien aus Kutaisi vor der sowjetischen Machtübernahme in der Zeit der Ersten Georgischen Republik (1918–1921) gebaut hatten. Wie bereits erwähnt, fehlt die Wehrarchitektur der bäuerlichen Nutz- und

Gästehaus „Rati" in Mele

Wohngebäude, die alten Höfe sind offener angelegt und besitzen meist nur eingeschossiges Steinmauerwerk – alle weiteren Aufbauten sind aus Holz. Eine Überraschung hält dann noch das letzte Gebäude des Dorfes Sasashi bereit: Oberhalb der Straße wacht Stalin in Form einer über fünf Meter hohen Statue über das Tal – so zumindest scheint es der Eigentumer sehen zu wollen, der eine der zahllosen, überall im Land nach 1990 demontierten Stalin-Statuen erworben und in seinen Garten gestellt hat.

Stalin im heutigen Georgien: Man kann Georgien nicht bereisen, ohne auf Zeugnisse einer noch immer gegenwärtigen Stalin-Verehrung unter manchen Georgiern zu stoßen, und vermutlich sollte man auch kein Buch über Georgien schreiben, ohne dieses Thema zumindest zu berühren. In Stalins Geburtsstadt Gori ist diese Verehrung im Stalinmuseum präsent, und gäbe es nicht die Touristen aus aller Welt, die deswegen nach Gori reisen, bestünde vermutlich kein Grund, die Stadt zu besuchen. Ganz offensichtlich funktioniert in Georgien die Perspektive, die man als Deutscher bei gelungener Bildungssozialisation auf den Umgang mit Massenmördern der Weltgeschichte hat, nicht. Ein Hitlermuseum ist in Deutschland schließlich glücklicherweise ebenso undenkbar wie Hitler-Statuen. Allerdings wird bei diesem Vergleich schon vorweg ausgeblendet, dass der Zweite Weltkrieg von Hitlerdeutschland ausging und man, wäre die Sowjetunion unter Stalin nicht gewesen, die den Sieg über die deutsche Armee mit geschätzten 27 Millionen Leben bezahlen musste, heute vielleicht in einem faschistischen Europa lebte. Denn der Krieg wurde nach heute gängiger Übereinstimmung im Osten gegen das Dritte Reich gewonnen. Die Reiseschriftstellerin Constanze John stellt einem der Texte aus ihrem Buch „40 Tage Georgien" eine Aussage Eduard Schewardnadses, des früheren Außenministers unter Mikhail Gorbatschow und späteren georgischen Präsidenten, voraus: „Nun gibt es leider gute und böse Genies. Stalin war ein böser Dämon. Er hat ein riesiges Gebäude errichtet, eine ganze Epoche geprägt, eine grausame Epoche ... Ich bin geneigt zu behaupten, dass eine so ungeheuerliche Erscheinung wie der Faschismus nur von einer Kraft wie Stalin, von einer allmächtigen Diktatur hatte besiegt werden können. Ich weiß nicht, ob das positiv zu bewerten ist. Es ist einfach eine Tatsache." Constanze John lässt in ihrem Buch Menschen sprechen, die sich um die Auseinandersetzung mit dem Ungeheuerlichen in diesem Museum bemühen: Dass nirgendwo in der Hauptausstellung die Rede ist von den Millionen Menschen aus der ganzen Sowjetunion, die unter Stalin der Zeit der großen Säuberungen und des großen Terrors zum Opfer fielen. Von dieser Zeit in Georgien erzählt die in Deutschland lebende georgische Theaterregisseurin und Schriftstellerin Nino Haratischvili in ihrem Roman „Das achte Leben (Für Brilka)" an der generationenübergreifenden Linie der Frauen einer Familie entlang. Eine dieser Frauen ereilt das Unglück, dass die Aufmerksamkeit Lawrenti Berijas, eines der schlimmsten Schergen Stalins und sein Statthalter in Georgien, auf sie fällt. Ein Buch, das von so Furchtbarem erzählt, dass man es kaum lesen kann, ohne es immer wieder auf Zeit weglegen zu müssen. Und eben dieser Berija entwarf das Museum zum Andenken Stalins in der bis heute bestehenden Form. Die von Constanze John befragten Wissenschaftler und Mitarbeiter der Nichtregierungsorganisation SovLab plädieren dafür, das Museum so zu erhalten, wie es entworfen wurde, und selbst zum Gegenstand einer kritischen musealen Betrachtung zu machen – also z. B. durch digitale Medien das sichtbar zu machen, was das Museum bewusst verbirgt. Und damit vielleicht auch denjenigen Georgiern einen informierten Blick auf Stalin zu ermöglichen, die das ewige Trauma der Besetzung und Kolonisierung durch Russland immer noch damit kompensieren, dass einer der wirkungsmächtigsten Führer der Sowjetunion ein Georgier war.

LESETIPPS: Constanze John (2018): „40 Tage Georgien", Dumont-Verlag.
Giorgi Maisuradze und Franziska Thun-Hohenstein (2015): „Sonniges Georgien. Figurationen des Nationalen im Sowjetimperium", Kulturverlag Kadmos.
Nino Haratischvili (2014): „Das achte Leben (Für Brilka)", Frankfurter Verlagsanstalt.
Website der Nichtregierungsorganisation „Soviet Past Research Laboratory SovLab": https://kommunismusgeschichte.de/forschen/wissenschaft/article/detail/soviet-past-research-laboratory-sovlab-tbilisi-georgien/

Traditioneller Stall mit darüberliegendem Heuschober

Villa aus den 1910er Jahren mit außenliegendem Vorratsspeicher auf Stelzen

Schulgebäude sowjetischer Bauart im Tskhenitskali-Tal

Metalltor mit Sowjetinsignien im Tskhenitskali-Tal

Zusammenfluss von Khvedura und Laskadura in den Tskhenitskali

8

Lentekhi – das Verwaltungszentrum Unterswanetiens

Lentekhi ist der größte Ort und das Verwaltungszentrum Unterswanetiens. Laut dem Zensus von 2014 hat es 497 Einwohner, ältere Zahlen nennen bis zu 3.000 Einwohner. Generell sind solche Angaben für Swanetien immer schwer zu deuten, weil allein nach dem Winter 1986/87 über die Hälfte der Einwohner zwar in andere Teile Georgiens umsiedelten, aber immer noch in Swanetien gemeldet sind. Lentekhi liegt am Zusammenfluss der Flüsse Khvedura und Laskadura in den Tskhenitskali. Da Unterswanetien seit dem Mittelalter der Adelsfamilie Dadiani gehörte, wurde es vor der Sowjetzeit auch als Dadiani-Swanetien bezeichnet – auch damals war Lentekhi mit einer Burg der Dadiani ein Zentrum Unterswanetiens.

Die eher prekäre wirtschaftlichen Situation ist dem Ort anzusehen – die meisten Gebäude an der Hauptstraße sind in einem schlechten Zustand, jenseits davon aber zeigen die liebevoll gepflegten Gärten und kleinen Wohnhäuser denselben bunten Charme wie überall in Georgien. Die Menschen betreiben zumindest Gartenbau mit Kleinviehhaltung zur Selbstversorgung, auf den Dörfern kleine Landwirtschaften. Viele Familien leben vom legalen oder illegalen Holzeinschlag, der leider die ohnehin schon starke Gefährdung der Ortschaften durch Hangrutsche und Schlammlawinen erhöht.

Das Hotel „Svaneti“ an der Hauptstraße von Lentekhi

Kleiner Laden an der Hauptstraße von Lentekhi

In Lentekhi gibt es bislang keine Touristeninformation, so dass man vor Ort auf sich allein gestellt ist. Gästehäuser mit viel Erfahrung wie das „No 1 Guesthouse“ und das „Guest House Konstanta“ können diese fehlende Dienstleistung aber weitestgehend ersetzen. Generell bietet sich Lentekhi als Basisstation an für jene, die Unterswanetiens auf eigene Faust erkunden, abends aber eine sichere und feste Unterkunft haben möchten. Die umliegenden Täler bieten viele Wandermöglichkeiten auf alten Wirtschaftswegen, die Flüsse sind mit Begleitung befahrbar. In den Sommermonaten ist das von Kutaisi aus leichter als Mestia erreichbare Lentekhi aber oft ausgebucht, weil viele Schüler im Rahmen eines organisierten Sommerprogramms sich zum Rafting und anderen sportlichen Unternehmungen in Lentekhi aufhalten.

Unterkünfte

- Das **„Hotel Svaneti“** in der Tamar-Mepis-Straße 24 ist die einzige Unterkunft in Lentekhi, die über Zimmer in größerer Zahl verfügt und von Gruppen genutzt werden kann. Weiterhin verfügt es über das einzige Restaurant der Stadt, in dem man swanetische und georgische Küche, ferner Pizza und verschiedene Salate genießen kann (EZ 23–40 €, DZ 23–52 €, Frühstück 6 €; Stand 2019); Haustiere sind nicht zugelassen.
- Das **„Guesthouse Lentekhi“** in der Stalin-Straße 47 ist eine Unterkunft, die Zwei- bis Dreibettzimmer in einem nicht mehr voll genutzten Familienhaus anbietet mit Vollverpflegung, Privatparkplätzen, einer Gemeinschaftslounge mit Gemeinschaftsküche und einem Garten (Zimmer zu 25–43 €; Stand 2019); Frühstück (5 €) kann hinzugebucht werden.
- Das **„No 1 Guesthouse“** in der Stalin-Straße 56 ist ein renoviertes ehemaliges Familienwohnhaus mit Gemeinschaftsküche, Lounge und Garten, das sich sehr gut auch für größere Gruppen eignet und Vollverpflegung anbietet; die Hausherrin spricht deutsch, englisch, spanisch und russisch und berät für Unternehmungen in der Region (ohne Frühstück EZ 7–15 €, DZ 15–30 €; Stand 2019)
- Im **„Guest House Konstanta“** in der Chavchavadze-Straße bietet die Gastgeberfamilie neben ihrem Garten und weiteren Gemeinschaftsräumen auch Ausflüge in die Umgebung an und berät bei der Erkundung der Region; Vollverpflegung ist möglich (ohne Frühstück EZ 12–30 €, DZ 12–23 €), Haustiere sind willkommen.

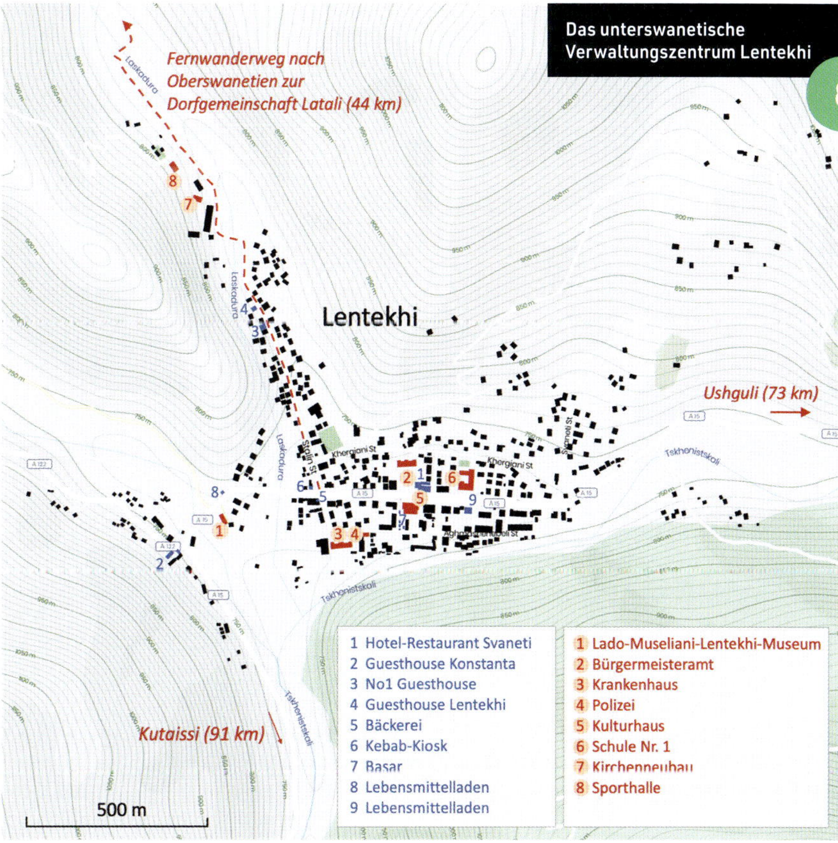

Das unterswanetische Verwaltungszentrum Lentekhi

Lentekhi und das Dorf Matskhvarishi aus der oberswanetischen Dorfgemeinschaft Latali sind über einen mehrtägigen anspruchsvollen Wanderweg miteinander verbunden. Der Einstieg in die Wanderung ist an der Hauptstraße am Abzweig in die Stalin-Straße mit einer Wandertafel und Tourenbeschreibung markiert. Die in den höchsten Bereichen über Eisfelder führende Wanderung sollte nur von Personen begangen werden, die über eine sehr gute Kondition und umfangreiche Erfahrung im Hochgebirge verfügen.

→ Kapitel 7: *Off the beaten track* – Oberswanetien abseits der Trampelpfade entdecken: Die Dorfgemeinschaft Latali und ihre Umgebung erkunden

Am Abend erwacht Lentekhi durchaus zum Leben. Die Menschen bevölkern den kleinen Boulevard, alte und junge Menschen treffen und unterhalten sich, nicht umsonst trägt die Hauptstraße unter der lokalen Bevölkerung den Spitznamen „Börse“. Im Sommer ist es dort bis in die Nacht angenehm warm.

Wandertafel zum Fernwanderweg über das Swanetische Gebirge nach Latali in Oberswanetien

Schwertdenkmal am südlichen Ortseingang nach Lentekhi

Verlässt man Lentekhi auf der Hauptstraße nach Süden hin, passiert man zuerst das monumentale Schwertdenkmal des Ortes und folgt dem sich durch das Tal windenden Tskhenitskali bis zu der Stelle, an der der Fluss eine Engstelle durchbrochen hat. Hier, etwas oberhalb der Stadt Zsageri, liegt das Tor zu Unterswanetien – dort kann man auch das dem griechischen Mönch und Theologen Maximos Homologetes (Maximus der Bekenner) geweihte Kloster besichtigen.

Besuch des Lado-Museliani-Lentekhi-Museums

Lado-Museliani-Lentekhi-Museum (Ilia-Chavchavadze-Straße 14, Lentekhi, Tel. +995 590 878724, Öffnungszeiten: Di.–So. 10–17 Uhr)

Das 1937 im Stil der sowjetischen Regionalmuseen von dem Lehrer und Choreografen Lado Museliani gegründete Heimatmuseum wurde 1986 in einen neuen Museumsbau umgezogen, der sich als Anbau an einen renovierten swanischen Turm präsentiert. Das Museum gibt in zwei Ausstellungsräumen einen Überblick über die vorsozialistische und sozialistische Geschichte der Region und feiert die Erfolge ihrer berühmten Töchter und Söhne auf eine für das westlich-kapitalistische Auge ungewöhnliche, aber sehr charmante Weise – allein das liebevolle Arrangement der sportlichen und akademischen Erfolge ist einen Besuch wert. Sollte es verschlossen sein, kann man am Kiosk schräg gegenüber Msia Meschweliani, die Museumsleiterin anrufen lassen, die als Lehrerin für Russisch und Sonderpädagogik in der ört-

Treppenaufgang zum Museum

lichen Schule arbeitet. Vom Wehrturm des Museums hat man einen schönen Blick über Lentekhi und die dort zusammenlaufenden Flusstäler.

Das kleine Museum präsentiert seine Sammlung archäologischer Ausgrabungen aus der Bronzezeit (Gefäße, Schmuck, Alltagsgegenstände) und spätere Funde auf dem Gelände der Festung der Dadiani, der letzten Lehnsherren Unterswanetiens. Diese waren nach der Eroberung Georgiens durch das zaristische Russland ebenso wie die Dadeschkeliani in Oberswanetien für ihre Kooperation in den russischen Adel aufgenommen worden. Bemerkenswert ist, dass man, da sich Unterswanetien bereits früh unter Lehnsherrschaft befunden hatte, dort keine Wehrdörfer findet, wie sie aus Oberswanetien bekannt sind. Denn der lokale Adel konnte naheliegenderweise kein Interesse daran haben, dass sich die Bauern in festungsartigen Bauten verschanzen können. Auf Türme trifft man trotzdem in Unterswanetien, sie sind allerdings immer Bestandteile von hoch über dem Pferdefluss thronenden Festungskomplexen der Lehnsherren und entsprechen so dem in Mitteleuropa verbreiteten Burgenkonzept.

Die Burg der Dadeschkeliani befindet sich in der Dorfgemeinschaft Etseri

→ Kapitel 5: Klassische Wandertouren in Oberswanetien: Die Dorfgemeinschaft Etseri erkunden

Das Museum verfügt über Reproduktionen einiger Arbeiten des russischen Fotografen Dimitri Ermakov (1846–1916), der nach seiner Teilnahme als Militärfotograf im Russisch-Türkischen Krieg (1877–78) ein Fotostudio in Tbilisi betrieb. Er hat ein einzigartiges fotografisch-ethnologisches Werk hinterlassen,

LESETIPP: Georgia National Museum (2014) (Hg.): „Dimitri Ermakov, Photographer and Collector. Masters of the 19th Century Photography", Tbilisi.

Gemälde im Lado-Museliani-Museum vom Leben einer Adelsfamilie (M. I. Kuchabelmidze, lokaler Maler)

Gemälde des swanetischen Aufstandes gegen das Zarenreich in Mulakhi und Khalde 1875 (unbekannter Maler, Exponat im Lado-Museliani-Lentekhi Museum)

Familienangehöriger der Dadiani (Aufnahmen von Dimitri Ermakov aus dem Lado-Museliani-Lentekhi-Museum)

Traditionelle Wäschetruhen, Werkzeuge und andere Alltagsgegenstände (Exponate im Lado-Museliani-Lentekhi-Museum)

Archäologische Arbeit in der Sowjetzeit auf der Festung Dadiani in Lentekhi (Aufnahmen aus dem Lado-Museliani-Lentekhi-Museum)

Ledersättel der Familie Dadiani
(Exponate im Lado-Museliani-Lentekhi-Museum)

Arbeit am Webstuhl
(unbekannter Autor, Aufnahme aus dem Lado-Museliani-Lentekhi-Museum)

Propagandistische Aufnahme von der Arbeit an Stromleitungen (unbekannter Autor, Exponat im Lado-Museliani-Lentekhi-Museum)

Gemälde zur Elektrifizierung Swanetiens
(unbekannter Maler, Exponat im Loado-Museliani-Lentekhi-Museum))

LESETIPP: Lika Mamatsashvili und Herman Maes (Hg.) (2014): „Dimitri Ermakov: Photographer and Collector", Pegasus-Verlag.

indem er systematisch den Kaukasus bereiste und die verschiedenen Bevölkerungsgruppen, die ethnisch-soziale Schichtung der Gesellschaften, das Wirtschaftsleben und das religiöse Leben im ausgehenden 19. und im beginnenden 20. Jahrhundert erfasste.

Weiterhin sind etliche **Gegenstände aus der traditionellen Alltagskultur** ausgestellt wie Reitsättel der Dadiani, allerlei traditionelle Gefäße und Werkzeuge. Die Kopfseite des großen Ausstellungsraums ziert die Front eines Letschundir, des traditionellen Holzeinbaus, der das größte Bauteil im Machubi bildete, welches sowohl die Familie als auch das Vieh im Winter beherbergte.

Typisch für **Sammlungen von Heimatmuseen aus der Sowjetzeit** ist die **Darstellung der Leistungen des Sozialismus**. Diese reichen in der Regel von der **Beseitigung traditioneller Herrschaftsstrukturen** bis hin zum **Aufbau des neuen Lebens in der von der Freiheit der Völker geprägten sozialistischen Gesellschaft**. Übliche Themen sind hier wie andernorts: Elektrifizierung, Mechanisierung der Landwirtschaft, Gesundheit, Bildung und die planmäßige Nutzung der natürlichen Ressourcen zum Wohle aller. Stalins ideologisches Modell des nicht durch biologische Herkunft, sondern durch gemeinsame Sprache und Arbeit in einem sich abgrenzenden Kulturraum gebildeten Charakters eines Volkes oder einer Volksgruppe ließ es zu, dass das traditionelle Leben erforscht und ausgestellt werden konnte. Man musste sogar der regionalen Identität nachspüren, die eine Volksgruppe zu einem geschlossenen Gebilde neben anderen Volksgruppen machte, um dann im Sowjetsystem friedlich unter einem Dach leben zu können – bei der Vermittlung dieses Konzeptes spielten die Regionalmuseen eine wichtige Rolle.

Mulakhi und Khalde befinden sich auf der Wanderroute von Mestia nach Ushguli

→ Kapitel 5: Klassische Wandertouren in Oberswanetien: Von Mestia nach Ushguli (Tag 3)

Blick in den Ausstellungsraum des Lado-Museliani-Lentekhi-Museums

Ortsregister

Es existieren verschiedene Systeme zur **Übertragung der georgischen Schrift** in lateinische Buchstaben. In Georgien verbreitet ist die englische Transkription, die man auf Orts- und Straßenschildern vorwiegend antrifft und die deshalb zur besseren Orientierung vor Ort in diesem Buch Anwendung findet.

Danksagung

Ich danke meinen Freunden und meiner Familie für ihr Interesse an meiner Begeisterung für die Region; zuvorderst meiner Reise- und Lebensbegleiterin Anna Philipp, die mit mir auf vielen Reisen dorthin Menschen und Räume aufgeschlossen hat.

Neben den im Buch abgebildeten Swaninnen und Swanen, die uns willkommen geheißen, ihre Häuser und ihr Leben geöffnet haben, danke ich vor allem Nino Tserediani aus Latali und Surab Pilpani aus Mestia für deren Gastfreundschaft und ihre Bemühungen, mir das Leben in Swanetien in Vergangenheit, Gegenwart und offener Zukunft in all seiner Vielschichtigkeit verständlich zu machen. Weiterhin danke ich den zahlreichen Wissenschaftlerinnen und Wissenschaftlern, die mit ihrer Arbeit das kulturelle und ökologische Erbe der Region zu dokumentieren, deuten und zu erhalten suchen – ich hoffe mit diesem Reiseführer einige Ergebnisse ihrer Arbeit einer breiteren Leserschaft zugänglich zu machen. Stéphane Voell und Sebastian Pranz, mit denen ich im Projekt „Vibrant Spaces of Svaneti" arbeiten darf, danke ich für ihre Offenheit für meine Unternehmungen in Swanetien, viele Gespräche über die Region und ihre ansteckende Freude am Austausch mit anderen Menschen, die sich so beeindruckend in ihren zahlreichen anthropologischen, journalistischen und (raum-)politischen Projekten dokumentiert.